제도와 불평등

부산외국어대학교 중남미지역원 HK⁺ 연구총서

제도와 불평등

라틴아메리카
법 제도에 대한
사회문화적 고찰

임두빈, 차경미, 구경모, 이상현, 이순주 지음

책을 펴내며

　라틴아메리카 지역은 풍부한 천연자원과 다양한 문화적 유산을 보유하고 있음에도 불구하고, 역사적으로 뿌리 깊은 불평등과 저발전의 문제에 직면해 왔다. 부산외국어대학교 중남미지역원은 한국연구재단 인문한국플러스(HK+) 사업을 통해 이러한 라틴아메리카의 불평등 문제를 다각도로 조명하는 연구를 수행해 왔다. 『인종과 불평등』, 『이주와 불평등』, 『종교와 불평등』, 『젠더와 불평등』, 『생태와 불평등』에 이어 출간되는 『제도와 불평등』은 이러한 노력의 일환으로, 라틴아메리카의 불평등 문제를 제도적 관점에서 심도 있게 탐구하고자 기획되었다.

　불평등은 인류 역사의 오랜 동반자로, 그 영향은 고대 문명부터 현대에 이르기까지 시대와 문화를 초월하여 사회 구조와 발전 과정에 지속적으로 영향을 미쳐 왔다. 역사적으로 불평등한 자원 분배는 권력 구조와 사회 계층을 형성하는 데 기여했으며, 이는 국가 형성과 문명 발전의 원동력이 되는 동시에 사회적 갈등의 근원이 되었다. 중세 봉건 제도에서는 불평등이 제도화되어 신분에 따른 권리와 의무의 차이가 명확했으며, 이는 사회 안정에 기여했지만 동시에 혁명과 변화의 씨앗이 되었다.

산업혁명 시대에는 급격한 경제성장과 함께 새로운 형태의 불평등이 출현했다. 자본가와 노동자 계급 간의 격차 심화는 노동 운동과 사회주의 사상의 발전으로 이어졌으며, 국제 무역의 발전은 지역 간 불평등 격차를 심화시켰다. 20세기에 들어서면서 두 차례의 세계대전과 냉전을 거치며 불평등 문제는 국제적 관심사로 부상했고, 이에 따라 복지 국가의 등장, 탈식민지화, 국제 개발 협력 등 불평등 해소를 위한 다양한 노력이 전개되었다.

현대에 들어서는 세계화와 정보통신 기술(ICT) 및 인공지능(AI) 혁명으로 인해 불평등의 양상이 더욱 복잡해졌다. 국가 간 불평등, 디지털 격차 등 새로운 형태의 불평등이 등장했으며, 이는 국제 관계와 국내 정치뿐만 아니라 개인의 일상생활에도 지대한 영향을 미치고 있다.

라틴아메리카의 맥락에서 이러한 불평등의 역사적 고찰은 특히 중요하다. 스페인과 포르투갈의 식민 지배는 극심한 불평등 구조를 남겼으며, 인종에 기반한 사회 계층화와 대토지 소유제 등은 현대까지 이어지는 불평등의 근원이 되었다. 19세기 독립 이후에도 기존의 불평등 구조는 근본적으로 변화하지 않았으며, 오히려 새로운 엘리트 계층이 구체제의 특권을 계승하는 경우가 대부분이었다.

20세기 라틴아메리카는 포퓰리즘, 사회주의 혁명, 군사 독재, 신자유주의 등 다양한 정치경제 체제를 경험했지만, 근본적인 불평등 문제는 해결되지 않았다. 21세기에 들어 많은 라틴아메리카 국가들이 경제성장과 도시화를 이루었음에도 불구하고, 불평등 해소는 여전히 중대한 과제로 남아 있다. 특히 교육, 의료, 디지털 접근성 등에서의 격차가 새로운 형태의 불평등을 야기하고 있다.

이러한 역사적 고찰을 통해, 라틴아메리카의 현재 불평등 문제가 단순히 현대의 정책 실패만이 아닌, 오랜 역사적 과정의 결과와 결합된 복잡한 문제임을 이해할 수 있다. 이는 라틴아메리카에서 불평등 해소를 위해서는 단기적인 제도나 정책 변화뿐만 아니라, 사회와 개인들에게 깊이 뿌리박힌 사회 구조와 문화적 관행의 변화가 필요함을 시사한다.

제도는 사회 구성원들의 행동을 규제하고 조직하는 규칙, 관행, 구조의 복합체를 의미한다. 본 총서에서 다루는 제도는 공식적인 법률과 정책뿐만 아니라 비공식적인 사회적 규범과 문화적 관행까지 포함한 인간 사회의 기본 골격을 형성하며, 개인과 집단의 상호작용 방식, 자원의 분배, 권력 구조 등을 결정짓는 중요한 역할을 한다.

라틴아메리카의 맥락에서 제도는 특별한 의미를 지니는데, 식민지 시대의 제도적 유산이 현대 라틴아메리카 사회에 깊이 뿌리박혀 있으며, 21세기까지 토지 소유 구조나 사회 계층 체계 등이 여전히 과거의 불평등한 구조를 반영하고 있기 때문이다. 또한, 많은 라틴아메리카 국가들이 경험한 정치적 불안정과 잦은 체제 변화로 인해 제도의 연속성과 신뢰성이 낮은 편이며, 이는 장기적인 사회 발전을 저해하는 요인으로 작용하고 있다. 이처럼 라틴아메리카에서 제도는 불평등을 재생산하고 유지하는 메커니즘으로 작용하는 동시에, 불평등 해소를 위한 필수적인 요소이다. 교육 접근성의 격차, 노동 시장의 이중 구조, 취약한 조세 체계, 제한적인 정치 참여, 불충분한 사회 보장 시스템 등은 제도적 틀 안에서 불평등을 지속시키는 요인들이다.

중남미지역원은 2018년 하반기를 시작으로 〈라틴아메리카 평등과 불평등의 변증법〉이라는 HK+ 사업의 선도 연구를 통해 라틴아메리카의 불평등한 현실과 이를 극복하고자 하는 노력을 종합적으로 바라보고 있다. 본 총서는 그러한 노력의 일환으로 라틴아메리카의 불평등 문제를 공식적, 비공식적 제도의 관점에서 다양한 사례 연구를 통해 그 원인과 결과를 심도 있게 탐구하려 했다. 우리는 이를 통해 라틴아메리카 국가들과 사람들이 직면한 불평등 문제를 해결하기 위한 정책적, 학문적 대안을 모색하고자 한다. 본 총서는 라틴아메리카의 불평등 문제에 대한 이해를 깊게 하고, 향후 이 지역의 지속가능한 발전을 위한 제도적 개혁 방안을 제시하는 데 기여할 것으로 기대된다.

이 책은 총 7장으로 구성되어 있고 크게 두 부분으로 나눌 수 있다. 먼저 1-5장은 라틴아메리카의 제도와 불평등의 관계를 역사적인 맥락과 특별 사례를 통해 다룬다. 1장 「라틴아메리카 식민 경험과 경제성장 그리고 제도의 역할」에서 이상현은 라틴아메리카의 경제적 저발전은 주로 식민지 시기와 독립 초기의 경제적 침체에 기인하며, 식민 경험은 라틴아메리카 국가들이 저성장 경로를 걷게 한 주요 요인이라고 주장한다. 라틴아메리카의 저성장은 내적 요인과 외적 요인 모두에 기인하지만, 특히 외적 요인으로서 식민 모국의 제도적 영향이 크고, 스페인과 포르투갈의 식민 지배 방식은 불평등한 분배 구조와 비효율적 제도를 형성하여 경제성장을 저해한 것으로 주장했다. 저자는 라틴아메리카의 지속가능한 경제성장을 위한 정책적, 학문적 기반을 마련하기 위해서 라틴아메리카 경제사 연구에서 제도의 역할을 구체적으로 분석하고, 다양한 기초 데이터를 구축의 필요성을 제기하면서 이는 라틴아메리카의 지속가능한 경제성장을 위한 정책적, 학문적 기반을 마련하는 데 기여할 것이라고 얘기하고 있다.

2장 「파라과이 군부 독재 정권의 토지 정책과 경제적 불평등, 농민 분쟁」에서 구경모는 파라과이의 극심한 경제적 불평등의 근본 원인은 군부 독재 정권 동안 이루어진 토지 불법 불하와 토지 소유 불균형에서 찾고 있다. 군부 독재 정권의 토지 정책은 원래의 농지법 목적인 가난한 국민들에게 토지를 분배하여 경제적 불평등을 완화하려는 목적이 아니라, 군부와 친정부 인사들의 부를 축적하기 위한 도구로 변질되었고 경제적 불평등과 농민 분쟁을 해결하기 위해서는 토지 소유 불균형 문제를 해결하는 것이 필수적이라고 주장했다. 그리고 이를 위해서는 역사적 맥락을 고려한 포괄적인 토지 개혁이 필요하다고 주장하고 있다.

3장 「콜롬비아의 토지개혁법 ZIDRES와 토지 불평등 심화」에서 차경미는 콜롬비아의 평화협정 체결 이후 농촌 경제 회복과 평화를 위해 도입된 '농촌 개발 특구 조성에 관한 토지개혁법(ZIDRES)'의 문제점을 탐구한다. ZIDRES는 농촌 지역의 균형 발전과 농민의 권리 보장을 목적으로 제정되었으나, 오히려 농민의 토지 소유 권한을 축소하고, 대기업과 다국적 기업의 농촌 토지 집중을 초래했다. 차경미는 ZIDRES가 콜롬비아의 농촌 개발과 평화 구축이라는 목적을 달성하기보다는, 대기업과 다국적 기업의 토지 집중을 초래하여 농민들의 경제적 불평등을 심화시키는 결과를 낳았다고 비판하며, 현재의 ZIDRES가 초래하는 환경 파괴 문제를 해결하기 위한 정책적 대안을 제시하고 있다.

4장 「라틴아메리카의 젠더 평등을 위한 제도적 도전과 변화」에서 이순주는 라틴아메리카 지역에서 젠더 평등을 위한 제도적 노력과 변화 과정을 다룬다. 저자는 세계경제포럼의 「글로벌 성 격차 보고서 2023」을 바탕으로 라틴아메리카가 성평등을 위해 상당한 제도적 진전을 이루었음을 설명하며, 성평등을 위한 제도적 변화의 중요성과 이를 위한 과제들을 제시한다. 또한, 라틴아메리카에서 발생하는 페미사이드에 대응하기 위해 법적 제도뿐만 아니라 사회적 인식 변화와 여성의 경제적 참여 기회 확대의 필요성을 강조하고 있다.

5장 「아마존 국경지역 초국가적 조직범죄 대응을 위한 제도적 과제」에서 차경미는 라틴아메리카의 아마존 국경 지역에서 발생하는 초국가적 마약 조직범죄의 성장 배경과 이에 대한 공동 대응의 성과 및 한계를 분석한다. 차경미는 브라질, 콜롬비아, 페루의 삼국 국경 지역을 중심으로 조직범죄가 어떻게 확산되었으며, 이들 국가가 범죄에 대응하기 위해 어떤 제도적, 법적 노력을 기울였는지 고찰하고, 동시에 환경 보호를 위한 국제적 협력과 지속가능한 발전 전략의 필요성을 강조했다. 지역 주민들의 생명과 권리를 보호하기 위해 주민들의 참여를 확대하고 그들의 목소리를 반영하는 정책이 필요함을 지적하고 있다.

다음으로, 6-7장에서는 세계에서 네 번째로 큰 민주주의 국가이자 경제 규모 10위에 해당하는 대국이지만, 여전히 극심한 경제적, 사회적 불평등 문제를 안고 있는 브라질의 불평등 문제를 다룬다. 브라질 사회의 불평등은 단순히 경제적 지표나 정책적 실패에서 기인하는 것이 아니라, 사회적, 문화적, 역사적 요소들에 깊이 뿌리박고 있음을 강조하면서 이를 통해 브라질 사회의 비공식적 제도와 그로 인한 사회적 불평등을 분석하며, 이러한 비공식적 제도가 사회적, 경제적 불평등을 어떻게 유지하고 강화하는지를 밝힌다. 6장 「제이칭뉴, 브라질의 비공식 제도의 권력」에서 임두빈은 브라질 사회의 비공식적 제도인 '제이칭뉴(jeitinho)'의 역할과 의미를 분석한다. 제이칭뉴는 브라질 사람들이 공식적인 제도와 법규를 신뢰하지 않고, 개인적인 관계와 감정을 통해 문제를 해결하는 대표적인 방식을 의미한다. 저자는 브라질의 역사적 맥락에서 제이칭뉴 문화가 형성된 배경을 추적하며, 제이칭뉴가 불합리한 제도와 규범을 우회하는 탈출구로서 기능하지만 동시에 부정부패와 권력 남용을 용인하는 환경을 조성하여 사회적 불신을 초래한다고 지적하면서 브라질 사회가 제이칭뉴의 부정적 영향을 줄이고 공식 제도의 신뢰성을 높이기 위한 노력이 필요하다고 주장하고 있다.

7장 「숨겨진 비공식적 제도의 힘: 브라질 사회의 불평등 구조와 자발적 이데올로기」에서 임두빈은 6장에 이어 브라질 사회에서 불평등을 유지하고 강화하는 비공식적 제도인 '가부장적 후견주의'와 '자발적 이데올로기'의 역할을 분석한다. 저자는 브라질 사회의 불평등을 해결하기 위해 공식적 제도를 분석하는 것만으로는 부족하며, 비공식적 제도와 이데올로기를 비판적으로 보는 시각이 필수적이라고 강조한다. 특히 민족과 국가 교육을 통해 재생산되는 자발적 이데올로기 같은 문화적 요소들을 단순히 그 나라와 민족만의 특성으로 보는 분별없는 문화본질주의나 문화상대주의를 경계해야 한다고 지적하고 있다.

이 책에 수록된 7개의 연구는 제도를 중심에 두고 라틴아메리카의 불평등 문제를 다각적으로 분석한 학문적 의의를 갖고 있다. 이 연구들은 라틴아메리카의 식민 역사, 군부 독재, 평화협정, 젠더 평등, 초국가적 범죄, 비공식 제도 등 다양한 측면에서 불평등의 원인과 결과를 심층적으로 탐구했다. 특히, 비공식적 제도와 자발적 이데올로기의 영향, 토지 정책의 부작용, 젠더 불평등에 대한 제도적 도전, 초국가적 범죄 대응의 한계 등을 통해 라틴아메리카 사회의 복잡한 불평등 구조를 밝히면서 정책적 개혁과 사회적 의식 변화를 통해 지속가능한 발전과 평등한 사회 구축을 위한 중요한 학문적, 정책적 기여를 제공한다.

그러나 이 책은 국내에서 라틴아메리카의 불평등에 관한 연구가 아직 초기 단계임을 보여 준다. 앞으로 불평등에 관한 더 많은 심층적인 연구가 필요하다. 더 많은 조사와 연구를 통해 라틴아메리카뿐만 아니라 심각한 글로벌 사회 문제로 부각된 불평등을 줄이는 대안과 정책을 모색해야 한다. 오늘날 사람들은 본인의 직접적인 이해관계가 있는 '불공정'은 용서하지 못해도 나와 관련 없는 '불평등' 문제 앞에서는 무관심한 경향이 있다. 라틴아메리카뿐만 아니라 인류 사회 전체에 개인의 자유를 존중하되 사회적 약자를 배려하는 새로운 사회적 인식이 필요하다. 불평등 문제는 시간과 지역에 한정된 것이 아니고 학문적 주제만도 아니라 모든 사람들이 고민해야 할 문제이며, 여기서 학자들은 화두를 제공할 의무가 있다. 아무쪼록 라틴아메리카와 불평등 문제에 관심이 있는 시민들과 학생들에게 이 책이 작은 의미가 되었으면 하는 바람이다.

이 책에 수록된 글들은 학술지 논문과 연구 보고서를 수정·보완하거나 새로이 작성된 것으로 구성되었다. 각 글의 출처는 각 장의 첫 페이지에 기재했다. 이 책은 한국연구재단 HK+ 사업의 재정적 지원을 받았다. 책 출판에 참여해 주신 집필진과 이 책을 출간하는 데 도움을 준 알렙 출판사에 깊은 감사의 인사를 드린다. 이 책에서 부족한 점은 전적으로 필진 대표를 맡은 나에게 있음을 밝힌다.

필자들을 대표하여

임두빈

차 례

제 1 장

라틴아메리카의 식민 경험과 경제성장 그리고 제도의 역할*

/

이상현

/

* 이 글은 2010년 『이베로아메리카』 제12권 1호에 실린 필자의 논문 「라틴아메리카의 식민 경험과 경제성장의 상관관계」를 수정 · 보완한 것이다.

1 들어가며

라틴아메리카는 여러 측면에서 축복받은 지역으로 평화롭고 안정적이며 풍요로운 삶을 이룰 잠재력을 지니고 있다. 라틴아메리카는 거의 모든 종류의 천연자원을 풍부하게 보유하고 있으며, 갈등을 유발할 수 있는 인종적, 종교적 그리고 언어적 차이도 크지 않다. 또한 라틴아메리카 국가들은 다양성과 지속성의 측면에서 볼 때 특출한 문화를 가지고 있다. 그러나 현실의 라틴아메리카는 저발전과 정치적 불안정으로 얼룩져 있다(Piñera, 2003: 409). 특히 경제적 측면에서 볼 때, 라틴아메리카 지역의 국가들은 선진국과 비교하여 낙후되어 있다.[1] 국가별 차이

---

1) 전 세계를 놓고 볼 때 라틴아메리카는 그다지 저발전 지역이 아니다. 즉 대부분의 라틴아메리카 국가는 유럽과 미국을 중심으로 한 선진국들보다는 가난하지만, 아프리카와 아시아 일부의 극빈 국가들보다는 경제적 성취가 높은 지역이다. 결국 라틴아메리카의 저발전은 선진국과 비교하여 저발전 상태를 의미한다.

에도 불구하고 라틴아메리카 국가들의 평균 1인당 국내총생산(GDP)은 선진국들이 중심인 경제협력개발기구(Organization for Economic Co-operation and Development, OECD) 국가들에 비하여 현저히 떨어진다. 일례로 2005년 세계은행이 제시한 통계에 따르면, OECD 국가들의 1인당 평균 GDP는 36,500달러인데 비해 카리브 지역을 포함한 라틴아메리카 국가들은 4,157달러를 기록했다.

'라틴아메리카의 역설'로 일컬어지는 라틴아메리카 국가들의 이러한 경제적 저발전[2]은 여러 연구자의 지속적인 관심을 끌어왔다.[3] 특히 라틴아메리카 국가들처럼 식민 경험을 지니고 있고 비슷한 시기에 독립을 이룬 소위 신대륙의 이웃 국가들인 미국과 캐나다와 비교할 때 도드라져 보이는 라틴아메리카 국가들의 경제적 저발전은 경제학, 역사학, 정치학, 그리고 사회학 등의 학문 영역에서 다양한 연구 성과들을 보여 주었다. 우선 주목할 만한 연구는 1960-1970년대를 풍미하며 저발전의 원인을 외부와의 구조적 관계 속에서 찾으려고 시도한 구조주의와 종속 이론가들에 의하여 생산되었다. 라틴아메리카 경제사 연

---

2) 일반적으로 경제발전은 질적인 발전을 의미하는 개념으로 경제적인 측면과 아울러 산업 구조, 의료, 교육 등의 다양한 경제, 사회, 정치적 발전을 내포한다. 이에 비해 경제성장은 주로 양적인 측면에서 경제의 규모가 커지는 것을 의미한다. 경제발전과 경제성장의 개념을 구분하는 것이 이 논문의 관심은 아니지만, 이 연구에서는 내용에 따라 구분되어 사용되고 있으며 특히 GDP 등의 양적 기준을 중심으로 살펴보는 부분에서는 경제성장을 사용했다. 한편, 이 논문에서 경제성장의 지표로 사용하고 있는 GDP는 경제 현황을 분석하고 비교하는 데 있어서 가장 현실적이고 유용한 지표임에도 불구하고 몇 가지 한계를 지니고 있으며 이를 보완하고 대체하는 논의 또한 활발하다는 점을 밝혀둔다.

3) 라틴아메리카의 저발전과 식민 유산 간의 상관관계를 다룬 고전적인 연구로는 스탠리 J. 스타인과 바바라 H. 스타인(Stein and Stein, 1970)의 연구를 들 수 있다.

구로 촉발된 이들의 주장은 학계뿐 아니라 이념적 성격이 가미되어 현실 정치와 사회 운동에도 많은 영향을 끼쳤다. 이렇게 촉발된 라틴아메리카 저발전의 원인에 관한 연구는 경제발전의 결정 요인이라는 범학제적 의문과 어울리며 다양한 학문 분야에서 연구 성과를 산출했다. 대표적 연구 성과들은 기후, 자원, 인구 등의 '요소 부존자원(factor endowments)'의 차이가 각기 다른 경제발전을 가져온다고 주장하는 기존의 경제사 연구자 그룹, 컴퓨터의 대중화와 더불어 급속히 발전한 다양한 경제 수학적 방법론을 이용하여 경제사 연구에 '과학적 엄밀성'을 주장하며 구조주의 및 종속 이론가들의 주요 주장들을 반박하는 '신경제사(New Economic History)' 그룹, 그리고 1993년 노벨경제학상을 수상한 더글러스 노스(Douglas North)를 따라 시장 구조, 재산권 구조 등의 제도를 경제발전의 주요 독립 변수로 보는 '신제도주의 경제사학(New Institutional Economic History)' 그룹 등으로 구분된다.

이 연구는 라틴아메리카 저발전의 역사적 기원에 대한 의문으로 촉발되었다. 즉 이 연구는 '라틴아메리카 저발전의 원인은 무엇인가?'라는 범학제적 의문과 '라틴아메리카의 식민 경험은 식민 시대 이후 라틴아메리카 경제발전에 어떤 영향을 끼쳤는가?'라는 경제사적 의문에 대한 답을 찾는 것을 기본 목적으로 한다.

한편 식민 경험과 경제성장의 상관관계라는 이 연구의 주제는 식민 경험을 지닌 한국의 연구자에게 낯설지 않은 주제이다. 즉 수탈 또는 개발이라는 양극단의 시각으로 정립되기 쉬운 식민 경험과 경제성장의 상관관계에 관한 연구는 '식민지 수탈론'과 '식민지 근대화론'으로 갈려 한국학계에서도 언제나 뜨거운 논란을 불러오는 주제이다. 따라서 라틴아메리카의 식민 경험과 경제성장의 관계와 관련된 다양한 연구 성과를 소개하고 분석할 이 연구는 한국사 연구자들에게도 시사점을 제공할 것이다.

라틴아메리카 저발전의 역사적 기원을 찾는 이 연구는 다음의 내용과 순서로 전개된다. 먼저 다음 절에서는 라틴아메리카 경제성장의 장기적 경향에 관한 지표들을 통하여 저성장의 역사적 배경을 살펴볼 것이다. 라틴아메리카 경제사학자들이 계산한 GDP 추정치들을 바탕으로 라틴아메리카 경제성장 과정을 시기적으로 구분할 것이다. 3절에서는 라틴아메리카 저성장의 원인을 규명한 기존 연구들을 독립변수의 성격에 따라 내부 요인과 외부 요인으로 구분하여 살펴볼 것이다. 즉 라틴아메리카 저성장이 라틴아메리카의 내생적 조건에 의한 것인지 아니면 외부적 요인에 의하여 결정된 것인지를 논의할 것이다. 4절에서는 최근 라틴아메리카 경제사 연구에서 활발한 성과를 보이는 '제도'에 대한 논의를 중심으로 식민 경험과 경제성장의 상관관계를 살펴볼 것이다. 이 장에서는 기존의 '신제도주의 경제사학' 그룹은 물론 이념적으로 그리고 방법론적으로 다양한 그룹에서 논의되는 '제도'와 경제성장 간의 상관관계를 논의할 것이다. 마지막으로 결론에서는 서론에서 제시된 이 연구의 질문, 즉 '라틴아메리카 저성장의 역사적 기원'과 '라틴아메리카 식민 경험과 경제성장의 상관관계'에 대한 잠정적 결론과 더불어 후속 연구를 위한 과제들을 제시할 것이다.

2 라틴아메리카 경제성장의 장기적 경향

라틴아메리카의 식민 경험과 경제발전에 대한 본격적인 논의에 앞서 이 장에서는 우선 "라틴아메리카 경제는 언제부터 성장하지 못했는가?"라는 의문에 답해 보고자 한다. 라틴아메리카 경제가 침체와 부진을 겪은 시기를 파악하기 위해서는 무엇보다도 라틴아메리카 경제의 장기적 성장 추세를 반영하는 정확한 데이터를 필요로 한다. 라틴아메리카 경제사 연구자들은 오랫동안 라틴아메리카 경제 상황의 장기적 경향을 정확하게 반영하는 지표를 구축하고자 노력했다. 특히 대표적으로 경제성장을 측정하는 지표인 GDP의 장기적 경향을 계산하려는 시도는 꾸준히 진행되었다. 이러한 노력 중 대표적인 것은 전 세계 국가들의 GDP 추정치를 제시한 앵거스 매디슨(Madison, 2003)의 연구를 꼽을 수 있다. 이에 대표적인 라틴아메리카 경제사학자의 한 명인 존 코츠워스(Coatsworth, 2005)는 본인의 추정치와 매디슨의 추정치를 종합하여 라틴아메리카 경제 상황의 장기적 경향을 〈표 1〉에 제시하고 있다. 한편 스탠리 엥거만과 케네스 소콜로프(Engerman and Sokoloff, 1997)도 약간의 차이는 있지만 비슷한 GDP 추정치와 성장률을 제시하고 있는데 이는 〈표 2〉와 〈표 3〉에 각각 제시되어 있다.

〈표 1〉 1인당 GDP(단위: 1990년 국제 달러).

경제권	1500년	1600년	1700년	1820년	1870년	1900년	2000년
멕시코(Madison)	425	454	568	759	674	1,366	7,218
멕시코(Coatsworth)	550	755	755	566	642	1,435	–

다른 라틴아메리카 (카리브 제외)	410	431	502	663	683	–	5,508
브라질	400	428	459	646	713	678	5,556
카리브 지역 국가들	400	430	650	636	549	880	5,634
라틴아메리카	416	438	527	692	681	1,110	5,838
미국	400	400	527	1,231	2,445	4,091	28,129

출처: Coatsworth, 2005: 129.

〈표 2〉1700-1989년 아메리카 대륙 경제권의 1인당 GDP 변화.

1인당 GDP(단위: 1985년 미국 달러)					
경제권	1700년	1800년	1850년	1913년	1989년
아르헨티나	–	–	874	2,377	3,880
바베이도스	738	–	–	–	5,353
브라질	–	738	901	700	4,241
칠레	–	–	484	1,685	5,355
멕시코	450	450	317	1,104	3,521
페루	–	–	526	985	3,142
캐나다	–	–	850	3,560	17,576
미국	490	807	1,394	4,854	18,317

출처: Engerman and Sokoloff, 1997: 270.

〈표 3〉아메리카 대륙 경제권의 1인당 GDP 성장률(단위: 퍼센트).

경제권	1700-1800년	1800-1850년	1850-1913년	1913-1989년
아르헨티나	0.0	–	1.6	0.6
바베이도스	–	–	–	–
브라질	–	0.4	−0.4	2.4
칠레	0.4	–	2.0	1.5
멕시코	0.0	−0.7	2.0	1.5
페루	0.1	–	1.0	1.5
캐나다	–	–	2.3	2.1
미국	0.5	1.1	2.0	1.8

출처: Engerman and Sokoloff, 1997: 270.

라틴아메리카 국가가 보여 준 GDP의 장기적인 경향을 추정한 이러한 노력들은 라틴아메리카 경제성장과 관련하여 우리에게 몇 가지 중요한 단서를 제공하고 있다. 첫 번째, 스페인과 포르투갈의 식민 지배가 시작되는 시점부터 식민 지배 시기의 전반부에 해당하는 기간 동안 라틴아메리카의 1인당 GDP는 당시의 서구 유럽 국가들과 대등한 수준이었으며 이후 미국이 되는 아메리카 대륙의 영국 식민지가 18세기가 되어서야 이룬 것과 비슷했다(Coatsworth, 2005: 129). 앞의 표들에 제시된 GDP 추정치에 따르면, 1500-1700년에 멕시코의 1인당 GDP는 미국의 1인당 GDP를 능가했다. 〈표 1〉의 매디슨의 추정치에 따르면, 멕시코의 1인당 GDP는 1500년에 425달러, 1600년에 454달러, 그리고 1700년에 568달러를 기록하며 1500년에 400달러, 1600년에 400달러, 그리고 1700년에 527달러를 기록하는 데 그친 미국의 1인당 GDP를 앞서고 있다. 이는 같은 표의 코츠워스의 추정치에서도 확인되는데, 이에 따르면 멕시코의 1인당 GDP는 1500년에 550달러, 1600년과 1700년에 755달러를 기록하며 1500년과 1600년에 400달러 그리고 1700년에 527달러를 기록한 미국의 1인당 GDP를 웃돌고 있다. 한편 카리브 지역을 포함한 라틴아메리카 전체의 1인당 GDP 추정치도 비슷한 추세를 보인다. 〈표 1〉의 코츠워스의 추정치에 따르면, 미국의 1인당 GDP는 1700년에 이르러서야 카리브를 포함한 라틴아메리카 지역과 대등해진다. 결국 스페인과 포르투갈의 식민 지배가 시작되던 시기 라틴아메리카 지역은 아메리카 대륙의 북반구 지역보다 앞선 경제발전의 정도를 보여 주었으며 라틴아메리카 저성장은 이후 전개된 스페인과 포르투갈의 식민 지배와 밀접한 관계가 있다고 추정할 수 있다.

GDP의 장기적 추세를 살펴본 연구를 통하여 알 수 있는 두 번째 단서는, 라틴아메리카 경제가 1700-1870년에 상대적으로 침체되어 있었으며 이 시기의 부진한 성장이 라틴아메리카 경제의 장기적 성장 추세에 치명적 결과를 가져왔다는 것이다. 〈표 1〉의 코츠워스의 추정치에 따르면, 카리브를 포함한 라틴아메리카 지역의 1인당 GDP는 1700년에 527달러를 기록하고 1820년에 692달러 그리고 1870년에 681달러를 기록하는 데 그친 데 비하여, 비교 대상인 미국의 1인당 GDP는 1700년에 527달러를 기록한 후 1820년에 1,231달러 그리고 1870년에 2,445달러로 급격한 성장세를 보인다. 결국 1700년에 차이가 없던 라틴아메리카와 미국의 1인당 GDP는 1870년에 이르러 거의 4배 차이가 나게 된다. 이러한 추세는 엥거만과 소콜로프의 추정치가 제시된 〈표 2〉에서도 확인된다. 〈표 2〉에 따르면 1700년에 각각 450달러와 490달러를 기록한 멕시코와 미국의 1인당 GDP는 1850년에 이르러 멕시코가 317달러 그리고 미국이 1,394달러를 기록하며 현격한 격차를 보이게 된다. 이러한 변화는 GDP의 성장률을 제시한 〈표 3〉에 의해 증명되는데, 1700-1850년 사이 미국의 1인당 GDP 증가율은 1700-1800년 사이의 0.5퍼센트 그리고 1800-1850년 사이에 1.1퍼센트를 기록한 것으로 추정되어 낮은 성장 또는 침체를 보인 것으로 추정되는 라틴아메리카 국가들에 비하여 뚜렷한 우위를 보이고 있다.

GDP의 장기적 추세를 통하여 알 수 있는 세 번째 단서는, 여러 라틴아메리카 국가의 1인당 GDP는 19세기 말부터 20세기 초 사이의 어느 시점부터 꾸준히 성장하기 시작했으며 이러한 추세는 20세기 동안 유지되었다는 것이다. 특히 주목할 점은 19세기 말부터 20세기 기간 동안 라틴아메리카 국가들의 1인당 GDP 증가율이 미국과 대등한 수준이었다는 점이다. 〈표 1〉의 코츠워스의 추정치에 따르면, 1870년 681달러를 기록한 라틴아메리카 전체의 1인당 GDP는 1900년에 1,110달러 그리고 2000년에 5,838달러를 기록하며 1870-2000년에 약 8.6배 증가한 데비하여 미국의 1인당 GDP는 1870년에 2,445달러, 1900년에 4,091달러 그리고 2000년에 28,129달러를 기록하며 약 11.5배 증가했다. 또한 〈표 3〉에 따르면, 멕시코, 칠레, 브라질 등 라틴아메리카 주요 국가들의 1인당 GDP는 1913-1989년 기간 동안 평균 1.5-2.4퍼센트 성장하며 같은 기간 동안 1.8-2.1퍼센트의 성장률을 기록한 미국 및 캐나다와 대등한 수치를 기록했다. 따라서 20세기 동안 라틴아메리카와 선진국 간의 격차의 비율은 비슷하게 유지되었다.

결국 이러한 사실들로 볼 때, 현재의 라틴아메리카와 선진국과의 격차 대부분은 국가별로 차이는 있지만 20세기의 산물이 아닌 18세기와 19세기 기간 동안 보여 준 라틴아메리카의 저성장과 밀접한 연관이 있다고 볼 수 있다. 즉 라틴아메리카 국가들은 식민 시대 후반기부터 독립 직후 시기의 부진한 경제성장 때문에 미국 및 캐나다와 같은 신세계의 비교 대상 국가들과 다른 발전 경로를 걷기 시작했다. 다음 장에서는 이러한 다른 발전 경로의 설명을 시도한 독립 변수들을 살펴보고자 한다.

3 내적 요인 또는 외적 요인

서론에서도 언급되었듯이, 라틴아메리카의 식민 경험과 경제성장

간의 상관관계를 규명하려는 연구자들의 노력은 여러 연구 그룹에서 시도되었으며 이는 필연적으로 각기 다른 접근법, 다양한 독립 변수, 그리고 차별적 방법론으로 귀결되었다. 또한 이러한 다양한 연구 성과들은 성공적 연구 논문을 위하여 필수적인 기존 연구들에 대한 이론적 분류를 어렵게 하는 요인이 되고 있다. 이 연구는 기존 연구를 비판적으로 비교하고 분석하여 라틴아메리카 경제사 연구의 이론적 쟁점을 파악하고 새로운 연구 과제의 창출을 위한 기초 연구의 성격을 지니고 있다. 따라서 이 장에서는 기존의 이념별, 학문 분야별 또는 연구 그룹 중심의 분류를 지양하고 라틴아메리카의 식민 경험과 경제성장의 상관관계라는 이 연구의 주제를 중심으로 한 실증적 접근에 기반을 둔 분류를 시도하고자 한다. 이를 위하여 이 장에서는 라틴아메리카의 저성장의 원인을 라틴아메리카 내부와 외부적 조건 중 어디에 두고 있는지에 따라 나누어 살펴보고자 한다.[4] 라틴아메리카 저성장의 원인을 라틴아메리카 내적 요인과 외적 요인으로 구분하여 비교하는 것은 이 연구가 제시한 연구 목적과 관련하여 중대한 함의를 내포하고 있다. 내적 요인과 외적 요인의 비교는 라틴아메리카 저성장과 식민시대 간의 상관관계를 설명하는 다양한 변수들의 장단점을 살펴보는 기회를 제공하는 것은 물론 라틴아메리카 저성장의 원인과 식민 시대의 역할과 관련된 정치적 논쟁,

---

4) 이 연구에서 라틴아메리카 저성장의 원인을 살펴보기 위하여 제시된 내적 요인과 외적 요인으로의 구분은 이 연구와 관련되어 대표적인 고전적 연구의 하나인 스탠리 J. 스타인과 바바라 H. 스타인(Stein and Stein, 1970)의 연구에서 아이디어를 얻었다. 한편 스탠리 J. 스타인과 바바라 H. 스타인(Stein and Stein, 1970)은 식민지의 요소 부존의 차이, 식민 모국의 제도적 특징 등 식민지 내 외부 변수 모두를 제시하여 독립 이후에도 지속되는 라틴아메리카 경제의 종속과 저발전을 설명하고 있다.

즉 '식민지 책임론'에 대한 명확한 이해를 도울 것이다.

먼저 라틴아메리카 식민지 내부의 조건이 식민 시대 이후 라틴아메리카의 성장을 저해하는 원인이 되었다고 보는 연구를 살펴보겠다. 식민지 내부의 조건이 경제성장을 결정짓는 설명 변수라고 주장하는 대표적인 연구로는 '요소 부존론(factor endowment)'을 들 수 있다. 어느 국가 또는 지역의 기후, 지리, 인구, 자원 등의 요소 부존도의 차이가 경제성장을 결정짓는다고 주장하는 요소 부존론은 사실 경제사 연구자들에게 강력한 설명력을 지니고 일반적으로 인정되는 주장으로 최근까지 활발한 연구 결과를 내고 있다(Engerman and Sokoloff, 1997: 260; 유항근·홍일곤, 2002).

요소 부존론에 입각하여 라틴아메리카의 저성장을 설명하는 최근의 대표적인 연구들로는 엥거만과 소콜로프(Engerman and Sokoloff, 1997; 2000)와 대런 애쓰모글루·사이먼 존슨·제임스 A. 로빈슨(Acemoglu, Johnson, and Robinson, 2001)의 연구를 들 수 있다. 엥거만과 소콜로프(Engerman and Sokoloff, 1997; 2000)는 식민지 토양의 성격, 기후 그리고 인적 구성의 차이와 같은 식민지 내부 요소 부존의 차이가 각기 다른 분배 구조와 식민 착취 제도로 귀결되었으며, 이렇게 발전한 식민 제도는 다시 라틴아메리카와 카리브 지역에서 극심한 불평등한 분배 구조를 심화시켜 향후 경제성장을 저해했다고 주장하고 있다. 엥거만과 소콜로프는 식민 시대의 아메리카 대륙을 1) 대규모 노예 노동에 기반한 대형 플랜테이션을 중심으로 설탕, 커피, 쌀, 담배, 면화 등을 생산하던 카리브, 브라질, 그리고 미국 남부형, 2) 광범위하게 존재하던 원주민의 강제 노동과 스페인 정복자들에 의한 토지 독점 그리고 풍부한 광물 자원에 기반한 멕시코·페루형, 3) 유럽에서 이주한 소규모 가족농이 대부분으로 곡물 농업과 축산업이 혼합된 미국 북부형의 세 가지 유형으로 구분했다. 엥거만과 소콜로프에 따르면, 결국 현재의 카리브와 라틴아메리카 지역을 대표하는 1)과 2)는 극도로 불평등한 경제 및 정치 분배 구조를 창출했고 이는 다시 경제와 정치권력을 독점한 소수 엘리트의 권력을 유지하려는 제도들로 발전되어 이후 경제성장을 저해하는 원인이 되었다. 한편 이와 반대로, 현재의 미국과 캐나다 지역을 대표하는 3)은 상대적으로 평등한 분배 구조와 상대적으로 민주적인 정치 체제의 구축으로 이어졌으며 이는 다시 광범위한 국내 시장의 창출과 성장 지향적 정책들의 추진을 통한 경제성장으로 귀결되었다고 주장하고 있다. 결국 엥거만과 소콜로프는 아메리카 대륙의 각국이 식민 시대를 거치며 각기 다른 경제성장의 경로를 거친 가장 큰 원인은 각 지역 내부의 요소부존도, 즉 각기 다른 작물에 적합한 토양의 성격과 기후 그리고 원주민 인구의 규모에 있다고 주장했다.

한편 애쓰모글루·존슨·로빈슨은(Acemoglu, Johnson, and Robinson, 2001)은 식민지 내부의 인구 밀도와 질병 상황이라는 요소 부존이 식민지의 향후 발전 경로에 영향을 끼쳤다고 주장하고 있다. 즉 애쓰모글루·존슨·로빈슨의 주장에 따르면, 유럽의 이주민들은 상대적으로 부유할지라도 기존 인구가 많고 질병에 걸리기 쉬운 지역보다는 상대적으로 가난할지라도 인구가 적고 질병에 덜 걸리는 지역에 정착하는 것을 선호했다. 결국 유럽의 이주민들이 선호하여 많이 정착한 지역에서 향후 경제성장을 쉽게 하는 생산적인 제도가 성립되었다고 주장하고 있다. 초기 식민지를 접촉한 군인, 신부 그리고 선원 등의 사망률이 유

럽 이주민들의 규모를 결정했다는 애쓰모글루 · 존슨 · 로빈슨의 연구
는 왜 유럽인들이 아프리카보다 미국, 호주, 뉴질랜드에 많이 정착했으
며 이 지역이 경제성장에 두각을 나타내었는지를 설명하는 독창적인
연구이다.

다음은 라틴아메리카 식민지 외부의 조건이 식민 시대 이후 라틴아
메리카의 성장을 저해하는 원인이 되었다고 보는 연구를 살펴보겠다.
우선 식민지 외부의 조건을 라틴아메리카 저발전의 원인으로 보는 대
표적인 연구자들로는 구조주의와 종속 이론가들을 들 수 있다. 비록 각
각의 연구자별로 분석의 수위와 범주에는 차이가 존재하고 많은 경우
식민 시대가 직접적인 분석 대상이 아니지만 이들은 공통적으로 라틴
아메리카 지역이 겪는 저발전의 원인이 선진국으로 대표되는 외부와의
불평등한 경제적 관계에서 기인한다고 주장한다.

한편 종속 이론가들과는 별도로 식민지 외부의 조건이 식민 시대 이
후 라틴아메리카 경제성장에 영향을 끼쳤다고 보는 가장 고전적인 주
장으로는 스페인, 포르투갈 그리고 영국이 각기 나누어 통치한 아메리
카 식민지의 제도는 식민 모국의 제도가 복제된 것으로 향후 각 식민지
의 운명은 결국 식민 모국의 제도의 성격에 좌우된다고 주장한 하워드
위아르다와 하비 F. 클라인(Wiarda and Kline, 2000: 20-21)이 대표적이
다. 위아르다와 클라인에 따르면, 연방제에 입각한 영국의 식민지 경영
과 대비되어 본국의 국왕을 정점으로 한 스페인의 코포라티즘적 식민
주의는 식민지의 교회, 군대 그리고 소수의 토지 소유자의 특권을 보존
하는 제도를 발전시켰는데, 이러한 국왕 중심의 스페인 식민 지배 체제
는 독립 이후 정치적 공백과 혼란을 초래하여 19세기 내내 라틴아메리

카 경제발전에 큰 부담이 되었다고 주장했다. 그러나 식민 지배자의 차이가 이후 피식민지의 경제성장에 영향을 끼쳤다는 위아르다와 클라인의 연구는 높은 설득력에도 불구하고 앵글로 중심주의(anglo-centrism)라는 비판을 받기도 했다.

그럼에도 불구하고 식민주의의 차이와 경제성장의 상관관계를 찾으려는 노력은 다양하게 시도되었다. 식민 시대로부터 시작된 토지 소유의 불평등이 라틴아메리카의 장기적 경제성장을 저해하는 결정 요인이며 이러한 토지 소유의 불평등을 야기한 동인을 식민지 정치경제를 통하여 설명하려고 시도한 에바우트 프랑케마(Frankema, 2006)의 연구는 이러한 노력의 대표적 사례이다. 특히 프랑케마가 1930년대 이후부터의 자료로 산출한 세계 각국과 지역의 토지 소유 분배 지수(land gini)는 이 연구와 관련하여 흥미로운 결과를 제시하고 있다. 프랑케마의 계산에 따르면, 세계 토지 소유 불평등 상위 20개국 중 16개국 이상을 차지하는 라틴아메리카의 토지 소유 불평등은 세계 최고 수준이다. 더불어 프랑케마는 라틴아메리카의 식민 모국인 스페인과 포르투갈의 토지 불평등 수준은 유럽 최고 수준으로 라틴아메리카 국가들의 전체 평균과 비슷하다는 점을 밝히고 있다(Frankema, 2006: 3-4). 물론 스페인, 포르투갈 그리고 라틴아메리카가 모두 높은 토지 소유 불평등이라는 공통점을 지니고 있다는 점이 식민 지배 국가가 피식민지에 식민 모국의 제도를 복제했으며 이러한 복제가 이후 경제성장과 관련이 있다는 것을 자동적으로 입증하지는 않지만 매우 흥미로운 발견으로 향후 연구를 위한 과제를 제시하고 있다.

한편 매튜 랭 · 제임스 마호니 · 마티아스 폼 하우(Lange, Mahoney

and Hau, 2006)의 최근 연구 또한 식민 경험과 경제성장의 상관관계 연구에 다양성을 더해 주고 있다. 이들은 대표적인 유럽의 식민 경영자인 스페인과 영국의 식민주의의 성격과 정도의 차이가 이후 식민지의 서로 다른 경제성장의 경로를 가져왔다고 주장하고 있다. 이들은 스페인과 영국의 식민주의의 차이에 주목했다. 즉 중상주의를 추구하는 스페인 식민주의는 상대적으로 인구가 많고 경제적으로 융성하여 경제적 축적이 용이한 지역을 식민지로 선호했으며 이러한 선호는 강제 노동과 직접적 식민 지배로 특징지어지는 중상주의적 제도의 도입으로 이어졌으며 결국 스페인의 중상주의적 식민 제도는 이후 자본주의적 경제성장을 저해하는 요인이 되었다고 주장한다. 이에 비하여 자유주의를 추구하는 영국은 자본주의적 축적을 용이하게 하는 상대적으로 덜 복잡한 지역을 식민지로 선호했다. 결국 스페인에 비하여 간접적인 지배로 특징지어지는 영국의 식민지는 이후의 경제성장과 긍정적으로 상관관계를 가지고 있는 자유주의적 제도의 도입으로 귀결되었다고 주장하고 있다.

살펴본 바와 같이, 라틴아메리카의 식민 경험과 경제성장의 상관관계를 분석한 기존의 연구들은 라틴아메리카의 상대적 저성장을 결정짓는 요인의 성격에 따라 내적 요인을 중시하는 연구들과 외적 요인을 강조하는 연구들로 구분할 수 있다. 라틴아메리카 저성장의 결정 요인으로 내적 요인을 강조하는 연구는 라틴아메리카의 기후, 토양, 인구, 자원과 같은 지리적 요인을 중시하는 요소 부존론으로 대표된다. 이에 비하여 라틴아메리카 저성장의 결정 요인으로 외적 요인을 강조하는 연구는 아메리카 대륙의 식민 지배자인 영국과 스페인 및 포르투갈 사이의 식민 지배의 성격 차이를 강조하고 있다.

4 제도의 역할과 성격

최근의 경제사 분야에서 제도의 역할에 관한 연구는 가장 활발한 성과를 보인다. 1993년 더글러스 노스의 노벨경제학상 수상으로 주류경제학에서 확고한 위치를 구축한 제도와 경제발전의 상관관계에 대한 연구는 라틴아메리카 경제사 분야에서도 영향력을 확대해 나가며 영역을 확장하고 있다. 이 절에서는 제도의 역할과 성격에 관한 논의를 중심으로 라틴아메리카 식민 경험과 경제성장의 관계를 분석하도록 하겠다.

우선 논의되어야 할 것은 제도의 개념에 관한 것이다. 일반적으로 제도는 공식적인 정치 및 법적 구조 등을 규정하는 개념이다. 최근 경제사 연구에 깊은 영향을 끼친 더글러스 노스(North and Thomas, 1973; North, 1981; 1990)로 대표되는 '신제도주의 경제사학' 그룹은 제도를 공식적인 정치 및 법적 구조와 더불어 문화까지도 포괄하는 개념으로 정의하고 있다. 노스는, "제도는 어느 사회에서의 게임의 법칙 또는, 좀 더 정식으로 표현하면, 인간의 상호작용을 규정하기 위하여 인간에 의하여 고안된 제약이라고 정의"하고 있다(North, 1990: 3). 나아가 노스는 '효율적인 제도'가 경제발전의 핵심적 원천이며 '효율적인 제도'는 민주주의 정도, 지대 추구의 범위, 재산권의 보호, 근면성, 기업가 정신, 문화, 그리고 종교 등에 달려 있다고 주장한다(김승욱, 2006). 이 연구에서는 제도를 일반적 의미의 공식적인 정치 및 법적 구조는 물론 '신제도주의 경제사학' 그룹의

주장을 받아들여 문화까지도 포함하는 포괄적 의미로 사용한다.[5]

라틴아메리카 지역은 정치 및 법적 제도와 재산권이 효율적이고 신속한 현대적 경제성장을 위한 확실한 동기를 부여한다는 노스의 주장을 검증할 수 있는 최적의 "실험실"이다. 제프리 L. 보츠와 스티븐 하버도 언급했듯이, 라틴아메리카가 역사적으로 보여 준 급격한 재산권 체제의 변동과 다양한 경제성장의 결과들은 제도의 역할을 이론화하기 위한 최적의 사례를 제공하고 있다(Bortz and Haber, 2002).

경제사 연구에서 제도의 부각은 계량적 방법론으로 무장되어 이론 구축에 몰두하던 연구자들이 그동안 낡은 것으로 치부하던 질적 방법론은 물론 사회 부조리 또는 불평등한 정치 체제와 같은 배경지식에도 관심을 기울이는 계기가 되었다(Gootenberg, 2004: 251). 폴 구텐버그(Paul Gootenberg)는 더 나아가, 제도의 역할에 대한 관심이 라틴아메리카 경제사 연구에서 새로운 것이 아닐뿐더러 제도주의는 잠재적으로 발전주의자, 폴라니류의 인류학적 관점, 그리고 심지어는 마르크스주의적 정치경제와도 많은 부분을 공유할 수 있다고 보았다(Gootenberg, 2004: 251). 결국 노스에 의해 주류경제학에서 시민권을 획득한 제도에 관한 연구는 학문 영역의 폐쇄성과 연구자의 이념적 성향을 뛰어넘어서 라틴아메리카 경제사 연구의 질적 도약을 가능케 할 잠재력을 지닌 무기이다. 최근 라틴아메리카 경제사 연구물들은 제도 연구가 지닌 이러한 잠재력을 확인시켜 주고 있다.

---

5) 그러나 이 연구에서 사용되는 제도의 개념은 어느 특정 학파나 연구 그룹의 주장을 내포하는 용어로는 사용되지 않고 있다.

경제사 연구에서 중요성을 더해 가고 있는 제도에 관한 연구는 라틴아메리카의 경제성장과 식민시대의 상관관계를 규명하기 위한 이 연구에도 의미 있는 단서를 제공하고 있다. 앞서도 살펴보았던 엥거만과 소콜로프(Engerman and Sokoloff, 1997; 2000)와 애쓰모글루·존슨·로빈슨(Acemoglu, Johnson, and Robinson, 2001), 그리고 랭·마호니·하우(Lange, Mahoney and Hau, 2006)의 연구는 각기 다른 독립 변수에서 출발했음에도 불구하고 모두 "나쁜" 제도가 라틴아메리카 경제성장을 저해했다고 주장한다.[6] 우선 엥거만과 소콜로프(Engerman and Sokoloff, 1997; 2000)는 아메리카 대륙의 각 식민지는 각기 다른 요소 부존도로 인하여 각기 다른 분배 구조와 식민 착취 제도를 탄생시켰으며 이는 결국 현재의 라틴아메리카 국가들과 미국 및 캐나다로 대표되는 지역이 서로 다른 발전 경로를 걷게 되는 원인이 되었다고 주장하고 있다. 엥거만과 소콜로프(Engerman and Sokoloff, 1997)에 따르면, 미국과 캐나다 지역은 광범위한 인구가 상업 활동에 참여하는 것을 통하여 상대적으로 공평한 부의 분배를 가능케 하는 '제도'를 창출한 데 비해 극도로 불평등한 분배 구조로 인해 소수의 엘리트가 정치권력을 독점한 라틴아메리카 지역은 이러한 엘리트의 정치와 경제 영역에서의 독점을 유지시키는 '제도'를 구축했다(Engerman and Sokoloff, 1997: 271-272). 한편 엥거만과 소콜로프(Engerman and Sokoloff, 2000)는 별도의 연구를 통해, 라틴아메리카와 미국 및 캐나다가 독립 이후 발전시킨 토지 제도, 선거권, 그리고 공공 교육 등의 구체적인 제도들을 비교하고 분석하여 제도

6) 이 연구들에서 제도는 일종의 매개 변수의 역할을 하고 있다.

와 경제성장의 상관관계에 대한 그들의 기존 주장을 재확인하고 있다.

식민지의 인구 밀도와 질병 상황이라는 요소 부존에서 출발한 애쓰모글루 · 존슨 · 로빈슨(Acemoglu, Johnson, and Robinson, 2001)의 주장은 노스가 경제성장 결정 요인으로 특히 강조한 '재산권 보호'의 문제에 주목했다. 즉 이들의 연구에 따르면, 유럽 이주민들은 원주민이 희박하고 질병에 안전한 식민지를 정착지로 선호했다. 결국 다수의 유럽인이 이주한 지역은 일반인의 재산권을 보호하는 제도를 발전시켰으며 반대로 소수의 유럽인이 이주한 지역은 일반인의 재산권을 보호하지 않는 제도를 발전시켰다.

랭 · 마호니 · 하우(Lange, Mahoney and Hau, 2006)의 연구는, 앞서 제시한 연구들보다 좀 더 직접적으로 제도의 중요성을 강조하고 있다. 즉 랭 · 마호니 · 하우는 스페인과 영국이 각자가 지향한 식민주의에 입각하여 중상주의적 제도와 자유주의적 제도라는 서로 다른 식민 체제를 도입했으며 이러한 제도의 차이는 스페인과 영국의 식민지가 이후 다른 발전 경로를 보이는 원인이 되었다고 주장하고 있다.

한편 앞서도 언급되었듯이, 구조주의자와 종속 이론가들에게도 제도는 경제적 성공과 실패를 결정짓는 주요 요인으로 간주되었다. 예를 들어, 라울 프레비시(Raúl Prebisch)는 그의 핵심 주장인 '교역 조건의 악화'는 시장이 아닌 제도 영역을 통하여 이해할 수 있다고 주장한다. 프레비시는, 선진국의 공산품 생산자는 불황에도 불구하고 노조와의 계약 때문에 쉽게 임금을 삭감하지 못하며, 또한 과점적인 산업들은 수요가 축소될 때 가격을 낮추기보다는 생산의 축소를 담합하기 때문에 1차 생산품 생산자의 교역 조건이 악화된다고 보았다. 한편 여러 라틴아메리카 구조주의자들 또한 토지 소유권의 집중과 같은 제도적 구조에 관심을 기울였다(Coatsworth, 2005: 133).

살펴본 바와 같이, 노스로 대표되는 '신제도주의 경제사학' 그룹에 의하여 학문적 시민권을 획득한 제도에 관한 연구는 '라틴아메리카 저발전의 원인' 그리고 나아가 '라틴아메리카 경제성장과 식민 시대의 상관관계'의 규명을 목적으로 하는 이 연구에 의미 있는 연구 성과들을 제시하고 있다. 기존 연구에 따르면, 라틴아메리카의 식민 지배로 인하여 구축된 '나쁜' 제도들이 라틴아메리카의 장기적 경제성장을 저해하는 요인이 되었다고 주장한다. 한편 라틴아메리카의 경제성장과 관련하여 제도에 관한 연구는 명과 암을 동시에 보여 주고 있다. 우선 제도 연구의 가장 큰 장점으로는 제도라는 변수가 지니는 포괄성과 이로 인한 강력한 이론적 설명력이다. 즉 정치 및 법적 구조는 물론 문화까지도 포괄하는 제도의 개념은 앞서 살펴본 연구에서도 알 수 있듯이 다양한 특정 변수의 종착점 역할을 하며 이론적 타당성을 높이는 장점이 있다. 그러나 제도라는 개념이 지니는 이러한 포괄성과 설명력은 '식민 경험이 라틴아메리카의 경제성장에 끼친 영향'과 같이 실체적 규명을 요구하는 연구를 지나치게 추상화하는 단점을 지니고 있다. 결국 제도 연구가 지니는 이러한 단점은 실증 연구에서 제도의 역할과 성격에 대한 구체화 노력을 통하여 극복될 수 있을 것이다.

5 나가며

라틴아메리카 저발전의 역사적 기원의 문제, 특히 식민 경험이 경제성장에 끼친 영향을 규명하는 것을 목적으로 하는 이 연구는 두 가지 잠정적 결론을 도출했다. 첫째, 경제사학자들의 장기적 GDP 추정치를 분석한 것에 따르면, 현재 라틴아메리카의 경제적 저발전은 20세기의 산물이 아니라 18세기와 19세기 기간 동안 겪은 경제적 침체의 산물이다. 즉 라틴아메리카 대부분의 국가는 20세기 기간 동안 선진국들과 대등한 경제성장을 기록했음에도 불구하고 식민 시대 후반기부터 독립 직후에 겪은 성장 부진 때문에 현재 선진국에 비해 상대적으로 저발전 상태이다. 라틴아메리카 경제적 저발전의 원인을 제공한 시기가 식민시대 후반기부터 독립 직후라는 점은 라틴아메리카의 식민 경험이 라틴아메리카의 장기적 경제성장에 부정적 영향을 끼쳤을 것이라는 추정을 가능케 한다. 특히 아메리카 대륙에서 비슷한 시기에 식민 경험을 하고 비슷한 시기에 독립을 한 미국 및 캐나다와 비교해 볼 때 식민 경험의 차이가 라틴아메리카의 저발전을 초래했다는 단서를 제공하고 있다.

둘째, 라틴아메리카의 식민 경험과 경제성장의 상관관계를 설명하려고 시도한 기존 연구들은 각기 다른 종류와 성격의 독립 변수를 제시하고 있음에도, 공통적으로 식민 경험은 라틴아메리카의 장기적 경제성장에 부정적 영향을 끼쳤다고 보고 있다. 즉 코포라티즘적 식민 체제 또는 중상주의적 식민주의와 같은 스페인과 포르투갈의 고유한 식민지 지배 형태가 라틴아메리카에 상대적으로 경제성장을 저해하는 제도를 발전시켰다고 주장하는 연구들은 물론 라틴아메리카의 기후, 토양, 인구, 자원과 같은 요소부존의 차이가 장기적 경제성장을 저해하는 원인이 되었다고 주장하는 연구들도 결국 식민 지배를 통하여 불평등한 분배 구조와 같이 경제성장을 저해하는 '나쁜' 제도들이 발전했다는 점에 동의하고 있다.

한편 이 연구는 제도 연구의 중요성을 확인하고 있다. 기존의 연구들은 1993년 더글러스 노스의 노벨경제학상 수상으로 주류경제학에서 확고한 영역을 구축한 제도에 관한 연구가 라틴아메리카 경제사 연구에서도 흥미로운 연구 성과들을 제시했다는 것을 확인해 주고 있다. 또한 살펴본 바와 같이 라틴아메리카 경제사 연구에 있어서 제도에 관한 연구는 여전히 많은 과제를 제시하고 있다. 우선 라틴아메리카 경제사 연구를 위한 다양한 기초 데이터의 구축이 필요하다. 과학적 연구를 위한 필수적 기본 요소인 기초 데이터의 구축은 아무리 강조해도 부족함이 없는 과제이다. 코츠워스와 매디슨의 GDP의 장기적 추정치 연구, 프랑케마의 토지 소유 분배 지수 구축, 그리고 애쓰모글루·존슨·로빈슨의 식민지 인구 밀도와 질병 상황 연구는 이와 관련하여 좋은 연구 사례를 제시하고 있다. 두 번째 과제는 실증 연구를 통한 제도의 역할과 성격에 대한 구체화 노력이다. 앞서도 언급했듯이, 이러한 작업은 지나친 추상화로 귀결될 수 있는 제도 연구의 단점을 극복하는 수단이 될 것이다. 마지막 과제는 제도 연구의 이념적 보편성을 확보하는 연구의 확대이다. 다양한 방법론과 이념을 가진 연구자들의 관심을 끌고 있는 제도 연구는 더 이상 특정 연구 그룹의 전유물이 아니다. 따라서 기존의 제도 연구에서 제기된 연구 대상과 변수들 이외에 이념적 폐쇄성을 극복할 수 있는 다양한 연구 대상과 설명 변수들의 발굴이 필요하다. 다면성과 유연성이라는 제도 연구가 지닌 본연의 특성은 학제적 폐쇄성과 이념적 경직성을 극복하고 라틴아메리카 경제사 연구를 부활시킬 열쇠의 역할을 할 것이다.

제 2 장

파라과이 군부 독재 정권의 토지 정책과 경제적 불평등, 농민 분쟁*

/

구경모

/

* 이 글은 2018년『라틴아메리카연구』제31권 제3호의「파라과이 군부 독재 정권의 토지 정책과 농민 운동의 역사적 요인」과『인문사회21』제11권 제4호의「파라과이 경제적 불평등과 군부 독재 정권 토지 정책과의 관계」를 수정 · 보완한 것이다.

1 들어가며

파라과이는 라틴아메리카에서 빈곤 인구 비율이 높은 편에 속한다. 유엔 라틴아메리카 카리브 경제위원회(Economic Commission for Latin America and the Caribbean, ECLAC)의 2019년 통계에 의하면, 파라과이의 빈곤율은 24퍼센트로, 남미에서는 볼리비아(35퍼센트)와 콜롬비아(31퍼센트) 다음으로 높은 수치이다.[1] 파라과이의 경제는 2005년부터 2019년 동안 연평균 4퍼센트 전후로 꾸준하게 성장[2]하고 있지만, 빈곤 인구의 감소 폭은 크게 줄지 않고 있으며 오히려 정체되어 있다. 이는 경제성장의 결과가 고루 분배되지 않아 경제적 불평등이 개선되고 있지

---

1) 유엔 라틴아메리카 카리브 경제위원회 웹사이트(https://www.cepal.org/en) 참조.
2) 파라과이중앙은행(Banco Central del Paraguay, BCP)의 자료에 따르면, 파라과이는 2009년과 2012년을 제외하고 꾸준히 4퍼센트 전후로 성장했다. BCP 웹사이트(https://bcp.gov.py/) 참조.

않음을 의미한다.

이처럼 파라과이의 경제적 불평등이 지속되고 있는 것은 여러 이유가 있겠지만, 토지가 일부에게 집중되어 있다는 점이 주요하다. 파라과이 토지 분배와 관련된 지니 계수는 0.93으로서 라틴아메리카에서 최하위에 속한다. 또한 1퍼센트의 대지주의 토지 소유 비율은 파라과이 전체 토지의 71퍼센트로서 페루(77퍼센트)와 칠레(74퍼센트)에 이어 세 번째이다(Oxfarm, 2016). 이 같은 통계에서 보듯, 파라과이의 토지 소유 불균형은 라틴아메리카에서도 심각한 상황이다.

파라과이에서 토지 소유 불균형 문제가 대내외적으로 불거진 것은 바로 2012년 페르난도 루고(Fernando Lugo) 대통령과 탄핵의 빌미를 제공한 농민들의 죽음에서 비롯되었다. 2012년은 파라과이 정치사의 대격동기였는데, 대내적으로는 60년 만에 정권 교체에 성공한 루고 대통령이 탄핵을 당했고, 이로 말미암아 대외적으로는 파라과이가 남미공동시장(El Mercado Común del Sur, Mercosur)에서 강제로 쫓겨나는 초유의 사태를 겪었다. 이 같은 일련의 정치적 사건은 파라과이 역사에서 가장 비극적인 농민 투쟁으로 기억되는 꾸루과뜨 학살[3]에서 비롯되었다. 이 학살은 파라과이 동부에 위치한 소도시인 꾸루과뜨 군(郡)의 한 마을

---

3) 꾸루과뜨 학살(Masacre de Curuguaty)은 콜로라도당 대표를 역임한 블라스 리켈메(Blas Riquelme) 소유의 캄포스 모롬비 농장에서 발생했다. 이 농장은 파라과이 수도인 아순시온에서 동쪽으로 240킬로미터 떨어진 까닌데주(Canindeyú) 주의 꾸루과뜨(Curuguayt) 시의 마리나 꾸에 마을에 위치하고 있다. 이 학살은 2012년 6월 15일에 발생했고, 이곳을 점유하고 있던 농민과 경찰 간의 충돌로 인해 총 17명(농민 11명, 경찰 6명)이 사망했다. 이 사건은 보통 꾸루과뜨 학살로 널리 알려져 있지만, 마리나 꾸에 마을에서 벌어졌기 때문에 마리나 꾸에 학살(Masacre de Marina Kué) 혹은 마리나 꾸에 사건(El Caso Marina Kué)으로도 불린다.

에서 벌어진 농민 투쟁으로서 파라과이의 경제적 불평등, 그 가운데서도 토지 소유 불균형으로 인한 사회적 갈등이 어떻게 촉발되는지를 적나라하게 보여 준 사건이었다. 이로 인해 지금도 농민들은 길고 긴 법적 공방과 시위를 지속하고 있다.

꾸르과뜨 학살이 발생했을 당시 파라과이의 대통령은 페르난도 루고였다. 그는 가톨릭 신부로서 대통령이 된, 파라과이 정치사에서 독특한 이력을 지닌 인물이었다. 특히 산페드로(San Pedro) 주(州)의 주교였을 때, 그는 지역의 가난한 농민과 원주민들을 대변하는 역할을 했기에 '빈자의 아버지'라는 수식어를 지니고 있었다. 루고는 대통령에 당선된 후 농지 개혁을 적극적으로 추진했다. 하지만 정당 기반이 약했던 루고는 거대 양당이 주축을 이룬 의회 권력 앞에서 그의 정책을 실현하는 데 실패했고, 그 결과는 탄핵으로 이어졌다.

파라과이는 전형적인 양당 체제 국가로서 의회 정치가 시작된 이후부터 지금까지 약 150년간 콜로라도당(ANR)과 자유당(PLRA)이 번갈아가면서 정권을 유지했다. 중도 성향인 자유당은 1948년부터 정권을 잡지 못한 한을 풀기 위해 루고를 지지했던 세력인 좌파정당연합4과 연대하여 2008년 루고의 당선에 기여했다. 자유당은 역사적으로 콜로라도

---

4) 루고는 좌파와 중도 좌파 계열 정당들이 뭉친 '변화를 위한 애국연합(Alianza Patriótica para el Cambio)'에서 2008년 대선 후보 추대되었으며, 이후 자유당이 함께 연대했다. 자유당은 루고의 러닝메이트로 자당 출신인 페데리코 프랑코를 부통령 후보로 내세웠다. 루고가 당선된 후 '변화를 위한 애국연합'은 2010년 지방선거를 앞두고 마르크스주의 좌파 계열 정당의 연합인 '연대의 장-민중의회(Espacio Unitario-Congreso Popular)'와 통합하여 프렌테 과수(Frente Guasu)를 만들어 다시 자유당과 연대했다. 프렌테 과수는 토지 개혁과 자원 민족주의를 실현하기 위해 일곱 개의 좌파 계열 정당들의 연합한 조직이다.

당에 비해 진보적 성향의 정책을 추진했지만 기득권 세력이었기에 루고의 토지 개혁을 적극적으로 지지하지 않았다. 콜로라도당은 농지 개혁을 확실하게 반대했다. 자유당은 정권 교체에 성공하긴 했으나 좌파 정당연합과 권력을 나누었기에 그들만의 정권을 만들기를 원했다.

이러한 배경 아래에서 두 기득권 정당 간에 반(反)루고 연대가 서서히 나타나기 시작했고, 꾸루과뜨 학살은 그 연대가 표면화되는 데 결정적 요인으로 작용했다. 의회는 꾸루과뜨 학살로 빚어진 다수의 농민과 경찰의 죽음에 대한 책임을 물어 루고의 탄핵을 결의했다. 다수 의석을 차지하고 있던 두 정당의 의원들은 마치 준비하고 있었다는 듯이 하루 만에 일사천리로 루고를 탄핵했다. 남미공동시장의 회원국들은 루고의 탄핵에 크게 반발했는데, 당시 회원국들인 브라질과 아르헨티나, 우루과이 정부가 좌파 성향으로서 루고 대통령에 대한 파라과이 의회의 처분을 묵과할 수 없었기 때문이다. 이에 남미공동시장은 파라과이를 회원국에서 탈퇴시킨 대신에 베네수엘라를 새로운 회원국으로 받아들였다.

이 같은 정치적 격변은 꾸루과뜨 학살이 시발점이 됐지만, 그 기저에는 파라과이의 경제적 불평등, 특히 농민의 토지 문제와 긴밀하게 연관되어 있다. 여기서 주목해야 할 것은 꾸루과뜨 학살을 포함하여 파라과이를 떠들썩하게 한 농민 운동[5]들이 군부 독재 시기의 토지 정책과 밀접하게 관련 있다는 것이다. 예를 들어 꾸루과뜨 학살이 발생했던 마을은

---

5) 과오리 사건(Caso de Guahory)은 꾸루과뜨 학살 이후 농민과 공권력 간의 충돌을 말하며 2016년 9월에 발생했다. 이 사건도 군부 독재 정권 때부터 토지 정책을 관장했던 기관인 농촌후생협회와 관계가 있다.

콜로라도당의 당대표였던 블라스 리켈메[6]가 군부 독재 시기에 불하받은 여러 토지 중 하나였다.

토지 소유의 불평등의 원인은 식민지의 구조적 문제부터 신자유주의에 이르기까지 그 요인이 복합적이고 다양하다. 이 글에서는 다양한 요인들 가운데서도 최근 파라과이의 주요 농민 운동이 군부 독재 시기의 토지 정책과 관련 있음을 상기하면서 당시의 토지 정책과 토지 불하 과정을 분석하여 파라과이 토지 소유 불균형 원인을 찾고자 한다. 구체적으로는 군부 독재 정권 시기의 토지 정책과 토지 분배 내용을 포괄적으로 검토하면서 꾸루과뜨 학살이 벌어진 곳의 토지 소유 과정을 분석하고자 한다. 그 시작은 무토지 농민의 투쟁에서 시작된 꾸루과뜨 학살이 바로 군부 독재 시기에 불법적으로 토지를 불하받은 리켈메 소유의 토지에서 벌어졌다는 사실에서 출발한다.

2 경제적 불평등과 토지 문제, 그리고 농민

라틴아메리카의 경제적 불평등 원인과 구조에 대한 연구는 저개발 혹은 저발전이라는 개념으로 연구되었으며, 1960년대를 전후하여 서구 사회를 모델로 한 근대화론을 비판하는 종속 이론(Dependency Theory)이 나오면서 본격화되었다. 이러한 종속 이론을 출발점으로 라

---

6) 블라스 리켈메는 콜로라도당 소속으로 상원의원과 당 대표를 역임한 정치가이자 다수의 사업체를 소유하고 있는 사업가이기도 하다.

틴아메리카의 저발전을 연구하는 경제사학자들은 구체적인 데이터와 과학적 방법론을 강조하는 신경제사 그룹과 제도를 경제발전의 독립 변수로 보는 신제도주의 경제사학 그룹 등으로 구분되면서 다양한 연구 결과를 생산해 내고 있다(이상현, 2010: 244). 이들 경제사 그룹은 식민 경험이 라틴아메리카의 경제적 불평등과 저개발에 영향을 미쳤다는 것을 입증하고 있다(Engerman and Sokoloff, 1997; 2000; Coatsworth, 2005; Frankema, 2007).

식민 경험이 라틴아메리카의 저개발과 경제적 불평등 심화에 영향을 준 것은 사실이나 근대 국가 형성 이후에 나타난 급격한 정치적 변화, 예를 들면 혁명 혹은 독재 정권의 수립 등의 변수가 라틴아메리카의 저개발 혹은 경제적 불평등이 가속화되는 데 어떤 영향을 끼쳤는가에 대한 부분은 항상 의문으로 남아 있다.

근대 국가 수립 이후 라틴아메리카의 각 국가들은 식민 시기의 사회경제적 불평등을 타파하기 위해 제도 개혁을 추진했다. 특히 라틴아메리카의 고질적 불평등의 요인인 토지 문제 해결은 각 정부의 숙원 과제였다. 그러나 이러한 과제는 내부 기득권과 외부의 신식 민주주의 세력에 의해 번번이 좌절되었다. 이로 인해 야기되는 사회적 갈등은 라틴아메리카 곳곳에서 표출되고 있다. 멕시코의 사파티스타 민족해방군과 브라질의 무토지 농민 운동도 결국 토지 문제에서 비롯된 것이다.

비단 파라과이뿐 아니라, 20세기 후반의 라틴아메리카 농민 운동은 20세기 초중반 토지 개혁을 목적으로 대지주에게 저항하던 시기와 사뭇 다른 양상으로 나타나고 있다. 신자유주의에 따른 자유무역의 확대, 그리고 초국가주의에 따른 경제 통합체의 등장으로 농민 운동의 대상은 국가 내의 자본가 계급에서 다국적 기업과 같은 글로벌 자본으로 이행되고 있다. 라틴아메리카의 농민들이 댐 건설과 채굴 산업, 환금성 단일 작물 경작 등의 초국적인 힘에 의해 삶의 모습이 재조정되고 있는 것이 현실이다(Rosset and Martínez Torres, 2016: 277).

에릭 울프(Eric Wolf)에 따르면, 농민은 지배 계급에게 잉여 생산물을 공급하는 경작자로서 집단 간 혹은 집단 내부에서 잉여 생산물을 직접 교환하는 부족 사회의 경작자와 차이가 있다고 설명하고 있다(Wolf, 1966). 이러한 관점에서 농민은 국가 혹은 국가 내의 자본가 계급에 의해 착취당하는 계급이며, 이와 관련된 쟁의는 경작자로서의 농민이 스스로를 지키기 위한 최소한의 자위(自衛) 행위라 볼 수 있다. 이와 같은 에릭 울프의 농민 개념은 1980년대 이후 확산된 세계화에 따른 농촌 사회의 변동으로 도전을 받게 된다. 클리프 웰츠(Cliff Welch)는 농민의 재개념화를 주장한 마이클 키어니(Kearney, 1996)의 논의를 빌어 직접 경작을 하지 않는 농촌 지역의 임노동자와 수공예품 생산자도 농민에 포함해야 한다고 언급했다(Welch, 2004: 103). 이는 멕시코와 중미의 농민들이 임노동과 계절 노동 없이 경작자로서 생계를 꾸리기는 힘든 상황에서 세계화 상황에 걸맞은 농민에 대한 다양한 시각을 강조한 것이다.

이러한 논의 가운데서 브라질과 파라과이, 볼리비아, 에콰도르, 멕시코 치아파스 등 라틴아메리카 도처에서 발생하고 있는 농민과 무토지 노동자의 저항은 반(反)세계화 운동으로서 '글로벌 계급 전쟁', '자본주의 강압에 저항하는 힘'(Veltmeyer and Petras, 2008)으로 표현하면서 농민 운동의 새로운 패러다임으로 주목받고 있다. 반세계화 농민 저항의 대표적인 사례로서 '콩 전쟁'이라 불리는 파라과이 농민 운동은 외국계 기업농, 특히 브라질계 대두농들의 증가 밀접한 관련(Fogel, 2005; 김세건, 2010)이 있다. 이는 세계화에 따라 농민의 투쟁 대상이 수출 작물과 바이오 연료, 광산, 단일 작물을 재배하는 다국적 기업 혹은 대규모 기업농으로 전환(Rosset and Martínez Torres, 2016: 277-278)되고 있다는 지적과 일치하고 있다.

전 지구적 상황에 노출된 농민에 대해서 아니발 끼하노(Anibal Quijano)는 농민 운동이 사회경제와 문화, 지역과 국가, 민족적 층위에 따라 복잡 다단하게 드러나는 원인이 된다고 설명했다(Quijano, 2000: 178). 이에 대해 크리스토발 카이(Cristóbal Kay)는 이러한 현상을 '신농촌성(new rurality)'[7]으로 정의하면서, 현재는 농지 혹은 농민의 생산을 넘어 농촌과 도시, 지역과 글로벌 간의 상호 관계를 파악하는 것이 농촌을 이해하는 데 중요하며 농민들의 다양한 활동 영역(기업농의 노동자, 민속 공예품, 소규모 작업장, 농촌의 공장, 상업, 관광)을 모두 농촌 활동으로 간주해야 할 시점이라고 주장하고 있다(Kay, 2007: 32-34).

또한 미겔 테우발(Miguel Teubal)은 '신농민주의(new agrarianism)'라는 개념을 통해 20세기의 농민 운동이 대토지 소유자와의 갈등이라면 현재의 농민 운동은 환경 운동과 여성 운동, 반세계화 운동적 관점에서 중층적으로 토지와 커뮤니티를 이해해야 한다고 주장하고 있다(Teubal, 2009: 11). 다만 테우발은 세계화에 따른 토지 문제를 언급하면서(Teubal, 2009: 10) 미묘하게 신농촌성 시각의 학자들과 달리 토지 문제를 강조하는 입장을 취하고 있다. 결국에는 '신농촌성'과 '신농민주

---

7) 이 용어는 1990년대 이후부터 농촌 연구에서 광범위하게 사용되었다(Llambí, 1994)

의'는 농민 운동을 이해하는 데 신자유주의와 세계화에 따른 복잡다단한 변수를 총체적으로 분석해야 한다는 입장을 취하고 있다.

파라과이의 농민 운동 연구는 최근의 농민 운동 연구 경향 가운데서 테우발식의 논의와 유사한 데, 앞서 언급했던 '콩 전쟁'처럼 1980년대 후반부터 증가한 외국계 기업농에 의한 농민들의 토지 및 환경 문제와 관련지어 설명하는 것(Palau, 2005; Alderete and Navarro Ibarra, 2009)이 주를 이루고 있다. 이는 농민 운동의 토지 문제가 마치 세계화에 의한 것으로 한정 지음으로써 그 이전의 토지 관리 및 농지 분배 정책을 간과하는 원인이 되고 있다. 정부와 농지 관리를 전담하는 농촌후생센터는 전략적으로 파라과이 소농의 '주적'을 브라질계 농민으로 여기게 하는 발언을 공공연하게 하고 있다.[8] 이렇듯 정부와 여당은 민족주의를 활용하여 토지 문제와 농촌 빈곤의 요인을 외부 탓, 즉 브라질 탓으로 돌리고 있다.

최근의 파라과이의 농민 문제는 과연 그 원인을 세계화의 문제로만 귀결시킬 것인가에 대한 고민을 던져 주고 있다. 파라과이에서 논쟁적인 농민 운동들은 자유무역의 확대와 세계화에 따른 외국계(주로 브라질계) 대기업농의 침투와 반환경적인 행태가 표면적인 원인으로 작동하고 있지만, 그 이면에는 냉전으로 인해 집권한 군부 독재 정권이 실시한 토지 정책과 밀접한 관련이 있다. 최근 옥스팜의 보고서에도 라틴아메리카 농촌의 빈곤과 농민 운동에 대해 주목하면서 그 대표적 사례로서

---

8) 정부와 농촌후생협회는 언론이나 기타 감성적인 측면에서 브라질 기업농의 탓으로 호도할 뿐, 공권력은 그들의 보호에 집중한다.

파라과이의 토지 소유 불균형 문제가 군부 독재 정권 당시의 토지불법 불하와 연관되어 있음에 주목하고 있다(Oxfarm, 2016: 15).

앞서 언급했듯이 연구 대상인 꾸루과뜨 학살이 일어난 곳은 공교롭게도 군부 독재 시절 불법적으로 토지가 불하된 곳이다. 이는 현재 파라과이 농민 운동을 이해하는 데, 세계화에 따른 농민의 환경 변화뿐만 아니라 그 이전에 토지 소유 불균형을 초래한 역사적 맥락에 대하여 살펴볼 필요가 있음을 보여 준다. 특히 최근의 연구들은 파라과이를 비롯한 라틴아메리카 농민 문제의 원인을 세계화로 귀결시키면서 농민과 연계된 다양한 행위자에 대해 초점을 둠에 따라 정작 농민 투쟁의 핵심 요인인 토지 소유 불균형과 그 배경을 찾는 사적 접근이 뜸한 상황에 있다. 이 글은 역사적 접근을 통해 최근의 파라과이 농민 운동, 즉 꾸루과뜨 학살의 배경과 원인에 대한 실마리를 찾고자 한다.

몇몇 학자들은 라틴아메리카의 각 국가 사례를 통해 토지 소유 불균형 문제가 식민 시기부터 내려온 것이라고 분석[9]하기도 하고, 근대 국가 건설 이후에 진행된 토지 개혁이 제대로 이뤄지지 않았기 때문이라고 설명[10]하기도 한다. 사실 라틴아메리카의 토지 문제는 각 국가마다 차이가 있을 수 있지만, 파라과이 사례를 보면 냉전으로 인한 군부 독재 정권의 성립이 지대한 영향을 미쳤다. 이에 이 연구는 파라과이 사례를 통해 경제적 불평등이 군부 독재 정권과 어떤 연관성을 갖는가에 대한 실증

---

9) 스톤은 중미의 4개 국가인 코스타리카, 니카라과, 과테말라, 온두라스의 토지와 부가 몇몇 가문에 의해 식민 시기부터 이어져 온 것이라고 밝혔다(Stone, 1990).
10) 정이나는 과테말라의 토지 개혁 실패가 지주 계층이 고착된 원인이라고 분석하고 있다(정이나, 2017).

적인 분석을 목표로 한다. 이 분석은 군부 독재 정권 시기에 불법적으로 불하한 토지 사례를 중심으로 진행했다.

당시 토지 불하 자료는 '진실과 정의 위원회(Comisión Verdad y Justicia, CVJ)'에서 2008년에 발간한 보고서에 기록되어 있다. 진실과 정의 위원회는 1954년부터 2003년까지 군부가 정권을 잡은 약 50년의 기간 동안 일어난 반인륜적이며 불법적인 행위를 총 여덟 권의 보고서로 발간했는데, 그중에서도 토지를 불법적으로 불하한 사례는 보고서의 4권에 해당하는 『토지불법불하(*Tomo 4: Tierra Mal Habidas*)』에 기술되어 있다. 특히 4권에는 1940년 이후 제정된 각종 농지법에 대한 내용과 토지 정책, 농지 분배 과정, 토지를 불하받은 자에 대해 상세하게 기록되어 있다.

3 파라과이 토지 정책과 군부 독재 정권의 관계

1) 파라과이 토지 정책의 역사

파라과이의 대지주 형성은 삼국동맹전쟁 이후인 1870년대부터 외국 자본에 의해 시작되었다고 보는 시각이 우세하다(Fogel, 2001; Riquelme, 2003; Morínigo, 2005; Espínola, 2008; Núñez, 2013). 물론 식민지배 시기에 스페인계 정복자들이 소유한 대토지가 존재했으나, 다른 라틴아메리카에 비해 그 규모나 영향력이 보잘것없었다. 여타의 라틴아메리카 국가들과 달리 대지주의 위세가 미미했던 것은 예수회가 파

라과이의 주요 지역을 점유했었고, 예수회가 축출된 19세기 초중반에
는 프란시아(Francia)와 로페스(Lopez) 부자(父子)가 토지를 국유화했기
때문이다(Soler, 2008; Morínigo, 2005: 5, 재인용).

독립을 이끈 프란시아 정부는 쇄국 정책을 추진하면서 일종의 '국영
농장(Estancia Patria)' 제도를 통해 거의 모든 국토를 국유화하고 농민들
로부터 지대를 거둬들였다(Fogel, 2001: 23; Riquelme, 2003: 11). 당시 기
록에 의하면, 파라과이 동부 지역의 98.4퍼센트와 서부의 차코 지역 전
부가 국가 소유로 넘어갔다(Pastore, 1972; Riquelme, 2003: 11, 재인용). 예
수회의 존재와 '국영 농장' 제도의 실시는 전통적인 대지주 집단이 파라
과이에서 형성되지 못한 원인이라 볼 수 있다.

토지가 사유지로 전환된 것은 1870년에 끝난 삼국동맹전쟁 이후부
터였다. 이 전쟁으로 파라과이는 폐허가 되었다. 전쟁 복구를 위해 노동
력이 필요했던 정부는 이민 정책을 적극적으로 추진했다. 또한 국가 재
건에 필요한 자본은 국유지 매각으로 충당했다. 민족 자본가가 전무했
기에, 정부는 1875년부터 외국 자본에게 토지를 매각했고, 이들은 파라
과이 대지주의 한 축이 되었다(Requelme, 2003: 10-11). 즉 파라과이 대
지주들은 이때부터 출현했다.

삼국동맹전쟁 이후 총 45개의 외국 기업이 토지를 매입했다. 한 예로 아르헨
티나 출신의 기업가 소유의 파라과이 산업 주식회사(La Industrial Paraguaya
S.A)는 8만 5,000헥타르의 야생 마테차 밭과 동부 지역의 268만 7,000헥타
르 상당의 토지를 구입했다. 스페인계 아르헨티나 기업가인 카를로스 카사도
회사(Carlos Casado Ltda.)는 차코 지역에 562만 5,000헥타르의 토지를 매입

했다(Morínigo, 2005: 6).

두 회사는 당시 토지를 매입한 대표적인 외국계 회사들이다. 파라과이 산업 주식회사는 이 글에서 다루고 있는 꾸루과뜨 학살이 발생한 지역의 토지를 매입했다. 까를로스 카사도 회사는 파라과이 역사상 가장 넓은 토지를 취득했다. 당시 외국 자본들은 주요 해외 수출품인 마테차와 목재, 라파초에서 추출하는 탄닌, 기타 오일 등이 생산되는 지역을 매입했다. 독립 후 토지 국유화로 민족 자본이 성장하지 못했던 공간을 외국 자본들이 메우게 되었다.

적극적으로 외국계 자본에게 토지를 매각한 것은 베르나르디노 카바예로 정부였다. 이 정부는 콜로라도당[11]을 창당했다. 추후에 이 당은 군부 독재 정권 탄생에 기여했고, 당과 관련된 측근과 군부에게 토지를 불하하여 이들이 파라과이에서 대지주로 성장하는 데 큰 역할을 했다.

국영 농장에 예속되었던 파라과이 농민들과 원주민들은 외국계 자본이 매입한 농장에서도 준(準)노예 상태[12]로 비참하게 생활했다. 파라과이 농민들은 이러한 열악한 상황을 바꾸고자 농민 운동을 전개했고, 이에 의회에서는 1910년부터 토지 분배에 대한 논의가 시작되었다. 그 결과로 1918년 홈스테드 법(Ley del Homestead)이 시행되었다. 이 법은

---

11) 콜로라도당은 삼국동맹전쟁이 끝날 무렵인 1869년에 만든 클럽 우니온 레푸블리카나(Club Unión Republicana)라 불리는 정치인들의 모임에서 출발해서 1887년에 창당했다. 같은 해에 자유당도 창당했다.

12) 이러한 노동자들은 멘수(mensú)라 부르는데, 특히 마테 농장에서 일하는 노동자를 일컫는다. 멘수는 스페인어(mensual, 월급제 노동자)에서 유래한 과라니어 표현이다.

파라과이 정부 차원에서 농민들을 위해 토지를 제공한 최초의 제도였다. 이어 1926년에는 토지부(Departamentos de Tierra)가 농민들의 토지 문제를 해결하기 위해 법률 832호(Ley 832)에 의거하여 전담 기관인 토지와 마을 위원회(Insituto de Tierras y Colonias)를 설립했고 그 대표자로 카를로스 파스토레(Carlos Pastore)를 임명했다(Morínigo, 2005: 6). 파라과이 정부가 토지 분배에 대해 관심을 가지기 시작한 것은 콜로라도당에서 자유당으로 정권이 바뀐 1904년 이후부터였지만, 전면적인 토지 개혁으로는 이어지지 못했다.

토지 개혁을 위한 본격적인 움직임은 차코전쟁이 끝난 1936년 이후부터 일어났다. 차코전쟁을 승리로 이끈 라파엘 프랑코 장군은 대통령에 오르게 된다. 그는 파라과이의 양당 체제를 극복하고자 차코전쟁을 승리로 이끈 주역들인 '2월 혁명' 세력과 함께 정치 조직[13]을 구성한다. 그는 여당과 함께 토지 불균형 문제에 지대한 관심을 가졌다. 프랑코 정부는 1936년에 농·목축부(Ministerio de Agricultura y Ganadería)를 만들고 농지개혁위원회(Consejo de Reforma Agraria)도 설립했다(Núñez, 2013: 6). 전면적 시행은 아니지만, 이 정부는 토지 개혁이라는 명분으로 농지를 제공했다.

집권 기간 동안 프랑코 정부는 당내의 계파들[14] 간의 갈등으로 1년 6개

13) 이 정치 조직은 민족혁명연합(Unión Nacional Revolucionaria)으로서 라파엘 프랑코 정부를 세운 주역들과 그를 지지하는 사람들로 구성된 파라과이 최초의 좌파 성향 정당이다. 여기서 혁명은 라파엘 프랑코가 정부가 들어선 1936년 2월 17일을 말한다. 이 정당은 1951년에 2월혁명당(Partido Revolucionario Febrerista)으로 당명을 바꾸는데, 이는 프랑코 정부를 기념한 것이다.
14) 당내 계파는 파시즘, 마르크스주의, 자유주의, 사회주의 등의 정파로 구분된다.

월 만에 다시 자유당에게 정권을 넘겨준다. 자유당은 토지 분배에 호의적이었기에 프랑코 정부의 토지 개혁 정책을 계승했다. 그 결과로 호세 펠릭스 에스티가리비아(José Félix Estigarribia) 정부는 1940년에 토지 개혁에 관한 법률인 농지법을 제정하게 된다.

에스티가리비아 정부는 1940년 3월 28일 법률 551호(Ley 551)에 의거하여 농지법(Estatuto Agrario)을 공표했다. 파라과이의 토지 개혁은 농지법을 통해 순조롭게 진행되는 듯했다. 그러나 농지법이 통과된 후 약 6개월 뒤에 에스띠가리비아 대통령이 지방 방문 도중 항공기 사고로 사망하게 된다. 당시는 부통령과 총리제가 없던 상황에서 헌법상 내각 구성원들 중에 대통령을 승계해야 했다. 가장 유력한 후보는 국방부 장관을 역임하고 있던 이히니오 모리니고(Higinio Morínigo) 장군이었고, 예상대로 그가 대통령이 되었다.

모리니고는 표면적으로 무당파였지만, 정치적으로는 자유당과 거리를 두면서 콜로라도당과 친밀한 관계를 가졌다. 그는 콜로라도당을 등에 업고 장기 집권을 꾀했다. 이에 자유당은 1947년에 모리니고 정부를 축출하기 위해 내전을 일으켰다. 자유당은 프랑코 전 대통령이 이끄는 '2월 혁명' 세력들과 연합하여 수도로 진격했으나 패했다. 내전에서 승리한 콜로라도당은 꼭두각시였던 모리니고를 몰아내고 집권했다. 이때부터 콜로라도당은 2008년까지 60년 동안 권력을 유지했다.

결국 농지법은 정부와 여당, 군부의 부를 축적하는 제도로 변질되었다. 토지 정책은 정치적 이데올로기와 긴밀하게 연관되어 있는데, 파라과이에서는 집권 정당의 성향에 따라 토지 정책을 세 시기로 분류할 수 있다. 첫 번째 시기는 삼국동맹전쟁이 끝난 후 콜로라도당이 집권했던

1870년부터 1904년까지이다. 이 시기에는 국가 재건을 명분으로 해외 자본에 토지를 매각했는데, 이때부터 외국계 대지주들이 파라과이 토지를 장악했다.

두 번째 시기는 1904년부터 1940년까지로 자유당과 좌파 성향의 정부가 집권한 때로 근대적 토지개혁을 위한 농지법을 공표했다. 이 시기에는 반(反)콜로라도 전선이 형성되는데, 자유주의와 마르크스주의, 사회주의 정파들이 서로 연대했다. 1904년에 집권한 자유당은 미약하나마 외국계 대지주에 의해 빈곤으로 내몰린 농민과 원주민들에게 토지를 분배하고자 시도했다. 또한 차코전쟁 이후 짧은 기간 대통령으로 재임한 프랑코는 전면적인 토지 개혁을 추진하고자 농지법을 구체화했다. 그 뒤에 자유당인 에스띠가리비아 정부가 집권하면서 농지법을 법제화했다.

세 번째 시기는 1940년부터 2003년까지 군부가 집권하던 시기이다. 이때는 콜로라도당의 영향력 아래에서 농지법이 적용되는 시기로서 이 글에서 다루고자 하는 토지 불법 불하가 이뤄진 시기이다. 특히 1954년부터 1989년까지는 장기 군부 독재 정권인 스트로에스네르가 집권하면서 불법적인 토지 분배가 대규모로 이뤄졌다. 이 시기에는 군부의 '입맛'에 맞게 농지법을 1963년과 2002년에 공표했다.

2) 군부 독재 시기의 토지 불법 불하 과정

라틴아메리카의 여느 군부 독재 정권처럼 파라과이도 냉전과 반공주의라는 시대적 흐름 아래에서 군부 독재 정권이 등장했다. 미국은 체게바라의 등장과 쿠바 혁명 등의 일련의 사건으로 인해 자신들의 턱밑에 위치한 라틴아메리카가 좌경화되는 것에 대해 두려움을 느끼고 있었다. 이를 해결하고자 미국은 라틴아메리카 각국에 원조라는 '당근'을 주면서 반공주의 정책을 실현할 군부나 정치 집단을 지원했다. 그중에서 파라과이는 지리적으로 남미의 중앙부에 위치하고 있어 미국의 반공주의 전략에 중요한 거점 지역이었다.

미국의 파라과이에 대한 우경화 전략은 1940년대부터 시작되었고, 그 '열매'가 바로 1954년 스트로에스네르 군부 독재 정권의 등장이다. 미국은 스트로에스네르 정권에 대한 '선물'로 1954년부터 1960년까지 3,000만 달러의 원조를 제공했다(Neri Farina and Boccia Paz, 2010: 45; 구경모, 2016: 155, 재인용). 이에 스트로에스네르 정부는 미국의 정책에 발맞추어 한국의 국가보안법에 해당하는 반공법(Ley 294/55)을 1955년에 통과시켰다(Neri Farina and Boccia Paz, 2010: 32; 구경모, 2016: 154, 재인용). 이 법을 토대로 스트로에스네르와 당시 여당이었던 콜로라도당은 미국의 지원을 받아 대공수사국[15]을 설치했다. 대공수사국은 자신들의 정치적 이익에 반대하는 사람들을 탄압하기 위한 기구였다.

반공주의를 통한 스트로에스네르와 콜로라도당의 정치적 안정은 1959년 '5월 14일 운동(Movimiento de 14 de Mayo)'을 막아 냄으로써 완성했다. 이 운동은 아르헨티나와 우루과이에서 조직된 파라과이 반정

---

15) 대공수사국(La Dirección Nacional de Asuntos Técnicos)은 한국의 옛 중앙정보부에 해당하는 기관으로써 반정부 인사들을 조사, 체포하는 역할을 했다. 보통은 줄임말로 라 테크니카(La Técnica)라고 부른다.

부 인사[16]들로 구성된 혁명군으로서 파라과이 내부의 지원 세력들과 연합하여 스트로에스네스 정부를 무너뜨리고자 계획한 사건을 말한다(구경모, 2016: 162). 미국의 지원으로 스트로에스네르 정부는 사전에 혁명군의 동향을 파악하여 그들이 국경을 넘자마자 일망타진했다. 이 사건을 계기로 스트로에스네르를 비롯한 군부와 콜로라도당은 독재를 할 수 있는 정치적 입지를 완벽하게 구축했다.

스트로에스네르는 지속적인 정치적 안정을 꾀하기 위해 자신의 측근인 군부와 지지하는 세력에게 당근책으로 토지를 제공했다. 그것이 바로 농지법을 이용한 토지 불법 불하이다. 토지 불법 불하는 1940년에 제정된 농지법에 근거한 것으로써 1963년에 개정한 농지법을 토대로 본격적으로 실시되었다. 1940년에 만든 농지법은 토지 불법 불하가 목적으로 만든 것이 아니었으나 스트로에스네르 정부에 의해 악용되었다.

1940년에 만든 농지법은 1935년 차코전쟁이 끝난 후 개혁 세력들[17]이 추진하고자 했던 토지 개혁의 산물이었다. 1940년 자유당의 에스티가리비아 대통령은 그 이전 정부의 토지 개혁 정책을 본격적으로 실행하기 위해 법령으로 농지법[18]을 제정했다(구경모, 2018: 137). 그러나 에

---

16) 이 당시 혁명군은 콜로라도당이 정권을 잡은 후 아르헨티나 등지로 망명을 떠난 반정부 세력(자유당, 사회주의 계열 정당들)이 아르헨티나와 우루과이의 사회주의 인사들과 연대하여 조직한 것이다.

17) 개혁 세력은 자유당과 사회주의 계열 정당을 말한다. 대표적인 사회주의 정당은 차코전쟁에서 승리를 거둔 라파엘 프랑코 장군이 세운 2월 혁명당이 있다. 토지 개혁의 첫 시작은 라파엘 프랑코 장군이 대통령에 취임한 후 만든 농지개혁위원회이다(구경모, 2018: 136-137).

18) 이 농지법의 목적은 1870년에 삼국동맹전쟁 끝난 후 유입된 외국계 대지주를 해체하고 그 토지를 가난한 농민들에게 분배하는 것이 목적이었다(구경모, 2018: 135-137).

스티가리비아 대통령이 불의의 항공 사고를 당해 사망하면서 토지 개혁은 유야무야되었다.

토지 불법 불하의 시작은 콜로라도당이 1947년 개혁 세력과의 내전에서 승리하여 정권을 장악한 후 기존의 농지법을 바탕으로 토지를 분배 전담 기구인 농지개혁협회(Insituto de Reforma Agraria, IRA)를 1951년에 설립하면서 시작되었다(구경모, 2018: 137-138). 그리고 스트로에스네르 정부가 집권하면서 측근들에게 토지 불하를 용이하게 할 수 있도록 기존의 농지법을 개정했다. 그것이 바로 1963년에 개정된 농지법이다.

개정의 주요 골자는 군 복무를 마친 자 혹은 농촌 출신 신병에게 토지를 제공하며 이를 국방부가 토지 분배 기관과 긴밀히 조율할 수 있도록 했으며, 특히 새로운 농지법이 법적인 우선권을 가질 수 있도록 1940년 농지법을 무력화하는 조항도 넣었다(구경모, 2018: 139). 이는 군부와 여당 인사들에게 토지를 자유롭게 분배할 수 있도록 최소한의 근거를 마련한 것이라 볼 수 있다. 또한 정부는 개정된 농지법을 실행하기 위해 IRA를 농촌후생협회(Instituto de Bienestar Rural, IBR)로 개편했다. IBR은 개정된 농지법에 의거하여 군부를 위한 토지 분배 대리인으로써 기능했다.

군부 독재 시기에 농지법은 1940년과 1963년, 2002년 총 세 번에 걸쳐 제정되었다. 1940년의 농지법(이하 '1940년 농지법')은 법령 제120호(Decreto N° 120)에 의해 공표되었다. 모리니고 정부 통치 기간(1940-1948)에는 자유당에서 콜로라도당으로 권력이 이행되는 과도기적 단계였다. 이에 농지법을 실행할 기구가 구성되지 않았고, 모리니고가 축출되고 콜로라도당이 집권한 뒤인 1951년 6월 4일에야 비로소 IRA가 법률 86호에 의해 설립되었다.

1963년의 농지법(이하 '1963년 농지법')은 1954년 스트로에스네르 군부 독재 정부가 집권하면서 법률 854호(Ley N° 854)에 의거하여 제정되었다. 또한 군부 독재 정부는 IRA를 법률 852호(Ley N° 852)에 입각하여 IBR로 대체했다. IBR은 토지 관리와 분배를 전담했다. 새로운 법 제정과 실행 기관의 대체는 군부 및 친정부 관련 인사에게 토지를 제공하기 위한 제도적 정당성을 확보하는 차원에서 이뤄진 것이었다. 다음 1963년 농지법의 세부 조항은 군부의 이익을 어떻게 도모하는지 적나라하게 보여 준다.

제19조: 농촌 출신 신병은 농 목축 교육을 단기 속성 과정으로 이수하면 토지를 받을 수 있다.

제20조: 군 복무를 마친 자는 앞선 조항에서 언급했듯이 단기 속성 과정을 이수하면 IBR로부터 1로테의 농지를 가질 권리를 가지며, 토지 대금 지불 기간을 최대한으로 연장해 준다.

제21조: 국방부는 농촌 복지를 위해 군대와 협력하고 앞선 항들의 완수를 위해 IBR과 필요한 조항들을 조율할 것이다.

위 제19, 20, 21조(Leyes Paraguayas, 1963)는 군부에게 농지를 불하할 수 있는 조건을 만든 것으로서 이전 농지법에 없던 조항이 생긴 것이다. 이 조항들은 군부에게 농지를 불하할 수 있는 법적 근거가 되었다. 특히 국방부와 IBR의 협력을 명시화함으로써 농지법을 실행하는데 군부의 개입을 정당화했다. 이와 함께 1963년 농지법은 군부의 영향력을 극대화하기 위해 이전의 농지법을 무력화하는 법적 조항도 삽입했다.

제175조: 현재 법과 상충하는 법령과 법률, 특히 1940년 2월 29일에 제정된 법령 120호는 모두 폐지한다.

제175조(Leyes Paraguayas, 1963)를 보면, 1963년 농지법은 이전의 농지법을 무력화하는 데 가장 큰 목적이 있음을 알 수 있다. 그 이유는 1940년 농지법과 1963년 농지법이 추구하는 성격이 다르기 때문이다. 1940년 농지법은 농지 개혁과 토지 불하의 목적을 아래와 같이 명시했다. "농지 개혁은 국가의 지방(시골, 농촌)의 문제를 고려한 것으로 각 농가가 자기의 토지를 소유해서 정착할 수 있도록 해서 경제적 위험으로 발생되는 이주를 차단하고 다수의 농민의 상태가 나아지는 데 모든 불확실성 요소를 제거하기 위함이다. 또한 대농장주의 토지 양도나 매각도 유도하기 위함이다"(CVJ, 2008: 14)라고 밝히고 있다. 1940년 농지법은 농지 개혁의 본래 의미라 할 수 있는 토지 불평등 문제를 해소하기 위한 농지 분배에 초점을 맞추고 있음을 알 수 있다. 이와 달리 1963년 농지법 제1조의 주요 내용은 농지법의 목적을 농촌의 후생과 국가 경제 발전으로 규정하고 있으며, 이에 관한 모든 법적 실행을 IBR이 담당한다고 명시하고 있다.[19] 즉 1963 농지법은 IBR을 전면에 내세워 당시 군부가 원하던 방식으로 농지를 자유롭게 불하하는 데 그 목적을 두고 있음

---

19) 1963년 농지법 제1조 내용 참조(Leyes Paraguayas, 1963).

을 알 수 있다.

1963년 농지법이 토지 소유 불균형을 해소하는 차원이 아님은 법률 1863조에 의해 2002년에 제정된 농지법(이하 '2002년 농지법')을 통해서도 확인할 수 있다. 2002년 농지법은 1963년 농지법에서 적시되지 않은 농촌의 가난과 불평등에 대한 측면을 보완했다. 그 내용은 제2조에 "농지 개혁은 농촌의 가난을 극복하기 위해 동등한 분배와 참여 환경 지속, 생산 통합 전력을 통해 농업 구조를 적절하게 촉진하고 견고하게 잘 정착하도록 유도하고 국가 발전을 위해 농민이 조화롭게 협동하도록 한다"라고 명시되어 있다.[20]

1963년 농지법은 제2의 식민 시기가 도래한 것처럼 군부와 관련된 자들이 대지주로 성장하는 데 결정적 원인이 되었다. 그 증거로서 CVJ의 조사 보고서는 스트로에스네르 독재 정권 시기에 정부에 동조하는 정치인과 군인들에게 불법적으로 증여되었다고 밝히고 있다. 이 보고서는 스트로에스니르 독재 정권 시기의 토지 불법 분배를 토지 불법 불하(Tierra Mal Habidas)로 명명하면서 두 시기로 나누어서 그 조사를 했다. 첫 번째 시기는 스트로에스네르 집권부터 하야까지 기간으로 1954년부터 1989년까지이며, 두 번째 시기는 스트로에스네르가 물러난 1989년부터 문민정부가 들어서기까지인 2003년이다. 대부분의 토지 불법 불하는 스트로에스네르 독재 시기에 이루어졌으며, 그 실행은 IRA와 IBR에 의해 주도적으로 이뤄졌다. 이 두 시기의 토지 불하 규모는 1,222만 9,594헥타르로 파라과이 전체 농지의 절반인 50.1퍼센트이며, 이 중에

---

20) 2002년 농지법 제2조 내용 참조(Leyes Paraguayas, 2002).

785만 1,295헥타르가 비합법적으로 불하되었다(CVJ, 2008: 25). 토지 불법 불하는 전체 토지 불하 규모의 64.2퍼센트에 해당된다. 토지 불법 불하의 시기별 규모는 다음과 같다.

〈표 1〉시기별 토지 불법 불하 규모.

구분	시기 (년)	불법 불하 토지 (헥타르)	총 국토 대비 비율 (퍼센트)	총 농지 대비 비율 (퍼센트)
IRA와 IBR에서 불법 불하된 토지	1954–1988	6,744,005	16.6	28.1
	1989–2003	989,589	2.4	4.1
	1954–2003	7,733,594	19	32.2
총 불법 불하 토지	1954–2003	7,851,295	19.3	32.7

출처: CVJ, 2008의 자료를 재구성.

불법 불하된 토지 785만 1,295헥타르는 전체 국토의 19.3퍼센트에 해당하는 규모이며, 이는 전체 농지의 32.7퍼센트에 육박한다(CVJ, 2008: 25). 전체 농지의 약 3분의 1이 불법적으로 불하된 토지임을 감안한다면, 토지 분배 불균형으로 인한 파라과이 농민의 빈곤은 군부 정권의 토지 정책과 밀접하게 관련이 있음을 알 수 있다. 특히 시기별로는 스트로에스네르 군부 독재 정부 당시인 1954년부터 1988년까지 전체 농지의 28.1퍼센트가 IRA와 IBR에 의해 집중적으로 불법 불하되었다.

토지 불법 불하와 관련된 사람들은 총 3,336명이며, 대표적인 사례는 다음과 같다. 스트로에스네르는 1974년과 1976년 등 두 번에 걸쳐 알토 파라나(Alto Paraná) 주에 소재한 1,575헥타르의 토지를 불하받았다. 스트로에스네르의 이어 1989년에 대통령에 오른 안드레스 로드리게스(Andrés Rodríguez는 그가 장군으로 있던 무렵인 1963년과 1975년, 1980년 등 세 번에 걸쳐 코르디예라(Cordillera)와 알토 파라나, 프레지덴테 아예스(Presidente Hayes) 주에 있는 토지 7,695헥타르를 넘겨받았다. 파라과이로 망명 온 니카라과 소모사 가문의 마지막 독재자인 아나스타시오 소모사 데바일레(Anastasio Somoza Debayle)는 1980년 에우헤니오 아가라이(Eugenio A. Garay)와 누에바 아순시온(Nueva Asunción)에 소재한 8,000헥타르의 토지를 불하받았다(CVJ, 2008: 34-39; 구경모 · 노용석, 2012: 225-226, 재인용).

대통령을 비롯하여 주요 군 장성과 정치인들도 불법으로 받은 토지를 '세탁'하기 위해 수 차례 가족이나 친지 혹은 지인들에게 매도하거나 소유권을 넘긴 다음 매각하는 방법을 취했는데, 이렇게 부당하게 불하된 토지는 친인척과 주변인을 통해 명의를 '세탁'한 후 농축산 기업에 매각하거나 자신의 자산으로 편입시켰다. 꾸루과뜨 학살이 벌어진 곳의 농장주인 리켈메가 토지를 불하받은 규모와 과정은 아래와 같다.[21]

블라스 리켈메는 정치인이자 기업가로서 자신의 그룹 계열사 중 농 목축업 관련 회사인 캄포 모롬비 주식회사(Campo Morombí S.A.)를 통해 몇 곳의 토지를 불법적으로 취득했다. 리켈메는 1969년 알토 파라나 주에 위치한 파라과이 산업 주식회사(La Industrial Paraguaya S.A, LIPSA)가 소

---

21) 블라스 리켈메가 토지를 불하받은 규모와 과정은 CVJ, 2008: 37-39를 토대로 정리한 것이다.

유한 50,000헥타르의 토지를 수취했다. 리켈메는 농지법 대상이 되지 않기에 회사 임원들의 명의를 도용해서 토지를 불하받았다. 캄포 모롬비 주식회사의 임원인 카를로스 산타크루스(Carlos Santacruz)는 1974년 11월 6일 꾸루과뜨에 소재한 1,155헥타르의 토지를 IBR로부터 불하받았다. 마찬가지의 방법으로 같은 날에 캄포 모롬비 주식회사 임원인 로돌포 스콜라리(Rodolfo Scolari)도 1,175헥타르를 IBR로부터 받았다. 그리고 약 6개월 후에 리켈메는 스콜라리와 산타크루스가 불하받은 두 건의 토지를 각각 같은 날인 1975년 4월 23일에 자신의 명의로 이전했다. 그리고 2005년에는 꾸루과뜨에 소재한 1,748헥타르의 국유지를 리켈메의 명의로 취득했는데, 바로 여기서 꾸루과뜨 학살이 발생했다.

4 토지 불법 불하와 경제적 불평등, 농민 분쟁

1) 군부 독재 정권의 토지 불법 불하 규모

1963년에 개정된 농지법과 그것을 집행하는 기관인 IBR를 통해 스트로에스네르 정부는 막대한 토지를 군부와 그와 관련된 측근 및 지지자들에게 불법적으로 불하했다. 앞서 언급한 것처럼, 농지법의 주요 개정안은 국방부와의 협의를 통해 군인들에게 토지를 분배할 수 있도록 하는 것과 상황에 따라 그 이전의 농지법을 무력화하는 것이다. 개정된 농지법은 군부들에게 자유롭게 토지 불하를 할 수 있도록 정당성을 부여한 것이라 볼 수 있다. 이렇게 개정된 농지법을 토대로 스트로에스네르 정부는 다음과 같이 토지를 대규모로 불법 불하했다.

〈표2〉토지불법불하규모.

구분	시기(년)	토지 불법 불하 규모 (헥타르)	총국토 대비 비율 (퍼센트)	총농지 대비 비율 (퍼센트)
군부 독재 시기 토지 불법 불하	1954–1988	6,744,005	16.6	28.1
군부 시기 토지 불법 불하	1954–2003	7,851,295	19.3	32.7

출처: CVJ, 2008: 26.

군부 독재 시기인 스트로에스네르 집권 기간만 보면, 토지 불법 불하 규모는 674만 4,005헥타르로, 이는 전체 국토의 16.6퍼센트에 이른다. 그리고 전체 농지의 28.1퍼센트에 해당된다. 대부분의 토지 불법 불하는 스트로에스네르 군부 독재 시기에 일어났다. 군부가 정권을 잡은 기간으로 시기를 넓혀 보면, 1954년부터 2003년까지 불법적으로 분배한 토지는 전체 국토의 5분의 1에 해당하며, 전체 농지로는 3분의 1에 달하는 규모이다.[22] 이처럼 엄청난 규모의 토지가 단시간에 특정 집단에 의해 분배되었다는 것은 경제적 측면에서 시사하는 바가 크다.

원래의 농지법은 가난한 국민들에게 토지를 분배하여 경제적 불평등을 완화하는 것이 목적이었다. 그러나 스트로에스네르 정부가 집권

22) 파라과이 전체 국토 면적은 4,067만 5,200헥타르이며, 전체 농지 면적은 2,400만 헥타르이다(CVJ, 2008: 26).

한 한 이후의 농지법은 군부와 여당 세력들의 부를 축적하기 위한 도구로 변질되었다. 게다가 군부가 자행한 토지 불법 불하는 농지법 조항들을 무시한 채 이루어졌다. 그 유형은 1) 토지 불하 미대상자, 2) 한 필지 이상 불하받은 자, 3) 100헥타르 이상 농장을 불하받은 자(동부 지역 기준), 4) 1,500헥타르 이상 목장을 불하받은 자(동부 지역 기준), 5) 8,000헥타르 이상 목장을 불하받은 자(서부 지역 기준), 6) 8,000헥타르 이상 목장을 불하받은 자(동부 지역 기준) 등 총 여섯 개의 사례로 구분할 수 있다. 토지 불법 불하 유형에 따른 규모와 내용은 다음의 표에서 자세하게 드러난다.

〈표3〉토지 불법 불하 유형.

	토지 불하 미대상자		
	내용	규모	불법 내용
1	불하 인원	1,080명	농·목축업 종사자가 아님
	불하 면적	4,978,198헥타르	
	불하 면적(1인당)	4,609헥타르	
	한 필지 이상 불하받은 자		
	내용	규모	불법 내용
2	불하 인원	257명	한 필지 이상 불하 불가
	불하 면적	682,034헥타르	
	불하 면적(1인당)	2,653헥타르	
	100헥타르 이상 농장을 불하받은 자(동부 지역 기준)		
	내용	규모	불법 내용
3	불하 인원	1,730명	100헥타르 이상 불하 불가
	불하 면적	782,145헥타르	
	불하 면적(1인당)	452헥타르	

	1,500헥타르 이상 목장을 불하받은 자(동부 지역 기준)		
	내용	규모	불법 내용
4	불하 인원	83명	파라과이 동부 지역은 1,500헥타르 이상 불하 불가능
	불하 면적	299,242헥타르	
	불하 면적(1인당)	452헥타르	
	8,000헥타르 이상 목장을 불하받은 자(서부 지역 기준)		
	내용	규모	불법 내용
5	불하 인원	87명	파라과이 서부 지역은 8,000헥타르 이상 불하 불가능
	불하 면적	992,209헥타르	
	불하 면적(1인당)	11,404헥타르	
	8,000헥타르 이상 목장을 불하받은 자(동부 지역 기준)		
	내용	규모	불법 내용
6	불하 인원	99명	파라과이 동부지역은 8,000헥타르 이상 불하 불가능(1963년 이전 규정)
	불하 면적	109,566헥타르	
	불하 면적(1인당)	1,106헥타르	

출처: CVJ, 2008: 31-208.

다양한 토지 불법 불하 유형 중 주목해야 할 것은 표에서 첫 번째에 제시된 '토지 불하 미대상자'이다. '토지 불하 미대상자'는 다른 다섯 개의 유형과 달리 토지 불하 조건에 부합하는 농·목축업 종사자가 아닌 사람들이 받은 경우이다. 이는 농지법의 가장 기본적인 조건에 저촉되는 것이다. '토지 불하 미대상자'가 불법으로 수취한 토지 규모는 전체 토지 불법 불하의 63.4퍼센트를 차지하고 있다. '토지 불하 미대상자'에는 군부와 당시 여당 실세들이 대거 포함되어 있다. 주요 '토지 불하 미대상자'들의 면면을 살펴보면 다음과 같다.

스트로에스네르는 대통령으로 재임할 당시인 1962년과 1976년에 각각 30헥타르와 1,275헥타르의 토지를 불법으로 취득했다(CVJ, 2008: 34). 그리고 스트로에스네르 물러난 후 대통령으로 취임한 안드레스 로드리게스 장군은 1963년, 1975년, 1980년 세 차례에서 걸쳐 총 7,695헥타르 토지를 불법으로 수취했으며, 그의 부인인 넬리다 레이그(Nélida Reig)는 1967년과 1978년, 두 번에 걸쳐서 400헥타르의 토지를 불법적으로 취득했다(CVJ, 2008: 34). 니카라과의 군부 독재자로 유명한 아나스타시오 소모사도 파라과이로 망명하여 1980년에 8,000헥타르를 토지를 불법적으로 불하 받았다(CVJ, 2008: 39).

국내외의 대통령과 영부인 외에도 군부와 콜로라도당의 유력 정치인, 그리고 그들과 관계된 일가친척들은 토지를 불법적으로 불하받은 후 막대한 부를 축적했다. 이러한 토지 불법 불하 건수는 총 4,241건이며, 불법적으로 토지를 불하받은 인원은 3,336명에 달한다(CVJ, 2008: 24).

이처럼 군부 독재 시기의 토지 불법 불하는 단순히 토지 분배와 규모의 문제로 그치는 것이 아니라 당시의 권력층들이 토지를 통해 가진 부를 바탕으로 지금까지도 정 재계를 비롯한 주요 분야를 장악하고 있다는 점이다.

2) 토지 불법 불하로 인한 경제적 불평등과 농민 분쟁

토지 불법 불하 규모에서 보듯이 파라과이의 토지 문제는 일부에게 집중되어 있다는 것이다. 실제로 파라과이에서는 토지 문제로 인해 농민 분쟁이 끊임없이 발생하고 있다. 이러한 토지 집중의 문제의 주요인은 바로 군부 독재 정권 당시에 자행된 토지 불법 불하와 관계가 있다

(Fogel, 2013; Guereña y Villagra, 2016).

토지 불법 불하에 의해 비롯된 파라과이의 토지 소유 불균형은 경제적 불평등으로 연결되고 있다. 파라과이는 토지 분배와 관련된 지니 계수가 라틴아메리카에서 최하위이며, 대지주 1퍼센트가 소유한 토지 비율은 전체 토지의 71퍼센트로써 라틴아메리카에서 세 번째로 높다(Oxfarm, 2016: 25; 구경모, 2018: 131, 재인용). 파라과이에서는 600개의 대농장이 전체 국토 면적의 40퍼센트를 차지하고 있으며, 80퍼센트의 농민은 전체 국토 면적의 4.3퍼센트를 소유하고 있는데, 이 중 64퍼센트의 농민은 10헥타르[23] 미만의 토지를 가지고 있다(Guereña, 2017: 16).

이 같은 토지 소유 불균형으로 인해 촉발된 경제적 불평등은 다양한 사회 문제로 표출되고 있다. 토지가 없거나 생계를 유지할 만큼 토지를 가지지 못한 농민이나 원주민들은 그들의 삶을 영위하기 위해 취할 수 있는 경우의 수가 제한되어 있다. 그들이 선택하는 방법은 크게 세 가지로 구분할 수 있다.

첫 번째는 생활 터전을 버리고 이주하는 것이다. 이들은 그들이 살고 있는 가까운 주변 도시 혹은 수도인 아순시온으로 이주한다. 파라과이에서 일자리를 구하는 것이 만만치 않기 때문에, 일부는 이웃 국가인 아르헨티나로 이민을 간다. 이들은 주로 아르헨티나의 부에노스아이레스의 위성 도시인 로마스 데 사모라(Lomas de Zamora)와 라 마탄사(La Matanza)의 빈민 지역에 정착을 한다. 대체로 남성은 건축 노동자로 종

---

23) 10헥타르는 농지법에서 규정하는 한 가족당 최소 생계를 위한 토지 규모이다(Guereña, 2017: 16).

사하며, 여성은 파출부 내지 가정부로 일한다. 이처럼 이주를 통해 정착한 지역에서 농민들은 도시에서 비공식 부문의 일자리를 채우면서 빈곤층으로 살아간다.

두 번째 경우는 파라과이 민중군(Ejército del Pueblo Paraguayo)과 무장 농민 단체(Asociación Campesina Armada) 혹은 로페스 장군의 군대(Ejército del Mariscal López) 등의 게릴라 조직에 가담하기도 한다. 게릴라에 가담한 농민들은 자금을 모으기 위해 마약을 재배하고 유통한다. 또한 대농장 지주나 가족을 납치하여 돈을 요구하기도 한다. 이들은 국제적으로 콜롬비아 무장혁명군(Fuerzas Armadas Revolucionarias de Colombia, FARC)의 지원을 받고 있다. 이 조직들은 파라과이의 동북부 지역을 거점으로 하고 있으며 지속적으로 정부군과 대치 중이다.

마지막으로는 농민 분쟁[24]이다. 농민 분쟁은 유혈 사태로 확산되는 경우가 있어 파라과이 사회 내에 심각한 영향을 미친다. 이러한 크고 작은 농민 분쟁은 파라과이에서 매년 발생[25]하고 있다. 농민 분쟁이 발생하는 요인은 크게 두 가지다. 첫 번째는 토지가 없는 농민들이 생계를 유지하기 위해 무단으로 농지를 점유하는 경우이다. 두 번째는 농민들이 살고 있던 토지가 불법 불하된지 모르고 살다가 급작스럽게 퇴거 명령을 받는 경우이다. 이런 경우는 지주가 토지를 농장으로 개발하거나 매

---

24) 농민 분쟁은 전국 단위의 농민 운동 조직과 연합하여 농민 운동의 형태로 조직되기도 하고 소규모의 쟁의 형태로 발생하기도 한다.

25) 최근 파라과이 대규모 농민 분쟁은 꾸루과뜨 학살(2012), 과오리 사건(2016) 등이 있다. 특히 꾸루과뜨 학살은 당시 대통령이었던 루고가 탄핵되는 결과로 이어졌다. 두 농민 분쟁 모두 군부 독재 정권 당시 불법 불하된 토지에서 발생했다.

각하면서 발생한다.

이 같은 농민 분쟁을 잘 보여 주는 사례가 바로 꾸루과뜨 학살이다. 꾸루과뜨 학살은 수도인 아순시온에서 동쪽으로 약 270킬로미터 떨어진 마리나 꾸에라는 작은 마을에서 일어났다. 마리나 꾸에는 삼국동맹전쟁 이후 득세한 외국계 대지주와 군부 독재 정권의 토지 불법 불하로 인해 농민이 겪은 토지 문제를 함축적으로 보여 주는 장소이다. 삼국동맹전쟁 이후 국유지를 매입한 LIPSA는 자원이 고갈된 토지를 정부에 다시 매각하거나 기증했다. 스트로에스네르의 정부는 토지 개혁을 빌미로 국유지와 외국계 기업이 남긴 토지의 소유권을 군부나 정치인에게 넘겼다. 마리나 꾸에는 바로 이러한 지역으로서 블라스 리켈메와 깊이 관련되어 있다.

블라스 리켈메는 비슷한 시기에 LIPSA가 소유했던 두 개 농장의 소유권을 정부로부터 건네받았다. 한 농장은 1969년 12월에 농지법을 통해 50,000헥타르의 토지를 이전받은 것이다. 이 농장은 브라질과 국경지역에 위치한 알토 파라나 주의 에르난다리아 군에 위치하고 있다. 다른 농장은 마리나 꾸에 마을이다. 토지 규모는 1,748헥타르이다. 이 농장은 소유권 관계가 복잡한데, 실제로는 리켈메가 토지를 사용하고 점유했다. 그러나 표면적으로 이 땅은 해군이 소유한 것으로 되어있었다. 이 마을 이름이 마리나 꾸에(Marina Kué)[26]로 명명된 것도 인근 주민들이 해군 소유 토지라고 생각해서 붙인 이름이다.

앞서 언급했듯이 블라스 리켈메는 1975년에도 자기 회사의 임원의

---

26) 마리나(Marina)는 스페인어로 해군이라는 뜻이다.

명의를 빌려 두 농장을 불하받았다. 결과적으로 블라스 리켈메는 총 4건의 농장을 LIPSA와 IBR을 통해 이전받는다. 그중에서 마리나 꾸에는 토지 불하 과정에서 다른 세 개의 농장과 큰 차이가 있다. 1967년부터 마리나 꾸에를 실질적으로 점유했음에도 불구하고, 소유권 이전은 이뤄지지 않았다. 그 이유는 1963년 농지법 때문인데, 제15조에 따르면 '농업과 관련 없는 사업가나 상인은 농지를 불하받을 수 없다'라고 명시되어 있다(Leyes Paraguayas, 1963).

리켈메가 마리나 꾸에를 비롯한 다른 농지들을 법적 테두리 안에서 불하받을 수 없게 되자 다른 방법을 강구하게 된다. 그 방법은 LIPSA가 해군에게 토지를 기증하는 방식이었다. LIPSA는 1967년에 1,748핵타르의 토지를 해군에 기증했다. 다만 해군은 리켈메를 위해 소유권을 행사하지 않았다. 리켈메는 마리나 꾸에와 다른 토지를 공식적으로 불하받기 위해 캄포 모롬비 농축산 주식회사를 1969년 12월 26일에 설립한다. 리켈메는 이 회사를 설립한 지 3일 만에 LIPSA로부터 알토 파라나 주의 50,000핵타르의 토지를 불하받고, 1975년에는 두 농장을 IBR로부터 취득했다.

마리아 꾸에는 외부적으로 해군 소유처럼 포장했지만, 실제로 이 땅을 점유하고 사용한 측은 리켈메 소유의 캄포 모롬비 농축산 주식회사였다. 별문제 없어 보였던 마리아 꾸에는 2004년에 토지 소유권에 대한 문제가 발생하면서 시끄러워진다. 파라과이는 군부 시절의 '1963년 농지법'을 '2002년 농지법'으로 바꾸고 그 법에 따라 IBR을 대신하여 국립농촌토지개발청(Instituto Nacional de Desarrollo Rural y de la Tierra, INDERT)을 신설했다. INDERT는 토지 소유권이 불분명한 마리나 꾸에를 기관 소유로 전환하고자 했다. 이에 리켈메가 반발하여 소송을 걸었고, 법원은 리켈메의 소유권을 인정했다.

소유권 분쟁이 생기고 관리가 제대로 되지 않자 마리나 꾸에는 무토지 농민과 원주민들이 마을을 이루고 거주하기 시작했다. 마을의 가구 수는 100여 가구 이상으로서 학교와 편의 시설도 갖추고 있었다. 그러나 리켈메 가족은 2005년에 토지 소유권을 공식적으로 인정받자 그들의 농장에서 농민들을 내보내기 위해 노력했다. 일정 기간 거주했던 이들을 내쫓는 일은 쉽지 않았다. 게다가 인근 지역의 무토지 농민들까지 농장을 점유하자 리켈메 가족과의 마찰이 확대되었다. 그 과정에서 정부는 분쟁을 막기 위해 공권력 배치했다. 결국 농민과 경찰이 충돌하게 되는데 사건의 개요와 경과는 다음과 같다.

사건의 발단은 무토지 농민들이 농지를 요구하기 위해 한 달 동안 농장을 점거하면서 시작되었다. 이에 내무부가 2012년 6월 15일 토지를 점유하고 있던 농민을 쫓아내기로 결정하면서 농민들과 경찰이 대치했다. 그러나 일부 농민들이 경찰에 총격을 가했고, 이에 경찰이 대응하면서 11명의 농민과 6명의 경찰이 사망하게 된다(FIAN Internationa and La Vía Campesina, 2014).

이 사건이 유혈 사태로 번질 조짐은 사건 당일 이전부터 농후했다. 루고 행정부는 이 사건을 단순 농민 투쟁이나 운동으로 보지 않았다. 그것은 일반 경찰 아닌 경찰 특공대 300명을 파견한 사실에서 알 수 있다. 당시 루고 정권이 친농민적인 좌파 성향의 정부임을 감안한다면, 이는 상당히 이례적인 조처였다. 루고 정부의 공권력 파견은 기득권 세력의 요구와 정당 기반이 약한 상황에서 불가피한 선택이었다. 특히 재임 기간이 1년도 남지 않은 상태에서 주교 시절에 얻은 혼외 자식 문제가 끊임없이 불거지면서 루고 정부의 레임덕은 가속되었다.

또한 60년 만의 좌파 정부라는 이미지는 친(親)농민 정책을 꾸준하게 추진하는 데 어려움을 겪었다. 이 정부가 농민들의 소요와 분쟁 문제에 관대하다 보니, 루고 정부가 게릴라 세력인 파라과이 혁명군을 지원한다는 소문이 돌게 되었고, 이는 급진적인 정책을 추진하는 데 치명적인 약점이 되었다. 이러한 상황에서 마리나 꾸에의 농민들이 파라과이 혁명군과 연계되어 있다는 소문까지 돌면서 공권력 투입은 미룰 수 없는 지경에 이르게 되었다. 결국 농민들은 경찰 특공대 파견에 자위권 행사 차원에서 대응했고, 이는 무력 충돌로 확대되었다.

리켈메 가족과 캄포 모롬비 회사는 골치 아프게 된 마리나 꾸에를 자연 보호 구역으로 전환하여 국가에 기증했고, 국회에서는 2015년에 이를 인정했다(Houdin, 2017). 이로써 리켈메 가족은 향후 토지 소유권으로 인해 발생할 문제를 원천적으로 차단함과 동시에 자연 보호 구역 보존과 개발권을 취득하여 여전히 그 땅에 대한 지배권을 확보했다. 이것은 마리나 꾸에에 남은 농민들에게 치명적인 일인데, 자연 보호 구역으로 지정되면서 농민들은 그 지역에서 나가야 하기 때문이다. 즉 리켈메 가족은 그들의 사유재산을 자연 보호 구역이라는 명분으로 보호받게 되었으며 자연 보호를 명분으로 농민들을 자연스레 내쫓을 수 있게 되었다.

결론적으로 이 사건은 군부 독재 정권의 토지 불법 불하에서 비롯된 것이었지만, 그와 관계된 토지 소유자와 정치 세력은 모두 책임 소재에서 벗어났다. 다만 농지 없는 가난한 농민 6명만 유혈 사태의 책임을 지고 구속되었다. 게다가 정치적으로는 토지 개혁을 추진했던 루고 대통령의 탄핵으로 마무리되었다.

토지 분배 문제의 근원인 토지 불법 불하의 주체들은 리켈메의 사례에서 보듯이 그들의 이권이라도 지키면서 유혈 사태의 논란에서 유유히 사라졌다. 농민들은 사회적 낙인과 함께 법적 처벌까지 받고 자신들이 일군 동네를 떠나야 할 처지가 되었다. 이에 농민들은 지금도 구속자 석방을 외치고 있으며 생계를 위해 농지 및 거주 공간 지원을 요구하고 있다. 하지만 루고 탄핵 이후 콜로라도당이 다시 정권을 잡으면서 이들의 요구가 관철되기는 힘든 상황에 있다.

이러한 구조적인 문제는 파라과이의 토지 소유 불균형으로 인한 경제적 불평등이 가속화되는 원인이며, 이로 인해 농민 운동이 날로 증가하고 있다. 게다가 농민 중 일부는 크고 작은 게릴라 조직을 만들어 대농장을 습격하거나 지주들을 납치하는 사례가 늘고 있다. 즉 군부 독재 정권에서 자행된 토지 불법 불하는 계층 간의 불평등을 야기하고 있으며, 이로 인한 갈등이 증폭되어 다양한 사회 문제로 표출되고 있다.

결국 농민들은 가난에 허덕이며 도시 빈민 혹은 게릴라, 농민 분쟁에 엮일 수밖에 없는 구조이며, 이러한 상황들은 다양한 모습의 불평등으로 표출되고 있다. 따라서 군부 독재 시기에 일어난 토지 불법 불하는 파라과이의 사회, 경제적 불평등을 야기하는 주요 원인이라 볼 수 있다.

5 나가며

꾸루과뜨 학살을 통해 파라과이 군부 독재 시기의 토지 불법 불하가 경제 불평등을 야기했고, 이것이 최근의 농민 분쟁의 요인으로 작용하고 있음을 알 수 있었다. 파라과이의 경제적 불평등은 토지 소유 불균형이 주요 원인 중의 하나이며, 이는 파라과이 군부 독재 정권이 자행했던 토지 불법 불하와 밀접하게 관련이 있었다. 그 결과 파라과이에는 빈부 격차에 따른 다양한 유형의 사회적 갈등이 발생하고 있으며, 이는 파라과이가 발전하는 데 아킬레스건으로 작용하고 있다.

군부 독재 정권에 의해 농지법은 1940년에 제정되었고, 그 이후인 1963년과 2002년에 농지 개혁법으로 수정되었다. 특히 1963년에는 농지 개혁을 수행하기 위해 정부 기관인 IBR가 설립되었으나, 이 기관은 군부 독재 정권의 부를 축적하는 데 이용되었다. 농지법은 개개의 농민들이 토지를 보유할 수 있도록 만든 법안이었으나 실제로는 토지가 군부 독재 정권의 측근들과 이들과 연결된 외국계(브라질계) 자본으로 이전되었다. 이로 인해 농민들과 원주민들은 토지를 잃게 되었고 일부 지주들이 파라과이 전체 토지를 장악하는 결과를 낳게 되었다.

근본적으로 파라과이는 꾸루과뜨 학살과 같은 비극적인 농민 분쟁을 해소하기 위해서는 농지법에 적시된 대로 올바로 토지 분배가 필요하며, 이를 추진하기 위해서는 불법적으로 불하된 토지를 회수하는 조치를 취해야 할 것이다. 하지만 파라과이는 1954년부터 군부 독재 정부로부터 유산을 물려받은 콜로라도당이 정권을 장악하고 있어 농지개혁에 대해 소극적인 자세를 취할 수밖에 없다. 앞서 언급했듯이 2008년 루고가 파라과이 최초로 문민 좌파 정부의 수장으로서 토지 개혁을 추진했지만, 이를 반대하는 세력들에게 탄핵당한 것을 이미 목도했다. 토지 개혁을 추진한다면, 군부 독재 정권 때 토지를 불하를 받았던 현재의 권력들이 기득권을 내려놓아야 하기에, 이와 관련된 인사들은 토지 개혁에 반대할 수밖에 없다. 이런 연유로 군부 독재 시기에 대한 과거 청산 없이 파라과이의 토지 소유 불균형 문제, 나아가 사회 경제적 불평등을 해결하는 것은 요원하다고 볼 수 있다.

우리는 꾸루과뜨 학살 사례를 통해 파라과이의 토지 소유 불균형의 문제로 야기된 농민 운동을 통해 군부 독재로 빚어진 정치 · 경제적 왜곡이 민주화 이후에 끝난 것이 아니라 사회 곳곳에 불평등이라는 이름으로 끊임없이 재생산되고 있음을 알 수 있다. 특히 군부 독재 시기에 토지를 불법으로 소유했던 수많은 '리켈메'들이 여전히 파라과이 사회의 상층부를 이루고 있다는 점은 경제적 불평등의 요인이 생각보다 가까운 과거에서 비롯되었다는 것을 보여 주고 있다.

제 3 장

콜롬비아의 토지개혁법 ZIDRES와 토지 불평등 심화*

/

차경미

/

* 이 글은 『중남미연구』 제41권 제3호에 게재된 논문 「콜롬비아 농촌개발 특구조성에 관한 토지개혁법: ZIDRES의 부정적 효과: 토지 불평등 심화를 중심으로」와 『국제지역연구』 제27권 제2호에 게재된 논문 「콜롬비아의 페트로(Gustavo Petro) 좌파 정권의 등장배경」의 일부를 본 도서 주제에 맞게 수정·정리한 내용임을 밝힌다.

1 들어가며

지난 2016년 6월 콜롬비아 정부는 국내 최대 게릴라 조직 '콜롬비아 무장혁명군(Fuerzas Armadas Revolucionario de Colombia, FARC)'과 평화 협정을 체결하며 장기 내전 종식을 선언했다. 그동안 콜롬비아의 역대 정권들은 협상과 진압이라는 이중 전략을 통한 대(對)게릴라 정책을 전개했다. 그러나 정부를 신뢰하지 못한 게릴라 조직의 테러는 더욱 격화되었다. 이러한 상황 아래 2002년 평화 협상 불가를 선언하고 마약 퇴치 및 게릴라에 대한 강경책을 선택한 알바로 우리베(Álvaro Uribe) 대통령이 등장했다. 우리베 대통령은 미국의 군사적 지원 아래 강도 높은 게릴라 진압 작전을 전개하며 힘에 의한 국가 안보 정책을 추진했다. 이러한 상황 아래 게릴라 조직은 정권 교체를 주장하며 무력으로 정부를 위협함으로써 콜롬비아의 무력 분쟁은 격화되었다. 우리베 정부는 부족한 공권력을 보완하기 위해 우익 무장 조직 '콜롬비아 연합자위대

(Autodefensa Unión Colombiana, AUC)'를 양산했다. 그러나 이 조직은 공권력의 이름으로 점령지 확장 과정에서 농민에 대한 무차별적인 만행을 자행하여 콜롬비아는 단기간 세계 최대 강제 실향민을 배출했다. 정부군과 AUC 그리고 게릴라 조직 간 격화된 무력 분쟁으로 강제 실향민뿐만 아니라, 인권과 환경 문제가 발생했다. 또한 정부의 공격을 피해 국경 지역으로 이동한 게릴라 조직으로 인해 인접 국가와의 외교적 갈등이 심화되었다. 결국 국내외적인 비난에 휩싸인 우리베 정권은 붕괴되었다.

2010년 국민의 압도적인 지지로 전 국방장관 후안 마누엘 산토스(Juan Manuel Santos) 정부가 출범했다. 산토스는 집권과 동시에 우리베와 거리를 유지하며 장기 내전 종식을 위한 노력을 기울였다. 그리고 국내 최대 게릴라 조직 FARC와 평화 협상 개시를 선언했다. 정부는 FARC와 대화가 가능한 인사들을 협상팀으로 구성하여 신뢰와 인내에 기반 한 협상을 주도해 나아갔다. 그러나 양측의 협상은 일부 쟁점 사안을 둘러싸고 입장 차이를 좁히지 못해 4년 6개월간 난항을 거듭했다. 결국 2015년 9월 로마 교황의 중재로 산토스 대통령과 FARC 사령관 로드리고 론도뇨(Rodrigo Londoño)의 회동이 성사되어 양측은 협정에 최종 서명하기로 합의했다. 그러나 최종 서명을 앞두고 FARC 측은 자신의 입장을 되풀이하며 정부의 양보를 요구함에 따라 최종 서명이 무산되었다. 콜롬비아 정부는 FARC와 대화를 재시도하여 결국 2016년 6월 농촌개발 및 토지 개혁, 정치 참여 보장, 분쟁 종식, 마약 생산 및 밀매 퇴치 그리고 희생자 보상에 관한 5대 주요 쟁점에 대해 양측의 포괄적인 합의가 이루어졌다(Gómez Giraldo, 2016).

평화협정 체결 이후 산토스 정부는 협정 이행을 위해 장기 내전으로 붕괴 직전에 놓인 농촌 경제 회복에 관심을 기울였다. 그리고 마약 생산 및 밀매 근절을 목적으로 불법 작물 재배 지역 농가에 대한 지원에 역점을 두고 종합적인 농촌 개발 정책과 토지 개혁을 추진했다. 그러나 협정 이행 정책은 정부의 재원 부족과 평화협정 반대 주도 세력에 의해 순조롭게 진행되지 못했다. 따라서 협정 이행을 위한 정부의 다양한 개혁 조치는 또 다른 갈등의 원인이 되었으며, 평화협정 반대 세력의 결속을 강화하는 계기로 작용했다. 그 결과 2018년 우리베 중심의 평화 협상 반대 세력의 지지로 이반 두케(Iván Duque) 정부가 등장했다.

두케 대통령은 산토스 정부가 추진해 온 농촌 개발 정책을 일부 수정하고 축소했다. 이러한 과정에서 평화협정에 참여한 국내외 주요 인사에 대한 암살 및 테러가 지속되었고, 농촌을 중심으로 새로운 갈등이 확산되었다. 특히 2016년부터 도입되어 시행된 '농촌 개발 특구 조성에 관한 토지개혁법(Las Zonas de Interés de Desarrollo Rural, Económico y Social, ZIDRES)'은 거대 자본의 농촌 진출을 확대하고 토지에 대한 농민의 권한을 축소하는 기제로 작용했다. ZIDRES는 농업 생산성 증대를 통한 농촌 경제 활성화라는 초기 목적과 달리 농촌 지역 토지 집중과 불평등 심화 원인으로 작용하고 있다. 이 글은 콜롬비아 정부가 평화협정 이행을 위해 추진한 다양한 개혁 정책 중에서도 국내외 거대 자본의 농촌 토지 점유 확대의 기회로 활용되고 있는 ZIDRES의 주요 특징 및 부정적 효과에 대해 설명하고자 한다. 이를 토대로 콜롬비아의 토지 불평등 심화 원인에 대해 고찰하고자 한다.

2 반쪽짜리 평화협정

게릴라와의 평화협정은 콜롬비아 역대 정권의 최대 과제였으며, 반복적인 협상 실패는 무력 분쟁 확산과 정치적 분열의 동기로 작용했다. 콜롬비아의 주요 게릴라 조직은 패권적인 자유와 보수 양당 체제 아래 1946년 대선을 계기로 확산된 정치 폭력 사태를 기원으로 형성되었다. 민중의 절대적인 지지로 당선이 유력했던 급진 개혁주의 지도자 호르헤 엘리세르 가이탄(Jorge Eliécer Gaitán)이 선거 전날 보고타 시내 중심에서 암살되는 사건이 발생하자 시위가 확산되었다. 집권 보수당은 강압 정치로 자유당 세력에 대한 탄압을 시작했다. 군부는 도시를 중심으로 확산된 폭력 사태로 정치적 개입을 시작했다. 자유당 지지 군부 세력은 시위 진압에 군이 동원된 사실에 반발하여 훈련된 게릴라 조직을 형성했다. 또한 정부에 의해 파면된 자유당과 군과 경찰 그리고 보수당의 독재 체제에 반발한 지식인들의 지원으로 자유당 계열 게릴라 활동은 본격화되었다. 공산당 역시 농촌을 거점으로 농민자위대를 조직하여 농민의 급진화를 촉진했다(Pécaut, 2001: 577-580).

양당의 반목으로 인한 폭력 사태가 심화되자 1953년 문민 정권 우위의 전통을 유지해 온 콜롬비아에서 쿠데타로 로하스 피니야(Rojas Pinilla) 군사 정권이 등장했다. 그러나 군사 정권은 위기 극복의 근본적인 대안이 아니었다. 반정부 게릴라 운동의 확산으로 결국 양당은 1958년 동맹을 통해 연합 전선을 구축했다. 그리고 선거 없이 4년마다 정권을 교체하는 정치 협약체인 국민전선(Frente Nacional)을 형성했다. 국민전선은 국민의 정치 참여를 제한하고 양당의 정치적 독점을 공고히

하고는 제도적 장치로 작용했다. 배제적 혹은 제한적 민주주의 체제인 국민전선은 16년 동안 유지되었다. 당시 자유당계 게릴라 조직은 무기를 반납하고 사회에 복귀했다. 그러나 공산당계 농민자위대는 활동을 지속했다. 그리고 조직력을 갖춘 좌익 게릴라 활동이 본격적으로 시작되었다. 결국 국민전선은 콜롬비아 좌익 게릴라 조직 형성의 근본적인 원인으로 작용했다(Ronderos, 2003: 141-150). 1963년 민족해방군(Ejercito de Liberación Nacional, ELN)은 인민 정부 수립을 주장하며 등장했다. 1964년 반미주의 좌익 정부 수립을 목적으로 조직된 FARC가 활동하기 시작했다. 이후 공산당의 분열로 다양한 게릴라 조직이 형성되었다. 이러한 조직은 1970년대 중반부터 무력으로 정부를 위협했다. 1980년대 접어들어 게릴라 조직은 마약 범죄 조직과 공생 관계를 유지하며 정치적 이념과 가치로부터 멀어진 마약 테러 범죄 조직으로 성장했다.

게릴라의 공격으로 내전이 심화된 1980년대 벨리사리오 베탕쿠르 (Belisario Betancur) 정부(1982-1986)는 콜롬비아 정부 최초로 게릴라의 정치 참여 보장을 골자로 휴전 협정을 체결했다. 그러나 의회가 게릴라 측이 제시한 정치 참여 및 사회 개혁에 대한 요구를 수용하지 않았다. 또한 공군은 대통령의 휴전 명령을 거부하고 게릴라 조직에 대한 공중 포격을 가함으로써 협상은 실패로 돌아갔다. 1986년 등장한 비르힐리오 바르코 바르가스(Virgilio Barco Vargas) 정부(1986-1990)는 게릴라에 대한 사면 조치와 사회 복귀를 지원하며 적극적인 자세로 협상을 추진했다. 그 결과 1990년 게릴라 조직 최초로 19운동(Movimiento de 19, M-19)은 정부와 정전 협정을 체결했다. M-19는 1960년대 라틴아메리카 사회 변혁 운동을 이끌었던 카밀로 토레스(Camilo Torres) 신부의 정신을 계승하여 1976년 지식인과 학생을 중심으로 형성된 도시 게릴라 조직이다. 페트로 현 대통령이 한때 활동했던 반군 조직이다. 그러나 게릴라 출신 정치인이 우익 암살단에 의해 살해되자 무력 분쟁은 격화되었다.

1980년대 중반부터 게릴라 조직과 마약 범죄 조직의 공생 관계 강화로 콜롬비아는 테러와 마약 범죄라는 이중적인 위기에 직면했다. 1990년대 미국의 반(反)마약 정책의 지원을 바탕으로 콜롬비아 정부는 게릴라 및 마약 범죄 조직에 대한 강경책을 유지했다. 당시 대선을 앞두고 당선이 유력했던 자유당 후보 루이스 카를로스 갈란(Luis Carlos Galán, 1943-1989)이 메데진 카르텔(Medellín Cartel)의 수장 파블로 에스코바르(Pablo Escobar)에 의해 암살되는 사건이 발생했다. 갈란은 마약 밀매범 미국 인도 및 마약 밀매 근절을 지지했다는 이유로 살해되었다. 20세기 콜롬비아의 위대한 정치인 중 한 사람으로 평가되는 갈란의 사망으로 콜롬비아 사회는 분노에 휩싸였다. 정부는 법령 1830호를 공포하여 범죄인 인도를 승인했다. 갈란의 장례식에서 대선 캠프 브레인으로 활동했던 세사르 가비리아(César Gaviria)는 갈란의 후계자로 임명되었으며 대권 도전 끝에 승리를 거두었다.

가비리아 정부(1990-1994)는 1991년 신헌법을 통해 사회 개혁을 추진했다. 그리고 게릴라 조직 및 마약 범죄 조직에 대한 강경책을 유지했다. 1993년 에스코바르가 정부의 추격으로 사망하자 마약 범죄 조직은 폭력으로 정부를 위협했다. 가비리아 대통령은 마약 사범 미국 인도 조약 무효화 및 마약 범죄 감형을 제시하며 게릴라 조직과 협상을 추진했다. 이러한 정부의 노력으로 1994년 다수의 게릴라 조직이 정전 협정을 체결했다. 그러나 미국이 마약 사범 인도 조약 무효화를 인정하지 않자 게릴라 조직의 무력 폭력은 재개되었다. 가비리아 정부는 게릴라 진압을 위해 민간 사설 농촌 보안 협동조합 콘비비르(Convivr)를 합법화했다. 콘비비르는 기업가와 농장주가 자신의 신변 보호를 위해 고용된 민병대로서 사회 정화라는 미명하에 부랑자, 거리의 아이들, 동성애자에 대한 살해 및 요인 암살과 인신매매를 자행했다. 따라서 콜롬비아의 무력 분쟁은 좌익 게릴라, 정부군과 민병대 그리고 마약 조직의 대결 구도로 확대되었다.

1994년 에르네스토 삼페르(Ernesto Samper) 대통령(1994-1998)은 시민사회 조직에 의해 구성된 국가화해위원회를 통해 FARC와 대화를 시도했다. 그러나 민병대에 의해 게릴라 출신 정치인 및 반체제 인사에 대한 살인 사건이 발생하자 게릴라 조직은 정부를 불신하며 적대 행위를 유지했다. 안보 위기 상황 아래 1998년 출범한 안드레스 파스트라나(Andrés Pastrana) 정권(1998-2002)은 미국의 반마약 군사 원조 정책인 '플랜 콜롬비아(Plan Colombia)'를 바탕으로 게릴라 조직에 대한 진압과 동시에 대화를 시도했다. 그러나 콘비비르와 점령지 경쟁 과정에서 패배한 ELN 게릴라 조직은 더욱 과격한 무력으로 정부를 위협했다. 군의 공격으로 FARC 조직원이 희생되자 게릴라 조직의 보복 공격은 격화되었다(Ariza Arias, 2014: 7-17).

이러한 상황 아래 2002년 등장한 우리베 정권은 협상 불가를 선언하며 힘에 의한 국가 안보 정책을 추진했다. 미국이 힘의 외교를 표방하며 반테러리즘을 국가 안보 정책의 핵심 전략으로 채택함에 따라 우리베 정권은 미국의 외교정책을 바탕으로 국내 정치적 이해가 반영된 전략적인 국가 안보 정책을 추진했다. 지난 20년간 콜롬비아의 정치는 우리베주의에 의한 정치였다. 우리베의 정치적 이념은 우파 세력의 정체성 확립의 기제로 작용했다. 우리베-산토스-두케로 이어진 우리베주의 정권은 선거를 통한 경쟁과 견제의 균형을 유지하는 한편, 정치적 행위로 폭력을 동원하는 콜롬비아 정치 체제의 특수성을 대변했다 (Gutiérrez Sanín, 2020: 207-225). 우리베주의 정권은 전통적인 자유와 보수 양당의 정치적 이념의 재구조화를 통한 군사주의, 이미지 정치 및 포퓰리즘에 기반한 정책을 유지했으며, 민주적이지만 극단주의적인 특징을 가지고 있다.

우리베 정부는 병력 증강을 위해 콘비비르 및 민간인을 동원한 AUC를 형성하여 게릴라 소탕 및 반우리베 세력에 대한 탄압을 시도했다. 그리고 보수 세력의 중심인 대지주 그리고 민병대 연맹 세력과 유착 관계를 형성하여 자신의 정치 색깔을 분명히 표면화했다(Proyecto Nunca Más, 2000: 564-565). 우리베는 민병대의 호위 속에 성장했으며 이러한 유년 시절의 경험은 우리베 정권이 민병대와 유착 관계를 형성하는 토대가 되었다. 민병대 세력은 모든 수단을 동원하여 우리베를 지원하며 상호 종속 관계를 유지했다.

우리베는 콜롬비아 역사에서 전통을 찾기 어려운 포퓰리즘 정권으로서 대중 동원 및 대규모 후견주의 자원을 활용했다. 이를 통해 합법과 불법의 경계를 넘나들며 매우 광범위한 연합 세력을 구축했다. 연합 세력은 우리베의 극단적인 정책 추진과 지역 엘리트 통제의 기반이 되었다(Mauceri, 2001: 44-64). 절대적인 충성을 기반으로 형성된 정치적 동반자 관계는 권력 승계를 통한 우리베주의의 정치적 영속성의 발판이 되었다. 2002년 이후 무력 분쟁은 오히려 게릴라 소탕을 목적으로 우리베 정부에 의해 양산된 AUC에 의해 확대되었다(Forero, 2003: 6-7). AUC 만행으로 위기에 직면한 우리베 정권은 2006년 AUC를 해산했다. 그러나 해체된 AUC 잔존 세력은 다양한 무장 조직을 형성하여 무기 및 마약 밀거래를 통해 농촌 경제를 통제했다(Rangel Suárez, 2007: 11). 그리고 경쟁과 동맹을 통해 현재 역내 최대 마약 무장 조직인 클랜 델 골포(Clan del Golfo)로 성장했다.

우리베는 개헌을 통해 장기 집권의 발판을 마련하고 뇌물로 사법부를 장악했다. 집권 8년 동안 우리베는 민병대를 동원하여 자신의 위협 세력을 반체제 인사로 낙인찍어 정치적 탄압을 시도했다. 2010년 헌법 재판소가 개헌을 통한 우리베의 장기 집권 시도를 위헌으로 인정했다. 대선을 앞두고 정권 승계 문제에 직면한 우리베는 자신의 오른팔 오스카르 이반 술루아가(Oscar Ivan Zuluaga)를 후계자로 지명했다. 그러나 술루아가는 부패와 평화협정 방해 혐의로 투옥되었다. 결국 순종적인 우리베주의자들이 기대하지 않았던 국방장관 산토스가 후보로 지명되어 우리베주의 내부 분열이 시작되었다.

2010년 집권과 동시에 산토스 대통령은 우리베와 거리를 유지하며 악화된 역내 국가와의 관계 개선 및 남미국가연합(Unión de Naciones Suramericanas, UNASUR)과 라틴아메리카 카리브 국가 공동체(Comunidad de Estados Latinoamericanos y Caribenos, CELAC)로 구체화된 지역 통합에 관심을 기울였다. 그리고 격화된 무력 분쟁 확산에 따른 국내 안보 위기 속에 미국의 버락 오바마 행정부와 국제 사회의 지원으로 2016년 FARC와 평화협정을 체결했다(Vargas, 2015: 4-7). 평화협정은 협의와 동맹을 통해 지배 체제를 견고하게 유지해 온 정치 엘리트의 분열을 초래했다. 또한 적과 동지를 구분하는 기제로 작용하여 우리베주의와 반우리베주의로 분열되는 계기가 되었다.

우리베는 신당을 창당하여 평화협정 반대 시위를 주도했다. 민주중앙당(Centro Democrático)은 우리베주의 세력의 구심점 역할을 담당하며 2010-2017년 총선에서 승리를 거두었다. 우리베주의 내부 분열로 산토스 정부의 협정 이행을 위한 개혁은 순조롭게 진행되지 못했고 결국 평화협정 반대 세력의 결속은 강화되었다. 한편, 제2의 게릴라 조직 ELN는 협상력을 높이기 위해 외국인 납치 및 테러를 자행하여 정부의 협상 노력은 중단되었다. 산토스 정부의 평화협정은 반쪽짜리 협정이었다. 국제 사회 지원에 의존하여 추진된 다양한 협정 이행 정책은 재원 부족으로 새로운 갈등의 원인이 되었다. 결국 2018년 반평화협정 세력의 지지로 순종적인 우리베주의를 대표하는 두케 정권이 등장했다. 정치적 경험이 전무한 두케는 우리베의 정치적 신념을 여과 없이 계승하며 평화협정에 대한 회의론과 함께 협정 이행 수정 및 축소안을 발표했다. 그리고 두케는 우리베주의의 내부 결속 강화와 우리베에 대한 보은에 집중함으로써 콜롬비아의 정치적 양극화는 심화되었다.

3 ZIDRES 도입 과정

산토스 정부는 평화 협상 과정에서 그 무엇보다도 장기 무력 분쟁으로 붕괴된 농촌 경제 회복에 우선순위를 두고 통합적인 농촌 개혁에 대해 논의했다. FARC 측은 농촌 지역의 빈곤과 불평등 그리고 무력 분쟁의 직접적인 원인으로 작용한 토지 문제 해결을 위한 정부의 노력을 촉구했다. 역사적으로 콜롬비아 정부는 비생산적인 산악지와 불모지 토지 개발을 통해 농가 경제의 자립과 농업 생산력 증진을 도모했으며 산업화 추진 기반 마련을 위한 농촌 개혁을 시도했다. 이러한 경험은 평화협정 체결 이후 협정 이행을 위해 추진한 산토스 정부의 통합적인 농촌 개발 정책의 토대가 되었다. 그리고 농촌 지역의 생산성 향상과 함께 토지의 균형적인 재분배, 토지 소유에 대한 불확실성 해소 및 농업 보존 지역에 대한 농민 권리 보장을 위한 토지 개혁 방안 마련의 초석이 되었다.

농촌 개혁은 농민 및 원주민 보호 지역, 자연 보호 지역 혹은 공동체의 자원 이용 지역과 같은 집단 토지의 특성을 반영하여 토지 소유에 대한 다양한 환경을 조성하고, 지역 및 공동체의 주도적 참여를 통해 국가 경제발전을 도모하려는 목적으로 추진되었다(Ruiz Reyes, 2015: 54). 또한 무력 분쟁 희생자에게 토지 사용에 대한 우선권을 부여하여 평화협정 체결 이후 되풀이되고 있는 폭력의 근본적인 원인으로 작용하고 있는 토지 문제에 대한 국가의 개입을 강화하는 것이다.

과거 콜롬비아의 역대 정권들은(호세 일라리오 로페스, 1849-1853; 호세 마리아 오반도, 1853-1854; 호세 마리아 멜로, 1854-1855) 경제개발과 산업화를 추진하며 수출 상품의 다각화를 위해 노력했다. 그리고 전통적인 수출 상품에서 벗어나 커피 중심의 경제발전을 추구하며 토지 개발에 집중했다. 정부는 커피 재배지 확장을 목적으로 토지 개혁을 단행하여 비생산적인 밀림과 산악 지역 및 불모지를 농민에게 분배했다(Vallecilla Gordillo, 2002: 49-66). 이러한 역사는 라틴아메리카 지역 그 어느 국가에서도 찾아보기 어려운 토지 분배 사례라고 볼 수 있다. 농민은 가족 노동력을 바탕으로 불모지 개간을 통해 커피 재배지를 확장하며 토지를 축적해 나아갈 수 있었다(Bergquist, 1999: 25-30). 이러한 과정에서 콜롬비아 정부는 농업 생산력 증가를 도모하고 자본주의 경제 질서 도입을 통한 경제성장을 추구했다. 경제개발과 산업화 추진 과정에서 전개된 토지 개혁은 비생산적인 토지를 농민에게 재분배하는 기능을 수행했다.

20세기 접어들어 콜롬비아 정부는 경제개발과 산업화라는 미명하에 지주 계급의 이해에 충실한 경제 정책을 추진했다. 지주 계급은 산업 자본가로 전환하는 과정에서 산업 기반 시설 투자보다는 토지를 지속적으로 매입했다. 그리고 커피 및 사탕수수와 같은 아시엔다(Hacienda) 대농장 체제 강화를 통해 부를 축적했다. 농민은 국가 통제력이 부재한 불모지 개간을 통해 토지를 확대해 나아갔으며 자신의 재산과 신변 보호를 위해 농민 무장 자위대를 조직했다. 이러한 과정에서 1920년대 말부터 1930년대 초에 불모지 소유권을 둘러싸고 농민과 지주 사이에 무력 폭력이 발생했다. 농민자위대가 활동하던 수마파스(Sumapaz), 톨리마(Tolima) 그리고 우일라(Huila) 지역은 전통적인 반군 활동의 거점지가 되었다. 사병을 동원한 지주들의 토지 강탈과 농민 대량 학살은 농민 세력의 급진화를 초래했다. 폭력을 동반한 토지 강탈 그리고 수출 중심의 농업 자본주의 발전은 농민의 프롤레타리아화를 동반했다. 토지 문제는 농민 운동과 급진 자유주의 개혁 사상에 토대가 되었으며 콜롬비아 사회의 갈등과 폭력의 근본 원인으로 변모했다(Pécaut, 2001: 70-75).

1970년대 콜롬비아 정부의 농업 정책은 두드러진 변화를 동반했다. 농민 조합은 자신의 토지와 신변 보호를 위해 자위대를 조직하여 활동했다. 그리고 정부는 농촌 개발을 위한 대기업의 투자를 적극적으로 유치했다. 정부의 기업 투자 유치를 위한 규제 완화 정책으로 대지주의 농촌 토지 점유 기회는 확대되었고, 토지 재분배 정책은 기능을 상실했다. 농민 자위대 활동에 대응하여 콜롬비아 정부는 농민 조직을 반란 세력으로 규정하며 이들의 영향력 약화를 위해 모든 방법을 동원했다. 1973년 미사엘 파스트라나(Misael Pastrana) 정부(1970-1974)는 국내 자본가와 대지주의 요구가 반영된 새로운 농업 개혁법을 추진했다(Machado Cartagena, 2009: 349). 이를 계기로 콜롬비아의 농업 정책은 지주와 대기업의 국토 개발 사업 추진을 위한 도구로 활용되었다.

게릴라와 민병대 그리고 정부군의 3자 대립 구도 속에 무력 분쟁이 격화된 1980년대 베탕쿠르 정부는 무력 분쟁으로 붕괴된 농촌 지역 복구를 위해 국가 재건 계획을 수립했다. 국가 재건 정책은 농촌 지역 빈곤과 불평등 완화를 목적으로 농촌 개발에 역점을 두고 추진되었다. 특히 무력 분쟁 피해 지역 토지를 자원으로 활용할 수 있는 기반 마련을 위해 목축업과 낙농업을 활성화했다. 1988년 농업 개혁법은 토지 재분배에 중심을 두었고, 비생산적인 토지 매매에 대한 규제 완화를 통해 토지 시장 활성화를 추구했다. 이후 등장한 바르코 정부는 기존 농촌 개혁법을 수정하여 1988년 토지 경매 활성화를 통한 기업의 농촌 진출을 적극적으로 장려했다. 그리고 기존 법에서 제시한 토지 매매를 위한 의무 사용 기간을 삭제하여 농·목축업 기업의 농촌 토지 축적 가능성을 확대했다(Villaveces and Sánchez, 2015: 17). 이러한 바르가스 정권의 농촌 개혁 정책은 2000년대 초반까지 콜롬비아 역대 정권이 추진한 농촌 개발 정책의 근간을 형성했다.

2002년 우리베 정권의 등장을 계기로 확산된 무력 분쟁으로 농촌 지역 경제 기반은 붕괴되었다. 특히 불법 작물 재배 근절을 위해 정부가 재배 지역을 대상으로 공중 살포한 제초제는 농민의 삶과 농지를 황폐하게 만들었다. 정부에 의해 양산된 AUC는 공권력의 이름으로 농민들에게 무차별적인 공격을 가하여 콜롬비아는 단기 최대 강제 실향민을 배출했다. 콜롬비아의 실향민은 300만 명에 이르렀으며 농민들은 830만 헥타르의 농지를 강탈당한 것으로 알려졌다. 이러한 상황 아래 우리베 정부는 농업 개방을 통한 느슨한 규제로 농업 기업의 농촌 진출을 장려했다. 무력 분쟁 격화와 농업의 가속화된 자본주의 시장으로의 편입은 콜롬비아 농촌을 '농민 없는 농촌'으로 변모시켰다.

　　우리베 정권 이후 출범한 산토스 정부는 안보, 정의 그리고 민주주의라는 3대 목표를 중심으로 국가 발전 계획을 수립했다. 그리고 무엇보다도 무력 분쟁으로 인한 희생자에 대한 통합적 보상 및 토지 반환법을 토대로 실향민의 안정적인 귀환과 정착을 지원했다. 또한 농촌 지역 전기, 도로 및 하부 구조 복구 등 농촌 공공 인프라 건설 기업에 대한 인센티브를 제공하며 농촌 경제 회복에 주력했다. 농촌 개발은 내전 피해 지역 주민의 건강과 교육, 주택 건설 등 희생자 권리 회복, 시민 안전 그리고 빈곤 감소를 위한 다양한 특별법 마련과 함께 구체화되었다. 또한 농촌 개발 특구 조성을 위한 토지개혁법 ZIDRES를 도입하여 농업 생산성 향상뿐만 아니라 농촌 지역을 토대로 지역 사회 개발을 도모하고자 하는 종합적인 국가 발전 정책을 수립했다. 유엔식량농업기구(Food and Agriculture Organization, FAO) 전 사무총장 주제 그라지아노 다 시우바(José Graziano da Silva)는 콜롬비아의 농촌 개혁 정책은 세계적으로 유사한 내전 상황에 놓여 있는 국가에게 하나의 모범 사례가 될 것이라고 평가했다(FAO, 2017).

4 ZIDRES의 주요 특징

평화협정 이행을 위해 산토스 정부는 내전 최대 피해 지역인 불법 작물 재배지 13개 주 53개 마을에 대한 지원책을 핵심으로 농촌 개발 정책을 운영했다. 정부는 게릴라 조직의 주요 거점지인 태평양 지역과 남부 불법 작물 재배지 농가에 대한 대체 작물 보급 및 기술 지원을 우선순위에 두었다. 그리고 2017년 10월 3일까지 약 2만 5,000헥타르에 이르는 불법 작물 재배지에 대체 작물 보급을 목표로 관련 농가의 자발적인 정부 시책 참여를 유도했다. 이러한 정부의 노력에 힘입어 약 9만 7,000 농가가 불법 작물을 포기했다. 이중 약 6,600 농가는 정부의 기술 및 자금 지원을 통해 대체 작물로 야자와 커피를 재배하기 시작했다. 그리고 약 3만여 농가는 농업이 아닌 새로운 경제 활동 참여를 희망하며 정부의 지원을 촉구했다(Colprensa, 2018).

콜롬비아 국립 통계청 자료에 따르면 2017년 7월부터 9월까지 농축산 생산은 7.1퍼센트 성장했다. 같은 시기 국내총생산(GDP)이 2퍼센트 성장한 것과 비교해 볼 때 농축산 부문의 성장은 매우 의미 있는 결과였다. 산업 부문별 GDP 증가에 대한 공헌 정도를 살펴보면 공업, 광업 그리고 건설업이 각각 0.6퍼센트, 2.0 및 2.0퍼센트 하락한 반면 농업은 큰 폭으로 성장한 것이다. 농업 생산 증가는 주로 커피가 주도했으나,

이전과 달리 카카오, 야자 그리고 쌀 생산도 증가했다(Revista Semana, 2018a).

한편, 평화협정 체결 직후 산토스 정부는 무장을 해제한 FARC 조직원들의 체류용으로 활용될 평화 지대를 구축했다. 4헥타르 규모의 평화 지대는 도시 지역, 불법 작물 재배지, 국립공원, 원주민 보호 구역 및 광산과 떨어진 지역에 조성되었다(Revista Semana, 2018b). 그리고 정부는 FARC가 요구한 독립 공간 확보 및 무장을 해제한 FARC 대원들의 안정적인 경제 활동 지원을 위해 토지 개혁을 추진했다. 정부는 2016년 법령 1776호를 통해 ZIDRES를 승인했다. ZIDRES는 농촌 경제 및 사회 개발을 위한 특별 지역 조성에 관한 법안으로서 원주민 보호지, 불모지 그리고 비효율적인 대농장 토지를 대상으로 추진된 토지개혁법이다.

평화협정 이행 과정에서 농촌 개발 특구 조성을 목적으로 도입된 ZIDRES는 토지 생산성 향상을 위한 정부의 지원 정책과 기업 투자 활성화 방안을 통해 구체화되었다(DNP, 2015: 6). ZIDRES는 역대 콜롬비아 정부가 추진해 온 지배적인 농촌 개발 정책의 단점을 보완하고 평화협정 이후 농촌 지역 식량 확보와 안보 유지를 목적으로 형성되었다. 평화협정 체결 이전 콜롬비아의 농업 개혁은 영농 혁신을 통한 농업 생산량 증가에 역점을 두었다. 그러나 ZIDRES는 농촌 개발 전개 과정에서 필수적으로 동반되는 생산 요소에 대한 대규모 투자와 지역 안보 개선에 관심을 기울였다. 이러한 점에서 ZIDRES는 이전과 다른 성격의 농촌 개발 정책이라고 볼 수 있다.

ZIDRES의 주요 내용을 구체적으로 살펴보자. 법은 총 10장 32항으로 구성되어 있으며 1장 1항과 2항은 ZIDRES의 목적을 설명하고 있다.

ZIDRES는 농촌 개발을 위한 특구 조성에 관한 토지 개혁 법안으로서 농촌 토지 입안 기구(Unidad de Planificación de Tierras Rurales, UPRA)에 의해 승인된 지역에서 추진된다. 2012년 법령 1551호 6항과 9항을 토대로 추진해 온 통합적인 농촌 개발 정책을 계승하여 ZIDRES는 지속가능한 환경과 경제 및 사회 발전을 추구한다. 추진 대상 지역은 인구 밀도가 낮은 지역, 생산과 운송 비용이 높거나 빈곤 심화 지역 그리고 열악한 하부 구조 지역 및 근접이 어려운 벽촌 지역이다. ZIDRES의 목적은 평화와 공존을 증진하고 농촌과 도시 간 균형 발전을 추구하는 것이다. 또한 농촌 주민의 복지와 사회 정의에 도달할 수 있는 메커니즘 도입을 통해 농업의 산업화 및 현대화 및 기술 혁신을 도모한다. 그리고 조성되는 특구는 사회와 공익을 우선시하며 농촌 개발을 통한 생산성 증대, 사회 및 경제발전 그리고 농촌 고용 촉진과 토지 불평등 완화를 목적으로 운영된다.

ZIDRES를 통해 정부는 농촌 지역 생산성 향상을 위한 인적 자원 개발 및 생산 활동을 지원하고 가족 공동체의 공존과 지속을 위한 생산 시스템을 유지한다. 또한 농민, 농업 노동자, 농촌 여성, 그리고 농촌 청년이 전통적으로 사용해 온 토지에 대한 소유권 보장 및 명문화를 추진하며 공동체 경쟁력 강화를 위해 하부 구조 개발에 주력한다. 한편, ZIDRES는 식량 확보와 지역 안보를 통한 농촌 경제 활성화를 추구한다. 영토의 재배치, 농업의 현대화 그리고 생산 도구의 전문화를 통한 지역 발전, 지속가능한 인적 자원 개발, 역동적인 농업과 계약 농업, 기후 변화에 대응할 수 있는 농업 개혁을 실현한다. 또한 새로운 자본 수용을 위해 농산업 부문 무관세 지역을 조성하고 운영한다. 과학과 기술 혁신,

열대 농업 개발 및 자원과 생물학적 다양성에 대한 연구와 보존에 주력하며 전문적인 농촌 인력 양성을 위해 과학기술을 보급하여 1차 산업 경제력 강화를 목표로 한다(1장, 2장, El Congreso de Colombia, 2016: 1-3).

ZIDRES 2장 3항과 3장 4항 그리고 5항은 사업 참여 방법 및 승인 그리고 생산 프로젝트 참가 기업에 대한 정부의 관리 감독 및 지원에 대해 언급한다. 농촌 개발 특별 지역 조성 사업 참여 방법은 기업과 농업 노동자가 계약을 체결하고 농업부에 신청서와 함께 구체적인 생산 추진 계획서를 기간 내에 제출한다. 제출 서류는 심사를 거쳐 사업 승인 여부를 결정한다. 사업 계획서는 지속가능한 환경과 국가 식량 안보 정책에 부합해야 하며 심사는 UPRA가 담당한다. 신용대부를 통해 받은 자원은 투명하게 운영하도록 관리를 받는다. 특구 조성 사업 토지 소유주와 사업 참여자는 동일인임을 증명해야 한다. 토지 없는 농민과 농업 노동자 그리고 농촌 여성은 토지 지원 프로그램에 참여하여 토지를 획득할 수 있도록 지원한다. 농민과 농업 노동자의 토지 구매와 생산 프로젝트 참여를 위해 정부는 금융 신용 처리를 지원한다(2장, 3장, El Congreso de Colombia, 2016: 3-5).

ZIDRES 5장 15항과 10장 24항은 농촌 개발을 위한 특구 조성 방법에 대해 설명한다. 개발 특구는 접근이 어려운 벽촌 지역에 인프라를 구축하는 기업과 농업 생산자 사이의 동맹에 의해 조성된다. 기업은 특별 지역 조성을 위한 자본과 기술을 제공하고, 농민 및 노동자는 기업과 계약을 통해 생산 활동에 종사한다. ZIDRES 7장 18항은 농업 기술 현대화에 대한 부분을 설명한다. 농업부, 과학기술 단체 그리고 국립환경연구소 등은 농촌 개발을 위한 전략으로 기술 이전과 지속가능한 생산 요소 활용에 대한 지원을 통해 농업 현대화를 도모한다(7장, El Congreso de Colombia, 2016: 9). 이러한 과정에서 토지 시장의 활성화 및 농업 기술 이전 그리고 농업 노동자의 능력 향상 등 생산성 향상을 위한 과제를 수행한다. 정부는 식량 생산 혁신과 농촌 지역 현대화에 우선순위를 두고 농촌 지역 노동 관계의 체계화 및 성 문화 등 농촌 사회의 혁신을 주도한다(Cortés Zambrano, 2020: 38-52).

ZIDRES 4장 6항과 7항은 특구 조성을 위한 정부의 지원 정책과 기업 투자 활성화 방안에 대해 언급한다. 농업부에 의해 승인된 생산 프로젝트는 정부가 인센티브를 제공한다. 농업 노동자, 농촌 여성과 기업은 특별 신용 한도액을 적용받는다. 생산 프로젝트 참여 기업에게는 인센티브가 적용된다. 그리고 정부는 필요에 따라 농업 기금 보증을 통해 생산 프로젝트 자원의 100퍼센트까지 지원한다. 또한 정부는 기업과 소생산자 및 중간 생산자의 동맹을 장려하고 동맹에 합류한 생산자에게 인센티브를 제공한다. 동맹에 참여한 토지 없는 농민과 농업 노동자 그리고 농촌 여성은 농업 생산성 향상을 위한 정책적 혜택이 제공된다. 농업부는 사업 참여 장려 프로그램을 마련하여 프로젝트와 연관된 농민, 농업 노동자 그리고 농촌 여성의 요구에 부응하는 조건들을 마련한다(4장, El Congreso de Colombia, 2016: 4-7).

이와 같이 농촌 개발은 기업과 농민의 생산 동맹을 통해 추진된다. 생산자와 투자자의 동맹에 기초하여 개발 특구를 조성하며 생산 비용 축소 및 노동 생산성의 극대화를 추구한다. 정부 시책에 동참하는 투자 기업에게는 정부가 인센티브를 제공하여 민간 기업의 투자를 적극적으로 유도한다. 이를 통해 대규모의 자금이 투입되는 취약한 산간 벽촌에 인프라를 구축하여 지역 경제 활성화 및 장기 내전으로 붕괴된 농촌 경제 정상화를 도모한다(Díaz Bohórquez, 2017: 20-23).

정부는 정치, 경제, 사회 국가심의회(Consejo Nacional de Política, Economía y Social, CONPES), 농업과 농촌개발부(El Ministerio de Agricultura y Desarrollo Rural, MADR), UPRA, 국립입안청(Departamento Nacional de Planeación, DNP)과 같은 기구를 형성하여 농촌 개발 국가 시스템을 운영한다. 이러한 조직은 1998년 농지개혁법 489호 규정을 토대로 사업 승인 지역 및 사업자 선정 그리고 승인된 프로젝트 운영에 대한 관리와 책임을 담당하며 조정 역할을 수행한다. CONPES는 농촌의 발전 전략을 검증하고 농촌 지역 개발 증진을 위한 투자를 결정한다. 그리고 농촌 개발 국가 시스템의 수행 정도를 주기적으로 평가한다. MADR은 ZIDRES 운영 총괄 및 농촌 개발 정책에 대한 조정을 담당한다. 그리고 생물학, 물리학, 수리학, 경제와 사회 및 하부 구조의 특징에 따라 영토를 재정비하고, 경계와 기준을 재정립하여 농촌 개발 특구 조성을 위한 기초 계획을 수립한다. MADR은 환경 보존 지역에 관심을 기울이며 농업 지역 경계를 설정한다. 그리고 토지 사용 제한 지역에 대해 통제한다 (3장, El Congreso de Colombia, 2016: 4-5).

ZIDRES 10장의 23항, 24항, 25항은 토지 반납과 의무에 대해 설명한다. 개인이나 기업이 국가 수용 토지 혹은 불모지에 투자할 경우 임대법에 따라 국가와 부동산 계약을 체결하고 임대료를 지불한다. 정부로부터 특구 조성 사업 승인을 받은 기업이나 개인은 승인 이후 3년 이내에 허가된 지역에서 사업을 개시해야만 한다. 만약 시행하지 않을 경우 총 사업비의 5퍼센트에 해당하는 현금을 벌금으로 지불하고, 토지를 국가에 반납해야 한다(10장, El Congreso de Colombia, 2016: 11-12).

ZIDRES는 메타(Meta) 주의 푸에르토 로페스(Puerto López)에서 최초로 실행령이 발표되었다. 메타 주지사는 ZIDRES가 농민과 농업 생산자 모두에게 새로운 기회를 제공해 줄 것이라고 언급했다. 그리고 비효율적인 토지의 생산 증가로 농촌의 빈곤과 불평등은 완화될 것이라고 강조했다(DNP, 2018: 14-17). 농촌 개발 특구 조성법 대상 주요 지역은 과히라(Guajira), 볼리바르(Bolívar), 라 모하나(la Mojana) 그리고 우라바 초코아노(Urabá chocoano), 카케타(Caquetá)와 푸투마요(Putumayo) 등이다. 이러한 지역은 도시 중심으로부터 고립되어 있고, 빈곤 지수가 높으며, 생산품 운송을 위한 최소한의 하부 구조조차 갖추지 못한 대표적인 벽촌 지역이다. 그리고 과거 게릴라 조직의 주요 거점지로서 장기 무력 분쟁 최대 피해 지역이며 산토스 정부의 통합적인 농촌 개발 정책 추진 핵심 지역이다.

한편, 콜롬비아 정부는 조성된 특구 내에서 농민과 중간 생산업자에게 생산성 향상을 위한 영농 기술을 지원한다. 토지 소유주는 자신의 일부 토지를 특별 지역으로 조성하여 임대할 수 있다. 또한 정부는 개발 지역 인프라 구축을 위해 민간 기업의 투자를 유도할 수 있으며 투자 유치를 위해 농산업 투자 허용 규모를 확대하고 간소화했다. 그리고 농촌 지역 비생산적인 토지 일부를 규모에 관계 없이 특별 지역으로 지정할 수 있도록 허용했다(Ciro Rodríguez, 2019:. 95).

ZIDRES 10장 29항은 1994년 농촌개혁법 규정 범위를 초과하여 불모지를 획득한 개인의 참여를 제한했다. 그리고 1994년 법에서 규정한 농민 보호 지역, 습지, 산림 보존 지역, 자연공원 및 집단 소유와 사용 토지 그리고 전략적인 생태 보존 지역을 개발 대상에 포함시키지 않았다 (10장, El Congreso de Colombia, 2016: 12). 1994년 콜롬비아 정부는 농민 보존 지역(Zonas de Reserva Campesina)이라는 개념을 도입하여 새로운 농업개혁법을 발표했다. 법령 제1777호를 통해 구체화된 농업개혁법 은 토지 소유 범위 한정, 농민 정착 지원 및 자연환경 보존 지대 내 정착한 농민의 안정적인 생산 활동 지원을 토대로 구성되었다.

당시 농민 보존 지역은 사회 정의와 평화 달성을 위한 필수 조건으로 수용되었다. 콜롬비아 정부는 이를 통해 분쟁과 갈등의 원인을 극복하고 농민 경제 안정화를 추구했다. 농지개혁법은 정부가 영토 소유권을 기초로 농민 공동체 및 농지 개척자가 안정으로 정착하여 지속가능한 생산 활동에 전념할 수 있도록 지원하고, 자율적으로 토지를 관리할 수 있도록 허용한 법안이었다. 이러한 농민 보존 지역의 개념은 평화협정의 주요 쟁점인 통합적인 농촌 개발 및 토지 개혁 정책을 통해 재도입되었다. 1994년 농촌개혁법은 조직적인 가족의 노동력을 바탕으로 불모지를 개간하여 생산 활동에 참여한 농민에게만 불모지에 대한 소유와 사용 권한을 부여했다. 농민 보존 지역은 사회 평등 실현과 농민의 토지 소유 증진을 통한 농촌 지역 빈곤 탈출을 목표로 시행되었다. 2007년 이후 1994년 법에 대한 다양한 수정 법안이 등장했으나 현재까지 불모지에 대한 소유와 권한 규정은 1994년 법의 기조를 유지하고 있다(Rey and Asprilla, 2014: 37).

지난 콜롬비아 정부는 지역 간 균형 발전을 위해 농촌 지역 생산성 향상을 목적으로 다양한 농업 개혁을 추진했다. 1961년 토지재분배를 중심으로 최초로 농업 개혁을 추진하며 토지 집중 예방과 지역 간 균형 발전을 통한 농촌 사회 개혁을 추구했다. 그리고 토지 소유 기회 확대와 토지 집중 해소를 위해 불모지 개발 정책을 마련하여 농촌 지역 불평등 완화와 식량 생산 증대를 도모했다. 콜롬비아 농지개혁기구(Instituto Colombiano de la Reforma Agraria, INCORA)는 10년 이상 개발되지 않는 토지에 대한 점유권 소멸을 위해 실명제를 도입했다. 정부는 실명제를 적용하여 매입한 토지를 토지 없는 농민에게 부분적으로 양도했다 (Meertens, 2006: 14).

이러한 전례를 토대로 산토스 정부는 토지실명제를 ZIDRES 6장 16항에 포함했다. 토지실명제는 농촌 개발 특구 조성 과정에서 토지 집중 현상과 토지 수용에서 발생하는 부정적 효과를 통제할 목적으로 도입되었다. 토지실명제에서 원주민 보호 구역, 농민 보존 지역 그리고 흑인 공동체 집단 토지는 예외 대상으로 규정했다. 또한 자연 보존 지역, 불모지, 밀림이나 생태 보호지로 지정된 지역은 특구로 조성할 수 없음을 명시했다. 10장 27항과 28항에서는 강제 실향민 영향 지역도 특구 조성 예외지로 규정했다(6장, El Congreso de Colombia, 2016: 9, 12) 다만, 원주민 공동체의 경우 공동위원회 또는 합법적인 단체가 운영하는 집단 토지에 대해서는 특별 개발 지역으로 조성할 수 있는 가능성을 열어 놓았다 (Díaz Bohórquez, 2017: 20-23).

5 ZIDRES의 부정적 효과

최근 통계 자료에 의하면 콜롬비아의 토지 집중화는 라틴아메리카 지역 그 어느 국가보다도 심화되었음을 알 수 있다. 2016년부터 평화 협정 이행을 위해 도입되어 추진된 ZIDRES는 토지에 대한 국가 개입을 강화하고, 농촌 지역의 거대 자본 진출을 확대하여 국내 토지 불평등 심화 원인으로 작용하고 있다. 농민 단체와 시민 단체들은 토지 분배에 대한 ZIDRES의 문제점을 지적했다. 콜롬비아 정부는 농업 생산 향상을 위한 특별 지역 조성 과정에서 농산업 부문 기업 투자 유치를 위해 투자 허용 규모를 확대하고 간소화했다. 그리고 농촌 지역 일부 비생산적인 토지에 대하여 규모에 관계 없이 농업 기업 지구 지정을 허용했다. 또한 정부는 기업 인센티브를 적용하여 농촌 지역의 민간 투자를 장려했다. 이러한 과정에서 농촌 지역의 거대 자본의 개입은 가속화되었으며 다국적 농업 기업의 농촌 진출 기회도 확대했다. 농촌 개발 특구 조성 과정에서 대기업과 다국적 기업의 농촌 토지 집중과 점유는 심화되었다.

콜롬비아의 시민 단체와 인권 단체는 ZIDRES의 효과에 대한 공동 연구를 통해 ZIDRES의 부정적 결과를 강조했다. 연구 결과 토지 처리 과정에서 법적 규제를 피한 불모지 매매가 활성화되었고 농촌 개발을 위해 조성된 대규모의 토지는 대기업과 다국적 농업 기업에게 양도되었다는 사실을 확인할 수 있었다(Rodríguez Sánchez, 2017: 83). 2017년 시민 단체는 1994년 헌법을 근거로 헌법재판소에 ZIDRES 위헌 소송을 제출했다.

1994년 콜롬비아의 신헌법은 가족 노동력을 바탕으로 불모지를 개간하여 생산 활동을 하고 있는 농민에게만 불모지 사용과 소유 권한을 허용했다. 헌법재판소는 판결을 통해 ZIDRES의 불모지 소유와 용도 변경 가능성은 인정하지만 법안의 목적이 소농과 중간 생산자의 경제적 이윤 확대라는 측면에서 본다면 ZIDRES를 위헌으로 판단할 수 없다는 애매모호한 입장을 유지했다(Díaz Bohórquez, 2017: 10-11). 결국 헌법 재판소는 헌법을 위반하며 불모지 사용 용도 변경 사실에 대한 책임 회피에 급급한 나머지 구차한 변명만을 늘어놓았다.

2018년 시민 단체와 농민 단체는 ZIDRES가 소수의 혜택을 위해 다수의 고통을 외면한 정책이라고 비난했다. 그동안 정부는 생산성 향상을 도모한다는 미명하에 농촌 지역 토지에 대한 통제를 강화하고 이를 통해 막대한 이윤을 추구했다고 주장했다. 그리고 정부는 ZIDRES를 통해 거대 농업 기업의 토지 축적을 합법화하고 불법적으로 획득한 불모지에 대한 권한도 부여했다고 강조했다. 농민 생산자 조직은 농업법 수정 이후 2012년부터 발생한 불법 토지 획득 관련 사례를 분석하여 소농의 토지 권리 침해 사례와 거대 기업의 토지 축적 실상을 강조했다. 결국 콜롬비아 정부는 ZIDRES를 토대로 토지에 대한 농민의 사용 및 소유권한을 축소한 것이다.

평화협정을 체결한 산토스 정부는 '평화를 위한 토지은행(El Banco de Tierras para la Paz)'을 설립하여 800만 헥타르에 이르는 보호지, 불모지 그리고 비효율적인 대농장 토지를 확보해 나갔다. 윌슨 아리아스(Wilson Arias) 전 국회의장은 그의 저서에서 '평화를 위한 토지은행'의 기능은 불모지 경매였다고 언급했다. 그리고 ZIDRES가 다국적 기업과 대기업의 토지 점유 확대 가능성만을 높여 주고 있다고 강조했다(Ariza Arias, 2020: 9-11). 콜롬비아 정부는 토지 경매를 통해 막대한 자금을 확보했고 ZIDRES는 평화협정 이행을 위해 부족한 재원 충당 수단으로 활용된 것이라고 볼 수 있다.

한편, ZIDRES는 기본적으로 농민과 기업 사이의 불평등한 동맹 조건에서 출발하고 있다. ZIDRES가 추구하는 생산성 향상을 통한 농촌 경제 활성화는 농민과 기업의 생산적 동맹을 통해 저비용 계약 농업을 장려하고 있다. 농촌 개발 투자에 참여한 기업들은 이미 생산 과정에서 농민의 의견과는 관계없이 독단적인 결정으로 사업을 전개하고 있다. ZIDRES 시행 이후 정부 시책에 동참한 대기업에게 정부가 허용한 토지는 점점 단일 작물 경작지로 변모하고 있다. ZIFRES는 농업 노동자와 기업이 동등한 조건 아래 계약을 체결할 수 없다는 사실에 대해 묵인했다. 시작부터 비대칭적인 관계 속에서 농민의 참여를 배제한 불평등한 조건을 전제로 하고 있다(Sanmiguel, 2017: 31). 결국 콜롬비아 정부는 농민과 기업의 협력이 동등한 조건으로 형성되지 않는다는 사실에 관심을 기울이지 않았다. 또한 기업과의 동맹은 농민의 자유로운 의사결정에 의해 선택할 수 있어야 한다는 점을 고려하지 않았다.

앞에서 언급한 사실을 바탕으로 평화협정 체결 이후 콜롬비아 정부는 ZIDRES를 도입하여 농촌 개발이라는 미명하에 불모지에 대한 개입을 강화하고 토지 매매 시장의 활성화를 도모하고 있다고 판단해 볼 수 있다. 지난 역대 정권들은 커피 수출 중심의 산업화를 추진하는 과정에서 커피 재배지 확장을 위해 농민에게 불모지를 분배했다. 안데스 산맥의 산악 불모지는 농민들에 의해 개간되어 커피 재배지로 변해 갔으며 국가는 농민에게 개간한 토지에 대한 소유와 사용 권한을 인정했다. 그러나 ZIDRES는 불모지와 관련된 사용 용도 변경뿐만 아니라 개인 혹은 기업의 소유 가능성을 제공하고 불모지에 대한 상속 권한도 허용하고 있다. 결국 콜롬비아 정부는 ZIDRES를 도입하여 기업형 농업 무역 활성화를 위한 토지 시장을 개방했으며 농촌 개발은 개인뿐만 아니라 공공 토지에 대한 시장 경제로의 진입을 가속화했다.

농촌 지역 소농 증진을 목적으로 조성된 농민 보존 지역 역시 ZIDRES 도입으로 강제로 용도가 변경되어 기업의 이윤 창출 도구로 활용되고 있다. 농민 보존 지역의 농민들은 토지 사용권 유지를 위해 정부 시책에 따라 기업과 계약을 체결하고 용도를 변경하여 개발 사업에 참여했다. 그러나 미등기 공공 자산으로 농민 보존 지역은 경매를 통해 국가에 의해 농업 기업에게 매매되었다. 이러한 상황은 농촌 지역을 중심으로 새로운 무력 분쟁의 동기로 작용하고 있다(Sanmiguel, 2017: 31).

토지실명제 역시 토지 수용과 토지 집중 현상에 부정적인 원인을 제공했다. 콜롬비아 정부는 ZIDRES를 통해 미등기 불모지를 공공 사용지로 전환했다. 그리고 임대 계약을 통해 농민에게 제공함으로써 토지에 대한 농민의 권한을 축소했다. 동시에 콜롬비아 정부는 공공 사용지에 대한 기업 투자 유치를 위해 유연한 규제를 적용함으로써 국내외 대기업의 토지 시장 접근 기회를 확대했다. 이러한 과정에서 공공 자산의 민영화와 함께 거대 자본을 소유한 국내외 농업 기업은 합법적으로 불모지를 소유할 기회를 갖게 되었다(Torres-Mora, 2020: 26-35).

토지실명제는 오히려 보호지 및 불모지 그리고 수용 방식으로 국가가 관리할 수 있는 토지에 대한 매매 가능성을 더욱 높여 주었다. 토지실명제 도입으로 공공 사용지로 전환된 원주민과 농민 토지는 자본주의 시장으로의 편입이 가속화되었다. 공공 사용지로 전환된 불모지 매매와 토지 집중 심화 현상에 대해 연구한 시민 단체들은 집단 생산과 소유 형태를 유지해 온 보호지의 경우 미등기 토지가 대부분이라고 지적했다(Pilar et al., 2020: 20-25).

　콜롬비아 정부는 헌법을 통해 문화적 다양성을 국가의 자산으로 인정하며 국립 자연공원과 산림 보호 구역으로 구성되어 있는 아마존 지역 원주민의 영토를 보호지로 지정했다. 그러나 보호지의 범위와 경계에 대한 명확한 법적 규정은 마련하지 않았다. 이러한 상황에서 원주민들은 오래전부터 정부에 대해 농업 개혁을 촉구하며 자신들의 영토에 대한 통합적인 보호와 권리를 주장해 왔다. 그러나 토지권리증명서 발급 업무를 담당하는 농촌개발연구소(El Instituto Colombiano de Desarrollo Rural, INCODER)는 단 한 번도 보호지에 대한 권리를 인정해준 역사가 없으며 보호지는 지금까지 미등기 공공 유산으로 유지되었다. 또한 커피 재배지 확장을 위해 농민들이 분배받아 개간한 토지 대부분도 미등기 국유지로 남아 있다(Pilar et al., 2020: 20-25).

　이와 같이 콜롬비아 정부는 토지실명제를 통해 미등기 공공 자산에 대한 개입을 강화했다. 토지실명제 도입 초기 산토스 정부는 원주민 보호 구역, 농민 보존 지역 그리고 흑인 공동체의 집단 토지를 실명제 적용 예외지로 규정했다. 그리고 자연 보존 지역, 불모지, 밀림이나 생태 보호지로 지정된 토지 역시 실명제 예외 대상이었다. 그러나 지난 몇 년간 토지실명제 이후 실명제 제외 대상 토지가 공공 사용지로 전환되어 매매된 사실을 확인할 수 있었다. 결국 토지실명제는 원주민과 농민의 토지 강탈과 함께 농촌 지역 토지 불평등 심화 원인으로 작용하고 있다.

　또한 토지실명제 도입 이후 콜롬비아 남부 아마존 지역의 환경 파괴 문제가 심각하게 대두되고 있다. 그동안 게릴라 조직은 아마존 지역 불법 작물 재배지 확장 과정에서 산림을 훼손해 온 것은 사실이다. 그러나 정부의 토지실명제 도입 이후 아마존 지역 밀림 손실은 급격하게 확장되었다. 그리고 이전과 다른 성격의 산림 훼손이 발생하고 있다. 농촌 개발 정책 추진 과정에서 토지 가격 상승에 대한 기대로 인한 부동산 투기는 아마존 지역을 벌거숭이로 만들고 있다. 개발 대상 토지에 대한 구매욕 증가는 아마존 밀림 지역의 상품성을 높이기 위한 산림 훼손을 동반하고 있다. 아마존 지역의 산림 파괴는 환경 문제뿐만 아니라 아마존 지역과 안데스 그리고 오리노키아(Orinoquia) 지역 연결을 위협함으로써 아마존 지역의 고립을 초래하고 있다(Cuellar, 2020: 70-75).

6 평화협정 이행 정책의 축소

두케 정부는 ELN과의 협상 백지화를 선언하고 협상 이행 정책을 축소했다. 총 578개 조항에 달하는 이행 정책은 방치되어 2020년 11월까지 이행률은 최소 수준을 유지했다(Dabène y Grandmaison, 2022). 사회로 복귀한 FARC 반체제 인사들은 사회 재통합 정책 추진에 대한 정부의 의지 부족을 비난했다. 산토스 정부의 사회 재통합 정책은 전 게릴라 요원의 단기 월급 지원, 새로운 경제 활동 및 장기적인 집단 협력 활동 지원을 포함했다. 무기를 반납한 게릴라 요원은 집단 농장을 설립하거나 정부의 보조금을 통해 생활비를 조달하며 새로운 정착지로 이동했다. 공식적으로 99개의 집단 생산 프로그램과 3,190개의 개별 생산 프로그램이 시행되었으며 전국 155개 지역에 협동조합이 형성되었다. 그러나 두케 정부는 사회 재통합 정책을 결정하고 감독하는 재통합 위원회의 운영 방식을 수정하여 진척된 집단 협력 경제 활동에 대한 지원을 중단했다. 2020년 집단 생산 프로그램 4개 중 1개만 승인되었으며, 100개 이상은 한시적으로 운영되었다(Consejo de Seguridad de las Naciones Unidas, 2018). 경제 활동 지원 중지에 따른 정부의 협정 불이행은 대량의 인명 피해와 함께 폭력 확산의 동기를 부여했다.

농촌 개혁은 지속적인 정치적 지원이 필요함에도 불구하고 두케 정부에 의해 축소되었다. 농촌 개혁은 본래 국가 공공 자산인 농민 보존 지역, 원주민 보호 구역, 자연 보호 지역 및 흑인 공동체 자원 이용 지역과 같은 집단 토지의 특성을 반영하여 토지 소유에 대한 다양한 환경 조성과 공동체의 주도적 참여를 통한 경제발전 도모를 목적으로 추진되었다(Ruiz Reyes, 2015: 54). 또한 무력 분쟁 희생자에게 토지 사용 권한을 우선적으로 배려하고, 공공 인프라 건설 기업에 대한 인센티브 제공 및 불법 작물 재배지에 대한 지원책을 핵심으로 운영되었다.

그러나 두케 정부는 농촌 개발 전담 업무 신설 기관 폐지 및 농업 기업 육성을 강조했다. 그리고 기업 규제 완화와 투자 규모 제한 철폐를 통해 다국적 농업 기업의 농촌 진출을 확대했다. 이러한 과정에서 토지에 대한 농민의 권한은 축소되고 농민의 저비용 계약 농업이 장려되었다. 농업 개발 정책은 협정 이행 전체 예산의 85퍼센트 이상을 차지하지만 2020-2021년 예산의 46퍼센트가 목적과 다른 용도로 활용되었다. 전체 예산의 15퍼센트만이 농촌 지역 전기 공급과 공공 서비스 개선에 사용되었다.

농업 개혁 보조금도 일부 지역에 집중되었으며 정부 계약 및 모든 일반 공공 정책은 성별에 기초하여 차등 분배되었다. 2020년 여성 62명에게 271헥타르 그리고 남성 83명에게 597헥타르의 토지가 할당되었다. 토지 기금 분배 대상 평가에서 교육 수준이 낮고 개발 경험이 적은 여성들은 남성보다 낮은 평가로 토지에 대한 접근이 제한되었다. 토지 신용 구매에 있어서도 금융 기관은 남성을 우선순위에 두었다. 여성의 신용 등급을 낮게 평가하여 여성의 토지 신용 구매는 불가능했다(Morales Casrillo, 2022).

농촌 개발은 농촌의 토지 불평등 해소를 목적으로 추진되었으나 실제로 1퍼센트의 소수가 국토의 42퍼센트의 토지를 점유하고 있는 상황에서 세습 자산인 토지가 협정 이행을 위해 사용될 수 없는 것이 현실이었다. 국토의 10퍼센트만이 분쟁의 소지가 없는 토지로서 결국 농촌 개발 정책은 국유지와 보호지 등 공공 유산 토지를 대상으로 추진되는 것이었다(Cardona, 2023). 대체 작물 보급과 지원은 더욱 심각한 수준에 놓여 있다. 두케 정부는 2015년부터 금지된 불법 작물 재배지에 대한 제초제 공중 살포를 재승인하여 협정 이행보다는 가시적 성과에 관심을 기울였다. 결국 협정 이행 과정에서 우리베주의 정권에 대한 불신은 확산되었고, 불법 작물 재배를 포기한 농가는 다시 과거로 회귀할 가능성이 높아지고 있다.

한편, 평화협정 반대를 주도해 온 민주센터당은 FARC 범죄자 처벌 및 정치 참여 보장에 관한 조항 수정을 주장했다. 2022년 헌법재판소는 정부의 주장을 위헌으로 판결했다. 그리고 과도기적 정의 이행에 관한 특별 관할권의 판결 존중과 협정 이행에 관한 의무 수행을 촉구했다(Giordano, 2022). 두케 정부는 FARC 지도부의 정치적 대표성 문제를 제기하며 국민을 선동했다. 동시에 사회적 제재를 통한 FARC의 정치 참여 제한을 유도했다. 또한 민주센터당은 범죄 행위에 대한 면책이 평화협정의 가장 큰 결함이라고 주장했다. 또한 과도기적 정의 이행에 관한 특별 관할권의 판결을 부정하며 사법부의 재판결을 주장했다. 이러한 과정에서 평화협정 이행에 관한 국제 사회의 지원 규모는 변화했다 (Informe sobre América Latina, 2018: 7-8). FARC 잔존 세력에 의한 보복 폭력이 발생했다. 정당 설립을 통해 총선거에 출마한 FARC 반체제 인사들은 유권자의 냉소적인 태도를 확인했다. 그리고 자신들의 정치적 영향력이 발휘될 수 없는 현실 앞에 군사적 타협이 정치적 타협보다 더욱 효과적이라는 신념을 가지게 되었다. 평화협정은 정치적 분열과 갈등의 원인으로 작용했으며, 협정 불이행에 따른 정권의 정치적 정당성은 약화되었다.

평화협정은 정부와 게릴라 양측이 평화로의 전환이 필요하다는 공동의 인식을 내포하고 있다. 결국 평화협정에 역행하는 정부의 정책은 정치적 안정과 정치 체제의 정당성 위기를 초래했다. 그리고 평화협정 이행에 관한 입장 변화는 폭력과 갈등의 원인으로 작용했으며, 정권 퇴진과 협정 이행을 촉구하는 범국민 평화 시위 확산의 계기가 되었다. 사회 동원의 억압, 반체제 인사에 대한 탄압 및 의사소통 차단 그리고 정치적 고문과 암살 등 우리베주의 정권의 반민주적이며 반자유적인 정책은 결국 좌파 페트로 정권 등장의 결정적인 원인으로 작용했다.

7 나가며

2016년 평화협정 체결 이후 산토스 정부는 협정 이행 과정에서 농촌 개발을 통한 생산성 증대, 사회 및 경제발전 그리고 농촌 고용 촉진 및 토지 불평등 완화를 위한 종합적인 국가 발전 정책을 수립했다. 그리고 접근이 어려운 지역과 비생산적인 토지를 대상으로 농촌 지역 빈곤과 불평등 완화를 위해 ZIDRES를 도입했다. 또한 특별 지역 조성 과정에서 기업 투자 유치를 위해 투자 규모를 확대하고 간소화했다. 비생산적인 토지에 대하여 규모에 관계 없이 기업 농업 지구 지정을 허용했으며, 인센티브를 적용하여 민간 투자를 장려했다. 이러한 과정에서 토지에 대한 국가의 개입은 강화되었고, 거대 자본의 토지 점유는 확대되었다.

콜롬비아 정부는 개발 특구 조성 과정에서 도입된 토지실명제를 통해 미등기 불모지와 토지실명제 적용 예외 대상 토지도 공공 사용지로 전환했다. 이러한 과정에서 미등기 공공 자산인 보호지와 생태 보존 지역에 대한 국내외 농업 기업의 소유가 합법화되었다. 소농 증진을 위해 조성된 농민 보존 지역도 국가가 강제로 용도를 변경하여 매매했으며, 농촌 개발 특구로 조성된 토지는 단일 작물 경작지로 변모해 가고 있다.

한편, ZIDRES 실행 이후 이전과 다른 형태의 환경 파괴 문제가 심각하게 대두되고 있다. 토지 개발 대상에는 특별 생태 보호 구역인 마카레나(Macarena) 환경 보호 지역도 예외는 아니다. 환경 통합 운영 지역으로 지정된 생태 보호 지역 및 람사르(RAMSAR) 국제 환경 조약에 포함되어 있지 않은 국내 주요 습지와 수자원 보호지도 개발 대상에서 제외되어 있지 않다. 농촌 토지 개발로 인한 고산과 밀림 보호지의 파괴는 우려

할 만한 수준이며, 평화협정 이행과도 모순되는 정책이다.

또한 ZIDRES는 농촌 개발을 추진하는 과정에서 발생하는 갈등을 고려하고 있지 않다. 불법 작물 재배 농가를 대상으로 조성된 농민 보호 지역에 대한 개발은 장시간의 과정을 요구한다. 그럼에도 ZIDRES는 농민 보호 지역 특구 조성 과정에서 발생할 수 있는 이해 당사자 간의 갈등 예방이나 해결 방안에 대한 그 어떠한 규정도 마련되어 있지 않다.

평화협정 이행을 위해 추진된 농촌 개발 정책은 정권 교체로 예산이 축소되었으며 ZIDRES는 초기 목적과 달리 토지의 자본주의 시장 진입을 가속화하고 있다. FARC 측은 정부의 농촌 개혁을 통한 사회·경제 문제 해결 의지에 대해 불신하고 있다. 농민과 원주민 공동체 역시 보호지를 둘러싸고 권리 투쟁을 전개하고 있다. ZIDRES는 다국적 기업과 국내 엘리트 계층의 특권 유지를 위한 도구로 활용되고 있으며, 빈곤과 불평등 심화 원인으로 작용하고 있다. ZIDRES는 평화협정 체결 이후 더욱 폭력적인 갈등 유발 가능성을 높이고 있다.

내전 피해 지역의 토지는 빠르게 거대 기업의 소유로 변하고 있다. 무력 분쟁으로 자신의 신변 보호를 위해 상주지를 떠난 실향민의 강탈된 토지는 반환될 가능성이 점점 희박해져 가고 있다. 거대 자본의 농업 기업과 생산자들은 불법 작물 재배의 중심지였던 비차다(Vichada), 메타(Meta), 초코(Chocó) 그리고 카나툼보(Catatumbo) 지역 토지를 놓고 경쟁하고 있으며 이러한 상황 아래 농민들은 농촌 경제로부터 소외되어 가고 있다. 토지 개혁은 오히려 농촌의 거대 농업 기업 발전의 토대가 되고 있다. ZIDRES를 통한 농촌 개발 정책은 토지에 대한 농민의 권한을 축소하고, 비대칭적인 생산 동맹을 통해 저비용 계약 농업을 장려하고 있다.

평화협정 체결 이후 콜롬비아 정부는 평화협정 이행 과정에서 ZIDRES를 도입하여 토지 소유와 관련된 법적 불확실성 해소, 비생산적인 토지의 생산성 향상 및 농촌 인프라 구축을 통한 국가 경제발전을 추구했다. 그러나 기대와는 달리 ZIDRES는 거대 자본의 농촌 토지 점유를 더욱 확대하여 토지 불평등 심화로 인한 새로운 갈등과 폭력의 원인으로 작용하고 있다.

제 4 장

라틴아메리카의 젠더 평등을 위한 제도적 도전과 변화*

/

이순주

/

/

* 이 글은 참고문헌에 포함된 필자의 논문 중 「젠더 불평등과 제도」와 관련한 부분들을 발췌하여 재구성하고 일부 자료를 최근 자료로 변경하여 작성한 것임을 밝힌다.

1 들어가며

세계경제포럼(World Economic Forum, WEF)의 「글로벌 성 격차 보고서 2023(Global Gender Gap Report 2023)」에 따르면 라틴아메리카와 카리브해 지역은 성 격차 지수에서 여성이 남성의 4분의 3 정도에 도달한 것으로 나타났다(WEF, 2023). 이 지역은 74.3퍼센트로 전 세계에서 세 번째로 높은 평등 수준을 기록했다. 그리고 현재 이 지역 성 격차가 줄어드는 속도로 볼 때, WEF의 글로벌 성 격차 지수(Global Gender Gap Index)에 포함된 차원을 기반으로 이 지역에서 완전한 성평등이 달성되는 데까지는 53년이 걸릴 것으로 추산된다. 이는 전 세계에서 131년이 걸릴 것으로 판단되는 상황에 비하면 상대적으로 매우 긍정적인 것이다. 또, 이 지역은 2006년 처음 성 격차 보고서가 발간된 이래 가장 큰 진전을 보인 지역이기도 하다. 평균 8퍼센트 이상 지수가 향상되었으며 모든 국가에서 진전을 보였다.

이러한 성 격차의 축소는 근본적으로는 이 지역 여성들이 사회 변화, 제도적 변화를 위해 끊임없이 문제를 제기하고, 제도적 변화를 위해 연대해 온 성과라 할 수 있다. 제도는 일반적으로 사회의 구조적 기능과 규범, 규칙의 체계 등을 의미한다. 제도의 개념에 대해 여러 학자들의 견해를 종합해 보면, "특정 공동체 구성원들의 선호와 행위에 제약을 부가함으로써 그들의 다양한 거래와 교환에 수반하는 비용을 감소시키는 형식화된 규범"이라고 할 수 있다(김난도, 1997: 133). 신제도주의적 관점에서 제도의 변경이나 생성은 인간의 행위를 제약함과 동시에 다양한 문제점을 해결하고 보완하기 위해 이루어진다. 또한 제도는 다양한 여러 요소들이 얽혀 복잡한 관계망을 구성한다. 따라서 특정 사회의 성평등은 다양한 요소들이 포함된 복잡한 관계망으로 구성된 제도의 작동에 따라 달라질 수 있다.

마찬가지로 라틴아메리카의 성평등에 영향을 미치는 요소들은 제도적 혹은 비제도적 측면에서 매우 다양하며 매우 복합적이다. 이 글에서는 먼저 역사적 관점을 통해 라틴아메리카의 젠더 불평등을 개관한다. 그 후, 라틴아메리카의 정치 분야에서 젠더 불평등이 어떻게 빠르게 개선되고 있는지와 이 분야에서 도입된 제도들의 성과를 자세히 살펴본다. 그리고 가장 심각한 인권 침해이자 젠더 차별의 극단인 페미사이드(femicide) 범죄에 대한 대응으로서 법적 제도의 개선과 한계에 대해 다루고자 한다.

2 라틴아메리카 젠더 불평등의 역사적 맥락

인류의 등장과 함께 인간은 집단을 구성했고, 군집한 인간의 삶의 형태는 사회경제적 불평등 구조를 창조했다. 이것은 어떤 의미에서 인간 본성에 기인한 결과라고 할 수 있다. 그럼에도 인간의 내면에 존재하는 불평등에 저항하는 도덕적 규범은 기존 체제에 대한 끊임없는 변화와 발전을 요구했다.

1492년 10월 12일 크리스토퍼 콜럼버스가 바하마 제도의 과나아니(Guanahani) 섬에 상륙한 이래 라틴아메리카는 급속한 식민지화 과정을 거치면서 원주민 사회가 해체되는 고난을 겪었다. 유럽 정복자의 등장은 라틴아메리카 사회의 계층 구조를 종족적으로 중층화하는 계기가 되었다. 다시 말해, 일차적으로 정복자와 피정복민의 불평등 구조가 등장했고, 그 내부에서는 다시 젠더 불평등이 심화하는 결과를 초래했다. 이렇게 중층화된 젠더 불평등은 시대를 달리하여 지속되었다.

라틴아메리카의 불평등 구조는 정복과 피정복의 관계에서 출발하지만, 유럽 정복자들이 가지고 온 십자가는 라틴아메리카의 가부장제를 규정하는 핵심 제도였다. 남유럽, 즉 스페인과 포르투갈의 가부장적인 전통은 가톨릭의 남성 중심적 문화가 강화된 결과이며, 이러한 유럽의 가부장제는 라틴아메리카에도 그대로 이식되었다. 즉 라틴아메리카에서의 식민주의와 가부장제는 유럽 정복자들에 기인한 결과이며, 식민지 피정복민 사회에서는 중층적 불평등 구조로 발현했다.

모든 사회는 젠더 관계와 관련된 일련의 규칙들(rules)을 가지고 있다. 그리고 그러한 규칙들은 각 사회 내에서 바람직한 여성상과 남성상을 설정하여 각 성별의 사회적 역할을 관념화하고 그러한 관념을 바탕으로 일상의 행위를 제한하거나 강제하는 특징을 지닌다. 라틴아메리카에서 '마치스모(Machismo)'와 '마리아니스모(Marianismo)'는 이러한 남성 지배적인 사회 구조와 문화를 표현하는 대명사와 같다. 마치스모는 라틴아메리카의 이상적인 남성상을 나타내고, 남성들의 남성으로서의 행동과 자기 통제에 영향을 주며, 다른 남성과의 관계에서는 경쟁적이며 강한 이미지를 갖고, 여성에게는 억압적인 이미지를 가지고 있다 (Derks, 2009: 5, 재인용).

여러 연구들에 따르면, 라틴아메리카에서 남유럽의 가부장적인 전통과 가톨릭의 남성 중심적 문화인 마치스모가 강화되어 나타난 이유는 유럽 정복자들이 원주민 여성들을 강제로 겁탈하면서 여성을 비하하는 태도가 확산되었기 때문이다. 식민 지배와 더불어 스페인의 가부장적 문화가 유입되었으며, 식민 지배로 인해 정치적으로 억압당하며 열등의식을 갖게 된 원주민 남성들도 이를 보상받기 위한 정치적 지향점으로 마치스모를 선택한 것이다(주종택, 2007: 139-143).

마리아니스모는 성모 마리아의 이미지에서 도출된 관념으로, 여성들의 정신적 우월감을 강조하기 위한 하나의 모델로 볼 수 있다. 이렇게 강조되는 정신적 강인함, 도덕적 우월성은 거의 반신적(semi-divinas)인 것으로 여성을 교육하는 관념이다. 하지만 이것은 여성에 대한 존중으로 나타나기보다 가부장적 사회 구조와 예속적 지위 속에서 '끝없는 인내와 희생'을 강요하는 사회적 전통으로 자리매김해 왔다(이순주, 2010: 59-60).

19세기 중엽부터 20세기 전반까지 라틴아메리카 남성들은 세습적이고 과두적인 사회 구조 아래 시민으로서의 존재를 확립해 나갔다. 반면 여성들은 시민으로서의 권리는 물론 개인으로서의 권리조차 부여받지 못했다. 여성의 사회적 역할은 오랫동안 주로 사적인 영역, 즉 가정 내에서 아내, 어머니로 국한되었다. 이러한 상황은 인종이나 계층을 불문하고 모든 여성에게 적용되었다. 당시 국가는 스페인으로부터 독립한 후 유럽의 중심 국가들과 경제적, 정치적 연계를 강화하기 위해 필요한 제도를 마련하는 데 중점을 두고 있었다. 국가의 주된 역할은 자본주의 모델에 따라 원자재를 수출하는 중재자로서 기능하는 것이었다. 이 기간 동안 대부분의 여성들은 농업 생산과 재생산 관련 노동에 종사했다.

라틴아메리카에서는 1910년 멕시코 혁명을 시작으로 개별 국가들의 정치 변동을 통해 오래된 과두 세력이 후퇴하고 새로운 사회 그룹과 행위자들이 등장하기 시작했다. 이후 1930년대와 1940년대 동안 라틴아메리카 전역에서 등장한 포퓰리스트 정부는 정치 영역에 시민 참여를 확대했다(Lavrín, 1995: 162). 포퓰리즘 정부는 여성들에게 선거권을 부여하고 시민으로 인정함으로써 여성과의 관계를 보다 유기적으로 만들었다. 여성들의 선거권 획득은 20세기 초부터 활발했던 선거권 쟁취를 위한 여성 운동의 결과이기도 했지만, 대부분의 포퓰리스트 정부가 그들의 권력을 유지하기 위해 여성들에게 투표권을 부여한 결과이기도 했다.

이 당시 1929년 세계 대공황의 위기와 2차 세계대전의 결과에 의해 파생된 수입 대체 산업화를 통한 근대화 과정이 진행되었다. 즉 포퓰리즘 정부 시기의 사회적 합의는 중간 계급과 대중들에게 투표권을 부여함으로써 이들을 공식적인 시민으로서 인정하는 것이었다. 여성들의 정치적 소외 상황은 초기 섬유 산업과 공공 부문의 임금노동 시장에 여성들이 포함되면서 노동, 사회, 정치적 요구로 표출되기 시작했다. 이 시기까지도 여성들은 여전히 정치 환경의 외부에 존재했고, 어머니와 같은 재생산자로서만 다루어졌다.

1970년대 개발주의 국가는 수입 대체 산업화와 미국의 '진보를 위한 동맹'으로 고무되어 농지 개혁 프로젝트를 실시하고, 농업의 현대화와 고갈된 포퓰리스트 모델을 지속했다. 이는 쿠바에서 승리를 거둔 혁명의 존재보다는 혁명의 확산을 방지하기 위한 것이었다(G. Luna, 1996: 159). 그러나 이러한 농지 개혁 프로그램은 토지를 소유한 세력들의 저항으로 인해 제대로 이행되지 못했을 뿐만 아니라, 많은 여성 노동 인력이 단지 여성이라는 사실 때문에 철저히 무시되었다. 그 결과 여성에게는 토지 소유권이나 대부(貸付)를 사용할 수 있는 권리조차 인정되지 못했다. 개발을 위한 핵심 메커니즘으로 많은 노동력이 필요했던 시기에도 여성은 단지 재생산을 이행하는 존재로만 인식되었다.

그런데 1970년대와 1980년대를 지나면서 급격한 사회 변동의 과정에 라틴아메리카 여성의 활동 영역이 급속도로 확대되었다. 특히 정치·경제적 혼란기였던 이 시기 동안 여성들의 활동 영역 확대는 전통 사회가 강조해 오던 마리아니스모의 한 부분이었던 '모성'을 도구로 활용한 점에서 아이러니하다. 이 시기 여성들은 공동체 발전과 가정 경제 발전을 위한 사회적 행위자로 규정되어 여성들에게 사회경제적 재생산 기능을 수행하는 존재로서 젠더 의무를 강화하도록 하는 사회적 역할을 부여받게 되었다. 이러한 사회경제적 재생산 기능은 여성들에게 경제 위기 상황에서도 가족의 생존을 책임지는 역할을 수행하도록 강요했고, 그 결과 책임 있는 어머니로서의 역할을 수행하기 위한 그룹을 조직하기 시작했다.

특히 1980년대 외채 위기 이후 구조조정 프로그램을 적용하면서 여성들의 조직화는 도시 기반 빈민 공동체를 중심으로 더욱더 활성화되었다. 이는 남성들의 실직으로 인한 경제적인 압박에 대응하여 여성들이 가족들의 생존을 책임져야 하는 상황에서 노조 활동이나 정당 활동보다는 도시 민중 운동에 참여하는 것이 훨씬 더 유리했기 때문이었다. 국가는 이러한 조직 구축을 장려했고, 시간이 지나면서 보다 민주적인 구조를 가진 여성들의 사회 운동 조직으로 변모했다.

특히 권위주의와 독재에 대한 여성들의 저항은 전통적인 여성의 영역인 '모성' 강조를 통해 나타났다. 아르헨티나의 '5월 광장의 어머니들(Madres de la Plaza de Mayo)'과 같은 단체가 라틴아메리카 각 지역에서 실종된 가족 찾기를 통해 권위주의 정부에 의한 인권 남용 및 정치적 억압에 대응했다.

1980년대를 시작으로 나타난 라틴아메리카 여러 국가들의 민간 정부 수립 과정에서는 여성의 이러한 민주화에 대한 기여가 상당 부분 반영될 수 있었다. 니카라과의 사례와 같이 혁명과 내전, 경제 위기 등을 겪으면서 게릴라 활동에도 여성들이 적극적으로 참여하는 등 정치 사회적 활동을 수행했다. 이와 동시에 국제 사회에서의 새로운 흐름, 즉 여성 정책 전담 기구의 수립이 제3차 나이로비 세계여성대회에서 가입국의 행동 강령으로 정해짐으로써 여성의 정치 경제 활동의 확대 및 성평등을 위한 새로운 전기를 맞게 되었다.

3 정치적 권한의 불평등 해소를 위한 제도: 여성 할당제와 동수제

WEF의 성 격차 지수에서 라틴아메리카 여성들의 권한이 가장 빠르게 향상된 분야는 정치적 권한에 관한 부분이며, 이 분야에서 라틴아메리카는 세계에서 가장 높은 여성 대표성을 보이고 있다. 이는 제도적 측면에서 여성의 선거권 획득, 시민권과 여성의 정치적 권리를 옹호하는 국제 체제의 채택, 여성 할당제 적용과 확대라는 세 번의 중요한 단계를 거쳐 발전해 온 결과이다.

첫 번째 단계는 20세기 전반, 라틴아메리카 여성들이 투표권을 갖게 된 것이다. 이 지역에서 여성 참정권을 승인한 최초의 국가는 1929년 에콰도르이다. 1931년 칠레, 1932년 우루과이에 이어, 브라질(1932), 쿠바(1934), 볼리비아(1938), 엘살바도르(1939), 파나마(1941), 도미니카 공화국(1942), 베네수엘라(1946), 멕시코(1947), 아르헨티나(1947), 코스타리카(1949), 콜롬비아(1954), 페루(1955), 온두라스(1955), 니카라과(1955), 파라과이(1961) 순으로 여성의 참정권이 인정되었다.

두 번째 단계는 국제 사회에서 채택된 여성의 시민권과 정치적 권리를 인정하는 다양한 협약, 조약, 합의를 지역에 적용하게 하는 것이었다. 라틴아메리카 지역의 페미니스트 운동은 각 국가가 이러한 협약에 가입하고 비준하도록 압박했다. '여성의 정치적 권리에 관한 미주 협약(Inter-American Convention on the Political Rights of Women)'(1948), '시민적 및 정치적 권리에 관한 국제 규약(International Covenant on Civil and Political Rights'(1966), '미주 인권 협약(American Convention on Human Rights)'(1969), '여성에 대한 모든 형태의 차별에 관한 금지 협약(Convention on the Elimination of All Forms of Discrimination against Women, CEDAW)'(1979), 베이징에서 개최된 '제4차 세계여성회의(Fourth World Conference on Women)'(1995) 등이 주요 사례이다. 이 외에도 '벨렘 도 파라 협약(Convention of Belém do Pará)'으로 알려져 있기도 한 1994년 '여성에 대한 모든 폭력에 대한 근절, 처벌 예방에 관한 협약'이 있다. 이 협약은 특히 여성을 폭력으로부터 예방하기 위한 법적 제도적 틀을 마련하는 데 매우 중요한 역할을 했다. 그리고 유엔 라틴아메리카 카리브 경제위원회(Economic Commission for Latin America and the Caribbean, ECLAC)의 주최로 정기적으로 개최되는 라틴아메리카 카리브 지역 여성 회의(Regional Conference on Women in Latin America and the Caribbean)는 역내 국가들에게 매우 중요한 플랫폼으로서 기능하고 있다. 이 회의는 여성의 권리 현황을 평가하고 지역 내 성평등 전략을 개발하여 지역과 국가 수준에서 구체화하고 제도화하는 데 중요한 기여를 해왔다.

세 번째 단계는 적극적 조치로서 할당제의 도입이었다. 라틴아메리카에서 여성 정치 대표성에 관한 관심은 1980년대 말부터 급증했다. 민주화 과정에서 여성의 역할이 매우 중요하고 컸지만, 실제 여성의 정치적 대표성은 매우 낮은 실정이었다. 1995년 베이징 여성대회는 여성의 정치적 저대표성을 극복하기 위한 가장 빠른 방법으로 할당제를 제시했다. 베이징 여성대회 이후 아시아, 아프리카, 라틴아메리카, 그리고 발칸반도 등 신생 민주주의 국가들에서 대거 할당제를 도입하면서 전 세계로 확산되었다. 이는 독재, 내전, 쿠데타 등 심각한 정치적 변동을 경험한 국가들에서 여성이나 여성 단체를 포용하는 기회가 되었다

(Dahlerup, 2006: 296). 당시 세계적으로 민주주의로의 전환기에 있는 국가들의 정치 리더에게 할당제 도입이 적극적으로 시도된 이유는 정당이나 국가가 현대적이라는 이미지를 갖도록 하는 방법의 하나로 인식되었기 때문이다. 글로벌화하는 세계에서 국가의 이미지가 매우 중요한 요소가 되었기 때문에 할당제를 도입한다는 것은 여성에 대한 차별 철폐에 관한 국제회의 등에서 제시한 보고서의 결과를 적극 수용하여 세계의 흐름과 같이한다는 의미를 가질 수 있기 때문이었다. 또한 민주주의로의 전환기에는 선거 제도 개혁에 관한 담론이 상대적으로 열려 있었다. 국내외 세력들이 선거 제도 구상에 영향을 줄 수 있었기 때문에 라틴아메리카나 아프리카와 같은 국가들에서 할당제나 동수제가 빠르게 확산할 수 있었다(Dahlerup, 2006: 11). 할당제 도입의 성과가 어떻게 나타났든, 장기적으로는 여성의 세력화에 큰 도움이 되었다(Dahlerup, 2006: 295).

당시 국제 사회에서 여성 정치 대표성의 확대를 위해 대두된 여성 할당제는 라틴아메리카에서도 큰 반향을 불러왔다. 1991년 아르헨티나에서 세계 최초로 30퍼센트의 여성 할당제를 도입했고, 이후 여러 국가에서 여성 입후보자의 비율을 최소 20퍼센트, 30퍼센트, 33퍼센트, 40퍼센트 등 다양하게 적용했다(Piatti-Crocker, 2019). 그 결과 여성의 의회 진출과 입법권 확보에 상당한 도움이 되었다. 그럼에도 이러한 할당제의 적용이 실제 여성이 정책 결정 과정에 참여하는 효과적인 조건으로 변화하는 데는 한계가 있었다.

국제 사회는 여성과 남성의 동등한 대표성을 갖게 될 때 진정한 민주주의에 가까워질 수 있음을 반복해서 강조했다. 1989년 유럽의회에서 제시한 민주주의의 기본 요건으로서 남성과 여성의 동등한 대표성을 강조했고, '1992년 아테네 선언(Declaración de Atenas, 1992)'에서는 인간 존재의 기본적인 권리로서 동수 민주주의 개념이 논의되었다. 아테네 선언에서는 "남성과 여성의 실질적 공식적 평등은 인간 존재로서의 기본적인 권리이며, 평등은 국가 행정과 대표에서 동수를 구성하는 것이며 정책과 공공의 결정에서도 동수를 구성하는 것"이라고 규정했다 (Mujeres en el Poder, 1992). 이는 궁극적으로 남성과 여성이 동등한 수로 대표될 때 사회 내 모든 의사 결정이 민주적으로 진행되는 것임을 의미하는 것이었다.

할당제와 동수제의 공통점은 정치권력이 불평등하게 여성과 남성에게 분배되어 있는 상황을 벗어나 정치권력을 성평등한 보편 가치에 맞게 배분하고 실현하도록 하기 위한 제도라는 점이다(김민정 외, 2019: 28). 여성 할당제는 여성을 사회적 약자이자 정치적으로 소외된 그룹으로 보고 여성 정치 대표성을 확대할 수 있도록 배려한다는 관점에서 출발한다. 이와 달리 남녀 동수제는 남성과 여성이 인구의 절반씩을 구성하므로 당연히 모든 결정에서 동등하게 대표되어야 한다는 당연한 권리의 관점에서 출발한다는 점이 다르다(김은주, 2014). 동수 민주주의의 개념은 1989년 유럽의회에서 처음으로 등장하여 아테네 선언과 함께 유럽 차원에서 공식화되었다. 동수 민주주의의 현실적 적용은 프랑스에서 가장 먼저 나타났다. 프랑스에서는 여성 할당제가 실시되고 있었지만 여성 정치 대표성이 여전히 매우 낮게 유지되고 있었기 때문에 여성 할당제가 갖는 한계가 크다는 인식이 확산되었다. 이를 바탕으로 2000년도에 모든 선거에서 남녀 동수를 규정한 헌법 개정이 이루어지면서 처음으로 프랑스에서 남녀 동수제가 만들어졌고 유럽과 다른 대륙으로 확산되었다.

라틴아메리카에서 동수 민주주의의 개념이 역내 여러 국가들로 확산한 것은 2007년 키토 합의(Quito Consensus)를 만들어 낸 제10차와 제11차 라틴아메리카 카리브 지역 여성 회의의 역할이 컸다. 이 두 차례 회의에서 제시된 동수 민주주의 개념을 정리해 보면, 동수 민주주의는 좁은 의미로는 선거에서 후보 비율과 선출직에서 여성과 남성이 동등한 대표성을 갖는 것을 의미한다. 보다 포괄적으로는 삶에 영향을 미치는 모든 정책 결정 과정, 정치, 사회, 문화, 경제 관계뿐만 아니라 가족 관계와 같은 사적 영역에서까지도 동등하게 대표되고 참여하여 여성에 대한 구조적인 배제를 근절하고 여성과 남성이 동등한 권리와 책임, 그리고 권력을 공유하는 민주주의를 의미한다. 따라서 라틴아메리카에서 동수 민주주의는 선출직에서 여성과 남성이 동수를 확보하는 것으로부터 시작하여 다른 분야에서도 동등한 대표성을 가지는 질적 민주주의를 실현하는 것을 지향한다.

2007년 키토 합의 직후 라틴아메리카 지역에서 처음으로 동수제를 채택했다. 2008년 에콰도르 헌법 65조를 개정하고 선출직뿐만 아니라 임명직에서도 성평등을 촉진하도록 했으며, 2009년 선거법에서 동수제를 적용했다. 볼리비아도 2009년 동수제를 도입했으며, 에콰도르(2009), 코스타리카(2009), 온두라스(2012), 니카라과(2012), 파나마(2012), 멕시코(2014), 아르헨티나(2017), 페루(2020)가 동수제를 법제화했다.

2015년 유엔개발계획(United Nations Development Programme,

UNDP)이 라틴아메리카를 대상으로 하는 지역 적용 프로젝트로 승인하여 ECLAC, 유엔여성개발기금(United Nations Development Fund for Women, UNIFEM), 국제민주주의선거지원연구소(International Institute for Democracy and Electoral Assistance, Internatiaonal IDEA) 등 국제 기구가 '동수제 확산 메커니즘(Atenea por una democracia 50/50)'을 공동 개발했다. 이 메커니즘은 '정치적 동수'의 방법론을 고안한 메커니즘으로 주어진 국가 및 지역 비교 수준에서 여성의 정치적 권리의 실제적인 행사 및 성과에 필요한 최소한의 조건을 8개 분야, 40개의 표준화된 지표를 통해 측정하도록 설계한 것이다. 이는 각 국가의 입법, 사법, 행정 등 여러 분야에서 정치적 참여의 격차와 장벽에 대해 분석하고 그 결과를 비교 지표를 통해 정보로 제공한다. 이러한 지표들은 실질적인 동수를 만들어 가기 위한 경험을 교환하고자 하는 국가 행위자들 간의 정치적 대화의 공간을 조성을 촉진하는 효과를 가져올 수 있다.

ECLAC의 2023년 통계에 따르면, 가장 낮은 비율을 기록한 나라는 아이티로, 여성 의석 비율이 약 2.5퍼센트이다. 반면, 가장 높은 비율을 기록한 나라는 니카라과로, 여성 의석 비율이 약 55퍼센트에 달한다. 대부분의 나라에서 여성 의석 비율은 20퍼센트에서 50퍼센트 사이에 분포하며, 평균적으로 30퍼센트 이상의 비율을 보인다는 점에서 라틴아메리카 지역에서 여성의 정치 참여가 점진적으로 확대되고 있음을 시사한다. 이러한 추세는 동수제의 도입의 효과가 실질적으로 나타난 것으로 볼 수 있다. 따라서 앞으로 이 지역 여성 의석 비율은 지속적으로 상승할 전망이며, 정치적 대표성에서 성 격차는 다른 분야에 비해 상대적으로 빠르게 축소될 것으로 보인다.

4 젠더 폭력에 대한 대응으로서 제도의 한계

앞에서 살펴본 바와 같이 정치적 권한의 불평등은 적극적인 제도의 개선과 변화를 통해 빠르게 해소되는 것으로 보인다. 하지만, 라틴아메리카 사회에서 젠더 폭력, 특히 여성에 대한 폭력은 매우 심각하며 해결되어야 하는 사회 문제로 인식되고 있다. ECLAC의 젠더평등감시소(Observatorio de Igualdad de Género)는 2022년 라틴아메리카와 카리브해 국가 중 26개국의 페미사이드[1]에 관한 통계를 모아 그 결과를 공개했다. 이 지역에서 페미사이드 혹은 여성이라는 이유로 폭력적인 죽임을 당한 여성의 비율이 가장 높은 국가는 온두라스(10만 명당 6명)이며, 도미니카 공화국, 엘살바도르 그리고 우루과이가 그 뒤를 이었다(CEPAL, 2022).

남성의 여성에 대한 폭력은 가부장적 사회에서 남성의 지배와 여성의 예속으로 정형화된 젠더 권력관계 인식에서 비롯한다. 이는 남성성(masculinity)은 활동적이며 공격적인 특징을 가지고, 여성성(femininity)은 소극적이고 수동적인 것이 보편적이라고 인식하는 정치 · 사회 구조 속에서 젠더 관계가 하나의 권력관계로 구축되기 때문이다. 페미사이드는 가부장적 젠더 권력관계가 지배적인 사회에서 기존의 젠더 권력관계를 부정하거나 깨려고 하는 경우에 하나의 처벌 자산으로 기능한다. 이는 희생된 여성들의 가족뿐만 아니라 친구들과 사회 내 여성 구성

---

1 '페미사이드'는 여성에 대한 폭력의 가장 극단적인 형태로서 여성을 소유물로 가정하고 즐거움, 증오, 경멸 등의 동기로 남성이 여성을 죽이는 것 혹은 남성에 의한 여성 혐오 살인, 그리고 최근에는 '젠더에 기반한 여성 살해'라는 개념으로 발전되어 오고 있다.

원들에게도 영향을 주게 되는데, 성적 계급(sex class)에서 남성의 하위에 있다고 믿는 여성을 통제하고 가부장적인 안정을 유지하는 핵심 수단이 된다. 또한 법정과 언론에서는 여성성과 여성의 행동 기준에 대해 남성의 관점에서 기존의 젠더 관계를 유지하는 데 이상적인 구조를 구축하여 여성을 비난한다. 그 결과 여성이 갈 수 있는 지역이나 공공장소에서 해야 하는 행동 방식을 규정하거나 제한하여 결국 가부장적 이데올로기에서 구축되어 있는 여성과 남성의 공간과 활동 영역을 제한하는 효과를 초래한다. 이러한 측면에서 페미사이드는 인간의 가장 기본적인 '생명'을 위협할 뿐 아니라 불평등한 젠더 관계를 근원적이고 극단적으로 반영하는 것이라고 할 수 있다.

1993년 12월 제48차 유엔 총회에서 채택된 「여성에 대한 폭력철폐 선언(Declaration on the Elimination of Violence against Women)」은 국제 문서상 처음으로 여성 폭력에 대한 정의와 유형을 규정했다. 여기서는 여성 폭력이 여성 인권의 중대한 침해일 뿐만 아니라 여성 차별의 원인이자 결과로 규정한 바 있다. 이후 지속적으로 여성에 대한 폭력 근절의 필요성이 대두되었다. 페미사이드와 관련해서는 2008년 미주국가기구(Organization of American States, OAS)가 벨렘 도 파라 협약 이행을 위한 제4차 폭력에 관한 전문가회의(MESECVI) 이후 「페미사이드 선언(Declaration on Femicide)」을 발간하여 그 개념이나 대응 방식을 구체화했다. 이 선언은 페미사이드를 '여성에 대한 가장 심각한 형태의 차별이자 폭력'으로 정의했다(OAS, 2008: 5).

이후 2013년 「페미사이드에 관한 빈 선언(Vienna Declaration on Femicide)」(ACUNS, 2013)을 통해 국제 사회는 페미사이드의 다양한 유형을 분류하고 정의했으며, 라틴아메리카에서는 2008년 「페미사이드 선언」 이후 이 지역 국가에서 마련한 특별법 규정에서 구체화했다. 이 선언에서는 페미사이드를 "성별을 이유로 여성에게 가해진 폭력적 죽음으로, 가정 단위에서 가족 간에 발생했든 지역사회 내 기타 대인 관계에서 발생했든, 어떤 사람에 의해 발생하거나 또는 가해졌는지 여부에 관계없이 국가와 그 대리인의 태만과 용인으로 이루어진 행위"로 정의했다(OAS, 2008: 6). 이 선언에서는 페미사이드의 증가에 국가와 정부 기관에도 분명한 책임이 있음을 명시했다. 또한 이 선언에서 라틴아메리카와 카리브해에서 여성에 대한 차별과 폭력이 가장 심각하다고 밝히면서 페미사이드로 인해 여성 사망자 수가 증가하는 것은 1) 높은 폭력 발생 비율, 2) 사법적 정의의 부재 혹은 접근 제한, 3) 여성에 대한 폭력 가해자의 높은 면책률 등이 원인이라고 보았다.

페미사이드를 형법에 명시할 것을 최초로 제안한 국가는 후아레스 시에서 문제가 지속되었던 멕시코였다. 하지만 2007년 4월에 코스타리카가 '여성에 대한 폭력 처벌에 관한 법(Ley para la Penalización de la Violencia Contra las Mujeres)'을 통해 페미사이드를 최초로 범죄화했다(Iribarne, 2015: 219). 2008년 5월에는 과테말라에서는 특별법으로 '페미사이드와 여성에 대한 다른 형태의 폭력 반대법(Ley Contra el Femicidio y Otras Formas de Violencia Contra la Mujer)'을 제정했고, 엘살바도르는 2010년 11월 '여성을 위한 폭력 없는 삶을 위한 통합 특별법(Ley Especial Integral para una Vida Libre de Violencia para las Mujeres)'을 제정했다. 같은 해 12월에는 칠레, 다음 해인 2011년 12월에는 페루도 형법에 페미사이드를 구체화하여 포함시켰고, 2017년까지 18개국이 페미사이드에 대한 처벌을 법으로 규정했다.

국가마다 차이는 있으나 라틴아메리카에서의 페미사이드 유형은 다음의 열네 가지로 정리할 수 있다. 1) 혼인 관계 혹은 동거 관계에 있는 사람이 여성을 살해한 경우, 2) 희생자와 가족, 배우자, 동거, 친밀 관계, 친구, 동료 관계를 형성하려는 시도가 실패했거나 관계 재건에 실패한 후 여성을 살해한 경우, 3) 희생자에 대한 반복적이거나 간헐적인 폭력을 행했거나 사전에 폭력 행위를 저지른 후 여성을 살해한 경우, 4) 어떤 종류의 무기를 사용하거나 사용하지 않는 집단의식의 결과로 여성을 살해한 경우, 5) 성적인 본능을 만족시키기 위해 피해자의 몸을 모욕하고 여성을 살해한 경우, 6) 목숨을 빼앗기 전후에 굴욕적인 상해나 신체 훼손을 가하거나 사체 성애(necrophilia) 행위와 함께 여성을 살해한 경우, 7) 피해자를 괴롭히거나 박해하고 위협한 여성을 살해한 경우, 8) 어떠한 유형이라도 희생자의 성적 자유에 반하는 범죄를 저지른 후 여성을 살해한 경우, 9) 여성 혐오 살해, 10) 희생자의 자녀 앞에서 여성을 살해한 경우, 11) 희생자의 신체적 · 정신적 취약성 혹은 위험한 조건을 이용하여 여성을 살해한 경우, 12) 불평등한 젠더 기반 권력관계에서 나오는 우월성을 이용하여 여성을 살해한 경우, 13) 공공장소에 여성 희생자의 신체를 전시하거나 노출시킨 경우, 14) 임신한 여성을 살해한 경우이다(OHCHR, 2014).

현재 라틴아메리카 국가들은 페미사이드 범죄에 관한 국가별 형량을 최소 12년에서 최고 종신형까지 다양하게 책정하고 있다(〈표 1〉 참조).

<표 1> 라틴아메리카 국가들의 페미사이드 범죄 형량.

국가명	형량
아르헨티나	종신 징역
볼리비아	30년 징역
브라질	12–30년 징역, 가중 요인이 있을 경우 형량의 절반까지 추가
칠레	15년부터 종신형까지
콜롬비아	20–41년 징역
에콰도르	22–26년 징역
엘살바도르	20–35년 징역
온두라스	30–40년 징역
과테말라	25–50년 징역
멕시코	40–60년 징역, 4,300달러까지 벌금, 일부 주에서는 종신형
파나마	25–30년 징역
페루	최소 15년, 가중 요인이 있다면 최소 25년 징역
우루과이	15–30년 징역
베네수엘라	15–30년 징역

출처: 이순주, 2020a: 72–73, 재인용.

라틴아메리카에서 페미사이드에 대응하기 위한 특별법이 제정·강화되고 있지만 아직은 실효성이 제대로 나타나지 않고 있다. 그 원인을 라틴아메리카의 높은 범죄율과 살인율 때문이라고 보는 견해도 많다. 하지만 아나벨 에르난데스(Hernández, 2019)가 조사한 바에 따르면, 범죄율 증가가 높은 지역에서 반드시 페미사이드 발생이 증가하는 것은 아니었다. 크리스토퍼 사바티니와 히메나 갈린도(Sabatini and Galindo,

2017)는 페미사이드가 증가하는 원인을 다음의 세 가지로 설명한다. 첫째, 페미사이드에 관한 법이 있지만 제대로 실행되고 있지 않기 때문이다. 라틴아메리카에서 2018년까지 16개국에서 페미사이드 범죄 처벌법을 제정하고 발효했지만, 페미사이드로 판단되어야 하는 조건들이 명확하지 않아 법 이행이 제대로 이루어지지 않고 있다. 예를 들어 멕시코의 멕시코 주(Estado de México)에서는 여성 살해 사건이 페미사이드 사건으로 간주되려면 피해자에게 성폭행이나 성적 학대의 이력이 나타나야 한다. 그리고 치와와 주에서는 극단적 폭력에 의한 여성 살해와 페미사이드를 명확하게 구분하지 않는다. 또한 니카라과나 칠레에서는 피해자와 가해자의 관계가 서로 모르는 사람인 경우, 여성 살해 사건을 페미사이드로 간주하지 않는다. 둘째, 정확한 통계가 부족하기 때문이다. 페미사이드에 대한 공식 통계는 각 국법에 규정된 분류에 따라 산출되는 것이겠지만, 문제는 사건 조사자의 해석에 따라 페미사이드로 분류되지 않기도 한다는 것이다. 또, 페미사이드에 대한 공식 통계가 국가나 지역에 따라 공통된 기준으로 산정된 것도 아니기 때문에 명확한 통계라고 보기도 어렵다. 심지어 페미사이드에 대한 통계를 작성하지 않거나 축소하는 사례도 있다. 셋째, 가해자에 대한 처벌이 제대로 이루어지지 않기 때문이다(González Rodríguez, 2012; Juárez et al., 2020). 즉 사건을 체계적으로 조사하는 시스템이 미흡하고 조사를 해야 하는 경찰부터 판결하는 판사까지 페미사이드에 대해 무감각하다. 따라서 사건 신고가 있어도 가해자에 대한 조사가 제대로 이루어지지 않거나 지연됨으로써 자동적으로 면책이 이루어지는 경우가 많고, 기소된 경우에도 실형이 내려지는 비율이 낮다. 가해자에 대한 불처벌이나 면책은 매

우 구조적인 문제이기도 하다. 그뿐만 아니라 형사 사법 당국에 뇌물을 제공한 정치인들이나 가해자들이 판사를 위협하여 사법 시스템을 무력화시키는 경우도 많다. 이는 정부와 관료, 사법부의 태만과 부정부패가 페미사이드가 줄어들지 않는 배경으로 작용하고 있음을 그대로 보여주는 증거이기도 하다.

5 나가며

라틴아메리카에서 젠더 평등의 제도적 도전과 변화를 통해 이루어진 진전은 주목할 만하다. 이 지역은 세계적으로 높은 젠더 평등 수준을 달성하고 있으며, 빠른 속도로 성 격차를 줄여 나가고 있다. 여성의 정치참여 확대와 젠더 평등을 위한 다양한 제도적 노력이 국제적으로도 모범이 될 수 있음을 보여 준다. 특히 여성 할당제의 도입과 동수제로의 확대는 여성의 정치적 대표성을 증진하는 중요한 단계로서, 라틴아메리카 여러 국가들에서 활발히 시행되고 있다.

그러나 라틴아메리카 사회는 여전히 많은 도전에 직면해 있다. 심각한 젠더 폭력의 현실과 여전히 큰 경제적 격차는 실질적인 평등에 도달하기 위해 더 많은 노력이 필요함을 보여 준다. 페미사이드와 같은 극단적인 젠더 폭력 문제에 대응하기 위해서 각국에서 처벌법 등을 강화하기는 했지만, 법 적용의 실효성은 부족한 상태다. 이러한 문제들은 제도적 변화뿐만 아니라 사회적 인식의 변화와 경제적 기회의 확대, 교육 및 법의 철저한 집행이 필요함을 시사한다.

이 연구를 통해 라틴아메리카의 제도적 노력이 긍정적인 변화를 이끌어 내고 있음을 확인할 수 있었다. 하지만 제도와 법의 실효성을 높이고, 사법적 정의를 강화하는 것은 앞으로의 주요 과제로 남아 있다. 라틴아메리카 여성들은 문제의 해결을 위해 입법부뿐만 아니라, 사법, 행정 등 모든 결정이 이루어지는 곳에서 동수가 될 때 불평등을 해소하기 위한 보다 적극적인 행동과 직접적인 결과를 가지고 올 수 있다고 본다. 이러한 노력의 하나로, ECLAC의 젠더평등감시소는 라틴아메리카 여러 국가들의 젠더 평등을 각국의 통계 자료를 통해 비교 제공하며, 라틴아메리카 카리브 지역 여성 회의는 젠더 평등을 위한 다양한 의제들을 논의하고 전략을 수립하는 플랫폼으로 기능해 오고 있다. 이러한 지속적인 노력과 국제 사회의 지원이 결합될 때, 라틴아메리카는 젠더 평등을 향한 더 큰 진전을 이룰 수 있을 것이다.

제 5 장

아마존 국경 지역
초국가적 조직범죄
대응을 위한 제도적 과제*

/

차경미

/

* 이 글은 『포르투갈-브라질 연구』 제21권 제1호에 게재된 논문 「브라질-콜롬비아-페루 아마존 삼국국경지역 초국가적 마약조직범죄 성장과 지역안보」와 『국제지역연구』 제27권 제2호에 게재된 논문 「콜롬비아의 페트로(Gustavo Petro) 좌파 정권의 등장배경」의 일부를 본 도서 주제에 맞게 수정·정리한 내용임을 밝힌다.

1 들어가며

라틴아메리카 지역에서 실질적으로 국가 간 전쟁은 사라졌지만, 초국가적 조직 범죄의 역동적인 발전으로 인한 안보 문제는 역내 최우선 과제로 남아 있다. 특히 브라질-콜롬비아-페루 삼국의 아마존 국경 지역은 약탈, 기생 그리고 공생의 단계로 발전하는 조직 범죄의 성장 과정이 전개되는 대표적인 공간이다. 브라질-콜롬비아-페루 삼국의 아마존 국경이 남미 지역 유일의 삼국 국경은 아니다. 브라질-페루-볼리비아도 아마존 지역에서 국경을 형성하고 있으며, 베네수엘라-브라질-콜롬비아도 아마존으로 유입되는 네그로 강(Rio Negro) 상류에서 영토를 공유하고 있다. 그리고 푸투마요 강(Rio de Putumayo)을 중심으로 콜롬비아-에콰도르-페루도 아마존 지역에서 접경을 형성한다. 그러나 이러한 아마존 국경 지역 중에서도 브라질-콜롬비아-페루의 국경 지역은 세계 최대 초국가적 마약 범죄 조직의 주요 활동 영역으로 발전하고 있다.

라틴아메리카 지역의 초국가적 조직 범죄는 주로 아마존 지역 불법 작물 재배 및 생산 그리고 판매와 관련을 맺고 있다. 그리고 확보된 마약 밀매 경로는 불법 채굴된 광물, 야생 목재 및 동물 등 보호 자원 밀반출에도 활용되고 있다. 정부의 통제력이 약하게 작용하는 아마존 지역에서 범죄 조직은 폭력을 독점하며, 국가와 일상적인 상호작용이 부족한 지역민에게 전략적 서비스를 제공함으로써 통치 기관을 대행하고 있다. 이를 통해 범죄 조직은 지역사회와 암묵적인 협력 관계를 형성하고 있다. 지역사회는 범죄 조직이 제공하는 조직화된 정부 대행 서비스를 대가로 범죄 조직의 불법 활동에 대해 침묵을 유지하고 있다. 아마존 지역에 대한 삼국의 제도적 취약성은 범죄 조직이 국가의 권위를 대행할 수 있는 이상적인 플랫폼을 제공하고 있다(UNODC, 2018: 31).

라틴아메리카 지역의 초국가적 조직범죄는 브라질-콜롬비아-페루 삼국의 아마존 국경 지역뿐만 아니라 파라과이-브라질-아르헨티나의 삼국 국경 지역에서만 발생하는 것은 아니다. 파라과이의 국경 도시 시우다드 델 에스테(Ciudad del Este)는 상업 자유 지대를 형성하며 도로와 항만 인프라를 갖춘 경제 중심지 기능을 담당하고 있다. 그러나 당국의 태만과 심각한 부패로 마약 및 무기 밀매 등 억압해야 할 범죄 행위가 관대하게 처리되고 있다. 그럼에도 불구하고 이 지역은 브라질-콜롬비아-페루의 아마존 삼국 국경 지역과 달리 지리적으로 접근이 어려운 곳은 아니다. 국가의 통제를 벗어난 회색지대로 묘사될 만큼 취약한 공간도 아니다. 더욱이 다양한 범죄 조직과 불법 무장 조직의 갈등으로 인한 무력 분쟁이 발생하는 지역도 아니다. 오히려 경제 중심지로서 대규모의 인구가 유입되었으며, 광범위한 금융 네트워크 형성으로 세계 시장과 직접적으로 연결되어 있는 곳이다.

지난 30년 동안 증가한 라틴아메리카 지역의 초국가적 조직범죄는 주로 브라질-콜롬비아-페루의 아마존 국경 지역을 중심으로 마약 생산 및 밀매와 관련을 맺고 전개되었다. 아마존 지역의 삼국 원주민 공동체 간 유지되었던 전통적인 교류와 협력 관계는 1990년대 중반 접경 지역을 거점으로 활동한 콜롬비아의 불법 무장 조직에 의해 균열되기 시작했다. 아마존 지역의 통제는 국경을 형성하는 정부의 제도적 취약성 그리고 이해를 달리하는 양립할 수 없는 각국의 외교 정책으로 더욱 약화되었다. 브라질의 타바팅가(Tabatinga), 콜롬비아의 레티시아(Leticia) 그리고 페루의 산타 로사(Santa Rosa) 국경 도시는 불법 무장 조직과 마약 범죄 조직 그리고 지역사회가 공생 관계를 유지하며 조직범죄 진원지로 변모하고 있다.

이러한 상황에 주목하여 이 글은 라틴아메리카 지역 안보 연구에 있어서 중요한 위치를 차지하는 브라질-콜롬비아-페루의 아마존 국경 지역을 중심으로 초국가적 마약 조직범죄의 성장과 대응 성과에 대해 설명하고자 한다. 이를 토대로 조직범죄 대응을 위해 향후 나아가야 할 방향에 대해 재고해 보고자 한다. 우선 회색 지대로서 아마존 국경 지역의 특징을 살펴보고, 아마존 지역을 거점으로 활동하는 주요 마약 범죄 조직에 대해 살펴본다. 그리고 지역 차원에서 전개된 초국가적 조직범죄 대응에 관한 성과와 한계를 이해한다. 이러한 과정에서 날로 확대되어 가는 초국가적 조직범죄에 대한 향후 대응 과제에 대해 재고해 본다.

2 아마존 국경 지역의 특징

아마존 지역은 브라질과 콜롬비아가 1,645킬로미터, 페루와 콜롬비아가 1,626킬로미터 그리고 브라질과 페루가 2,822킬로미터의 영토를 공유하고 있다. 페루의 안데스 산맥을 시작으로 대서양으로 유입되는 6,992킬로미터에 달하는 아마존 강 분지에는 420개 언어와 86개 방언을 사용하는 수많은 종족 집단이 거주하며 차별화된 문화적 정체성을 유지하고 있다(López Claudia, 2003: 149). 정치 및 지리학에서 국경은 두 국가 간 영토 주권의 한계를 결정하는 선이 교차하는 불확실한 영역이다. 따라서 국제 체제에서 국경 연구는 국가의 주권을 분리하는 경계와 관련을 맺고 전개되었다. 그러나 국경 지역은 국가의 법적 경계를 넘어 확장될 수 있으며 국경을 형성하는 각 국가의 영토법이 무시되어 때로는 잠재적 갈등이 발생할 수 있는 영역(Zárate, 2015: 76)이라는 점에 주목할 필요가 있다.

아마존 지역은 지리적 여건으로 인해 19세기 국가 건설 과정에서 관련 국가 영토 정책에 성공적으로 통합되지 않았다. 그 결과 이 지역은 국가 질서에 도전하는 행위자 및 경제적 역학이 존재하는 '무법 지역'으로 발전했다. 삼국 국경의 안보는 빈곤과 불평등 그리고 마약 및 무기 밀매 등 조직범죄와 관련을 맺고 있다. 국가의 강력한 통제가 미치지 않는 아마존 지역은 불법 경제 규제 약화로 지역적 고립이 심화되었다. 증기선의 도입과 라텍스 산업의 호황으로 세계 시장 편입이 가속화된 아마존 지역은 콜롬비아와 페루 양국의 고무 채취권을 둘러싼 갈등 관계가 형성되었다. 콜롬비아와 브라질 접경 지역은 가림페이로스(Garimpeiros)

〈그림 1〉· 브라질-콜롬비아-페루 아마존 국경 지역.

로 불리는 브라질 광부들의 원주민 광산과 금 착취로 폭력이 전개되었

다. 1980년 이후 삼국의 국경 지역은 마약 및 무기 밀매, 불법 채굴과

벌목 및 다양한 동식물의 밀반출로 세계 시장과의 연계가 강화되었다

(Goulard, 2003: 90). 역내 주요 범죄 조직은 타국 관할권을 탐색하고 자

국의 추적을 피해 국경 지역을 거점지로 활용함에 따라 아마존 지역의

조직범죄는 확대되고 있다. 아마존 국경 지역에서 관련 국가들은 무

력 독점권과 지배력을 상실하고, 범죄 조직이 지역을 통제하고 있다.

 상호 연결되어 가는 세계화 시대에 국경이 무의미해졌다고 주장하

는 세계주의적 관점은 국경이 전통적인 안보에서 차지했던 우선순위를 훼손해 왔다. 또한 국경 안보에 있어서 군사적 성격과 국가 주권 그리고 타국의 군사 침입 방어를 강조하는 현실주의적 관점은 초국가적 관계 보다는 국가 간 관계에 집중하여 국경 지역 안보와 갈등 대응에 있어 한계를 드러냈다. 세계화 시대에 접어들어 국경 통제가 유연해진 것은 사실이다. 그러나 국경은 전통적인 안보와 새로운 안보 위협 강조에 있어서 여전히 중심적 역할을 담당하고 있다. 국경에서 여전히 국가는 국경 안팎의 흐름을 질서정연하게 유지하는 중심적인 위치를 차지하고 있다. 국가의 국경 지역 주민 통제는 사람과 물건의 이동으로 강화되었으며, 국가의 국경 통제는 군사적 기능을 강조한 전통적인 관점과 거리를 두고 있다(Bello Arellano, 2013: 108). 국경 지역에서 국가는 영토 보존 및 공간 통제 기능에서 행동 축을 이동하여 사람과 상품의 흐름과 이동 통제 및 규제의 역할을 재수행하고 있다.

그러나 브라질-콜롬비아-페루의 아마존 국경 지역은 국가가 상품 및 사람의 이동 통제 기능을 제대로 수행하지 못하는 대표적인 회색 지대를 형성하며 초국가적 조직범죄의 온상으로 변모하고 있다. 회색 지대는 해안, 강, 밀림 및 사람이 거주하지 않는 아마존 국경 지역과 같은 통제되지 않은 공간에서 쉽게 번성한다. 그리고 어떤 국가의 법이 우선하지 않는 지리적 공간으로서 정치 또는 범죄 조직이 더 이상 국가의 통제하에 있지 않은 지역이다. 상호의존성이 강화된 세계에서 회색 지대는 정치적, 사회적 규제가 없는 지리적 공간을 대표한다. 또한 미생물, 바이러스, 박테리아 같은 자연적 흐름, 무기 및 마약 거래와 같은 조직화된 흐름 그리고 테러리스트와 인신매매 같은 정치적 목적을 위한 흐름

이 전개되는 공간이다(Bello Arellano, 2012: 12, 35)

　동시에 회색 지대는 상품 거래나 자본 이동과 같은 조직화된 흐름을 규제하는 엄격한 규정이 종종 적용되지 않거나 의도적으로 무시된다. 또한 회색 지대는 범죄 조직의 이동과 피난처 역할을 담당하지만 국경 지역 관할권이 영토 제한으로 분리됨에 따라 공간을 공유하는 국가들은 자신의 기능을 제대로 행사할 수 없는 공간이다. 이러한 회색 지대를 대표하는 브라질-콜롬비아-페루의 아마존 국경 지역은 경제 활동의 중심이자 조직범죄 성장의 촉매제 역할을 담당하며 모든 유형의 불법 경제 활동이 전개된다(Bello Arellano, 2013: 108). 이와 같이 아마존의 국경 지역은 국가의 통제를 벗어나 전 세계로 확장된 공간으로서 정부와 법이 반드시 부재한 것은 아니지만, 필연적으로 정부의 기능이 효과적으로 작동하지 않는 곳이다.

　국가의 법이 우선하지 않는 아마존 국경 지역은 여러 행위자가 공간 지배를 둘러싼 갈등 관계를 형성하고 있다. 갈등은 지리적으로 접근이 어렵고, 모든 침투에 적대적이며, 어떤 정부도 규칙을 시행할 능력이 없는 회색 지대에서 존재하는 중요한 요소이다. 국가의 권력이 지배적으로 부과되지 않는 공간에서 여러 주체가 공간 지배권을 둘러싸고 갈등 관계를 형성한다. 따라서 회색 지대에는 전통적인 전쟁과 평화 그리고 전통적인 전쟁과 다른 형태의 갈등 사이의 중간 지점에 해당한다. 결국 회색 지대는 영토에서 정당성을 누린 세력과 그 영토를 장악하기 위해 정당성을 확보하려는 세력 사이의 대결 공간이다(Moreau Defarges, 2003: 59).

　국가 권력이 제대로 기능하지 못하는 아마존 지역은 불법 무장 조직 그리고 다양한 범죄 조직이 지역 패권을 둘러싼 갈등과 동맹을 통해 세력을 확대하고 있다. 콜롬비아 무장혁명군(Fuerzas Armadas Revolucionarias de Colombia, FARC)은 페루 범죄 조직과 동맹 관계를 형성하여 불법 작물 재배에 대한 통제권을 유지해 왔다. 범죄 조직 간 전쟁에서 승리한 브라질의 범죄 조직 수도사령부(Primeiro Comando da Capital, PCC)는 대서양을 통해 과거 포르투갈의 식민지였던 서아프리카의 카보베르데(Cape Verde)와 기니비사우(Guinea Bissau) 섬 그리고 비사고스(Bissagos) 군도를 거점으로 유럽 및 아시아의 마약 시장을 확장하고 있다(Trejos Rosero, 2015: 39-64).

PCC는 마약 밀매뿐만 아니라 로라이마(Rorayma) 주 야노마미(Yanomami) 원주민 보호지 광산에 대한 통제권을 폭력적으로 행사하여 수익성이 있는 일부 광업 활동이 국가의 통제에서 벗어나 있다는 사실을 증명해 주었다(Goi, 2017). 불법 광업 활동은 지난 10년 동안 아마소나스(Amazonas) 지역에서 공격적으로 확대되었다. 정부의 자원 통제 및 환경 보호에도 불구하고 2008년 알토 오리노코(Alto Orinoco), 아타바포(Atabapo) 및 마나피아레(Manapiare) 지역에서 콜롬비아의 불법 무장 조직과 브라질 범죄 조직에 의한 불법 활동은 증가했다. 콜롬비아의 민족해방군(Ejército de Liberación Naciona, ELN)과 브라질의 가림페이로스는 전통적인 지역 시장을 위협하고 있으며, 아타바포, 마나피아레, 마로아(Maroa) 그리고 네그로 강 지역에서 불법 금 매매 시장이 확대되었다. 현재 오리노코(Orinoco), 아타파포 그리고 과이니아(Guainía) 강이 합류하는 아마존 지역은 불법 광업 활동 특구로 변모했다(Provea, 2021).

범죄 조직은 광부들에게 중장비와 무기를 공급하며 금 시장을 통제하고 있다. 또한 범죄 조직은 수익의 다각화를 목적으로 광산 지역 매춘 및 인신매매 조직을 운영하고 있다. 원주민 보호지 주요 통로인 우라리오세라 강(Rio do Urariocera) 통과와 보호를 명목으로 세금도 징수하고 있다. 불법 광업 활동을 통한 금 시장 확대는 범죄 조직의 마약 밀매 자금 세탁을 위한 전략적 활동으로 활용되고 있다. 자카레아캉가(Jacareacanga) 및 이타이투바(Itaituba)와 같은 일부 지역에서 PCC는 전체 광산을 통제하고 있는 것으로 알려져 있다(Nelza, 2023).

한편, 2020년 브라질 아마존 지역은 추정 면적 11,088제곱킬로미터에 해당하는 밀림이 불법 벌목으로 사라져 12년 만에 최고 수준의 산림이 훼손되었다. 2015년 공동체를 지키려는 원주민을 대상으로 28건의 살인 사건과 44건의 살인 시도가 발생했으며, 살인 사건은 지속적으로 증가했다. 또한 2019년 아마존 밀림 화재는 전년 대비 80퍼센트나 급증했다. 내성 목재 중 가장 상품 가치가 높은 이페(Ifé) 나무 불법 벌목으로 원주민과 소수 공동체가 사라져 가고 있다. 범죄 조직은 뇌물이나 허위 허가를 통해 목재를 밀반출하고 있다. 국제인권감시단체(Human Rights Watch)는 원주민 보호지에서 발생한 살인 사건은 경찰 수사에서 심각한 결함이 발견된다고 지적했다. 경찰은 사건 현장에 출두하지 않거나, 사실 여부 판단의 핵심인 사체 부검도 실시하지 않았다. 범죄 대응 인력 부족 및 지리적 제한 요인을 고려한다 해도 부패한 공무원과 정부 기관의 범죄자에 대한 관적 처분은 범죄 확산의 요인으로 작용하고 있다.

이러한 상황에서 원주민들은 자체적으로 순찰대를 조직하여 공동체를 방어하고 있다. 브라질 마라냥(Maranhão) 지역에서 파이캅 카티지(Pyhcop Catiji) 원주민 대표 에이 싸(Eýy Cy) 추장은 순찰대를 조직하여 공동체 인근을 정기적으로 수색하고 있다. 그리고 당국에 정확한 좌표 제공을 위해 GPS 시스템을 사용하고 있다. 아와 구아자(Awá Guajá) 그리고 과하라라(Guajajara) 부족은 보호지 카루(Caru)에서 수색대의 효율적인 지역 모니터링을 위해 드론 제어 방식까지 습득하며(Hofmeister, 2019) 적극적으로 범죄에 대응하고 있다.

브라질뿐만 아니라 콜롬비아의 아마존 지역에서도 2015-2022년 사이 싱가포르 면적에 해당하는 산림이 훼손되었다. 2022년 통계에 의하면 보호지 대상 전체 산림 훼손의 82퍼센트에 해당하는 10,299헥타르의 숲이 한 해 동안 손실되었다. 환경 전문가 및 원주민 지도자 대상 살인 사건이 급증했다. 일부 전문가들은 현실에서는 통계 이상의 밀림이 사라졌다고 언급했다(Tarazona, 2023). 이와 같이 열대우림 보호종 대부분이 서식하는 원주민 보호지는 조직범죄의 표적이 되고 있다. 범죄 조직은 마약 밀매 경로를 활용하여 아마존 지역에서 확보한 물류 능력을 바탕으로 목재를 밀매하고 있다. 푸루스 강, 네그로 강 그리고 마데이라 강에 서식하는 거북이, 물고기, 재규어, 부시미트, 앵무새 등 다양한 야생동물 밀반출을 통해 수익을 다각화하고 있다.

3 초국가적 조직범죄 개념 및 특징

라틴아메리카 지역의 빈곤과 불평등, 민주적 정치 문화의 부재 그리고 공직자 부패 등 광범위한 영역에서 작용하는 국가의 통제력 약화는 초국가적 조직범죄 성장의 주요 원인으로 작용하고 있다. 국제형사경찰기구(The International Criminal Police Organization, INTERPOL)에 의하면 조직범죄는 "불법 활동을 통한 경제적 이익 추구를 목적으로 하며, 공포와 부패를 동원하여 생존한 기업 구조를 가진 모든 그룹"이다. 조직범죄 연구 전문가들은 조직범죄는 체계적이고 지속적인 방식으로 고안된 폐쇄적인 구조로 고수익을 목표로 한다고 설명한다. 또한 유엔은 조직범죄를 "공동 행동을 통해 협박, 폭력, 부패 또는 기타 수단을 동원하여 직간접적으로 경제 및 기타 물질적 이익을 획득하는 행위"로 정의한다. 브라질 국립연방경찰 아카데미는 불법 활동 관행, 활동 영역의 다양화, 사업 계획, 조직의 계층화, 복수의 에이전트, 구획화, 회원의 안정성, 수익 예측, 폭력 독점 및 영토 통제를 조직범죄의 주요 특징으로 설명한다(Aristizabal González, 2022: 15).

조직범죄는 국가의 제도적 영역에서 자신의 행위에 대한 불법적 지원을 추구하며 공직자 부패를 통해 행정 구조에 침투하는 특징을 가지고 있다. 그리고 합법적 사업을 통해 동일한 경로와 네트워크 또는 동일한 부패 공직자를 활용하여 활동 영역을 다양화한다. 부패 조장은 범죄 조직이 새로운 정보를 집중적으로 사용하여 전통적인 의사 결정 과정의 변화 및 분산화를 도모할 수 있는 도구로서 이를 통해 조직범죄는 더욱 강화된다.

또한 조직범죄는 금융 시장의 상호작용 등 자본주의 이점을 활용하여 조직의 활동을 수익성 높은 회사로 전환할 가능성이 있으며, 동시에 금융 시장과 상호작용을 통해 불법 활동으로 발생한 자금 세탁도 가능하다. 활동 범위는 물리적 및 정치적 경계의 국가나 대륙으로 제한하지 않는다. 조직 간 단절보다는 글로벌 분산형 네트워크를 통한 상호작용과 초국가적 동맹을 통해 합법적인 기업을 모방하여 세력을 확대하고 수익을 극대화하는 특징을 가지고 있다(Ziegler, 2003: 63).

1975년 이미 제네바에서 개최된 제5차 유엔범죄방지회의에서 초국가적 범죄를 하나의 범죄 행위가 여러 국가의 실정법을 위반하거나 또는 다른 국가에까지 영향을 미치는 것으로 정의했다. 그러나 1990년대 세계화의 진전에 따라 초국가적 조직범죄에 대한 논의는 미국 범죄학 및 사회학자들에 의해 본격적으로 시작되었다. 초국가적 조직범죄는 국민국가와 구별되는 자치 권력을 창출하고 국가를 파괴하여 새로운 합법성을 창출하려는 근본적인 목표를 가지고 있다. 따라서 초국가적 조직범죄라는 용어는 국민국가와는 다른 차원에서 행해지는 범죄 행위이다. 그리고 동일하지 않는 각 국가의 법 제도와 안보 정책을 이용하는 조직범죄를 의미한다. 초국가적 조직범죄에는 두 개 이상의 국가가 관련되어 있기 때문에 어느 국가가 개입하고 금지하는 것이 타당한지에 대한 합의 도달이 어려워 개념을 정의하기 쉽지 않은 것은 사실이다(신의기, 2008: 165-201). 현재까지 초국가적 범죄에 대한 다양한 논의가 전개되었지만 초국가적 조직범죄는 국경을 초월하여 두 개 이상의 국가가 관련된 조직범죄라는 점에는 이견이 없다.

국제 범죄와 초국가적 조직범죄는 개념적으로 차이가 있다. 전통적으로 국제 범죄는 주권의 일부로 인식되어 왔던 국제형사사법(International Criminal Justice)과 관련 있는 범죄이다. 2차 세계대전 이후 연합국이 추축국의 과거 행적을 재판하면서 형성되었다. 국제 범죄는 국제 재판을 통해 기소되는 범죄이다(김혜선, 2015: 3-24). 국제 범죄는 주로 집단 학살, 인권 유린 및 전쟁 범죄 관련 범죄로서 자국 내 사법 체계로 처벌이 어려워 국제 사회의 형사적 개입이 필요한 범죄이다. 로마법을 근거로 2002년 형성된 국제형사재판소는 집단 학살, 인권 침해, 전쟁 및 침략 범죄 등 가장 중대한 국제인권법 위반 범죄 처벌을 위해 설립되었다. 그러나 초국가적 범죄 처벌 기구는 아니다. 2003년 9월 발효된 유엔의 '초국가적 조직범죄 방지 협약'은 실제적인 초국가적 조직범죄 처벌 규정과 국제 협력 관련 절차 및 법적 규정을 설정하여 범죄 조직에 대한 국제적 대응을 규정했다.

4 아마존 지역 초국가적 마약 범죄 조직의 성장 과정

라틴아메리카 지역 초국가적 조직범죄는 2000년 접어들어 더욱 확대되었다. 플랜 콜롬비아(Plan Colombia)를 통한 미국의 군사 지원을 바탕으로 콜롬비아 정부가 추진한 반마약 및 테러 정책은 FARC 및 다양한 불법 무장 조직이 국경 지역으로 이동하는 계기로 작용했다. 월경한 콜롬비아의 불법 무장 조직은 타국의 범죄 조직과 파트너 관계를 구축하며 불법 활동을 유지했다. 아마존 지역은 초국가적 조직범죄와 초국가적 테러리스트의 융합 장소로 변모했다. 냉전 종식 이후 생존한 불법 무장 조직은 이념적 논의와는 동떨어진 불법 행위로 자금을 조달하고 뛰어난 폭력 동원 능력으로 초국가적 조직범죄의 이상적인 동반자가 되었다.

반세기 이상 콜롬비아의 내전을 주도해 온 FARC가 2016년 정부와 평화협정을 체결했다. 그러나 불법 작물 통제를 통해 막대한 수익을 누려온 잔존 세력은 협정에 반대하며 조직명을 개칭하여 새로운 조직을 형성하거나, 기존 범죄 조직에 합류하여 활동을 유지했다. 특히 아마존 지역을 중심으로 세력을 확대하고 있는 브라질 범죄 조직 PCC와 협력하여 아마소나 주 북부 지역의 마약 생산 및 밀매를 위한 초국가적 범죄 네트워크를 형성했다. PCC는 1990년대 초 교도소 폭동을 계기로 상파울루에서 등장했으며, 지도자가 수감 상태에서 교도소 안팎 통제를 통해 조직을 운영했다. 소위 "화이트 트라이앵글"로 불리는 주요 코카인 생산 지역과 영토를 공유하고 있는 브라질에서 PCC의 성장은 남미 지역 조직범죄 환경의 변화를 동반했다. 2017년 브라질 전역으로 확대된 PCC는 지역뿐만 아니라 아프리카 및 유럽의 코카인 밀매 시장을 주도했다. 또한 PCC는 콜롬비아의 칼리(Cali) 마약 카르텔 운영 방식을 수용하여 수평적 분산 방식의 조직을 유지했다. 지역의 개별 범죄 조직은 마약 판매권 획득을 위해 입찰에 참여함으로써 PCC는 이익을 극대화하고 있다(InSight Crime and American University's Center for Latin American & Latino Studies, 2020: 48-54).

브라질 주요 범죄 조직은 무력을 동원한 계층 구조의 변화 그리고 사회 지배를 목적으로 형성되어 광범위한 국제 범죄 네트워크 구축을 통해 세력을 확대했다. 아마존 지역 소규모 범죄 조직은 조직 간 동반자 관계를 형성하며 PCC 대리인 역할을 담당했다. 이러한 소규모 지역 조직은 밀림 지역에서 거대한 범죄 조직의 경쟁을 재생산하고 확대하는 기능을 수행하고 있다. 1970년대 후반 리우데자네이루(Rio do Janeiro)에서 출발한 붉은 명령(Comando Vermelho, CV)도 1990년대 콜롬비아로부터 코카인을 수입하여 유럽과 아프리카로 마약 밀매를 주도했다.

2020년 아마소나스 주 경찰 추정에 따르면 마나우스(Manus) 지역의 80퍼센트 이상이 CV에 의해 통제되고 있으며, 인근 아크레(Acre) 지역까지 세력이 확대되고 있다(Waldick, 2020).

FARC 공백기에 역내 다양한 마약 범죄 조직은 동맹을 통해 초국가적 범죄 조직으로 성장했다. 동시에 마약 밀매 통제권을 둘러싼 경쟁 관계를 형성함에 따라 국경 지역은 지역에서 정당성을 누린 세력과 지역 통제를 위해 정당성을 확보하려는 새로운 세력 사이의 대결 공간으로 변모했다. 이러한 갈등 상황에서 초국가적 조직범죄는 더욱 확대되었다. 아마소나스를 기반으로 성장한 북부가족(Familia do Norte, FDN)도 외부로 세력을 확장하며 2007년부터 솔리몽 강(Rio do Solimõ)을 가로지르는 콜롬비아와 페루 양국의 국경 지역 코카인 밀매 경로에 대한 통제권을 행사했다. FDN는 레티시아와 타바팅가를 거점으로 페루의 마약 밀매업자 윌더(Wilder Chuquizuta Velayrse)와 동반자 관계를 형성하고 PCC 견제를 목적으로 CV와 동맹을 형성했다. 그러나 조직 내부의 분열로 FDN는 순수북부가족(Familia do Norte Pura, FDNP)으로 대체되었으며, 2020년 일부 잔존 세력은 CV에 통합되었다(Dalby, 2020).

콜롬비아와 멕시코 카르텔이 역내 북부 지역과 중미 그리고 미국 시장을 선점하고 있는 상황에서 PCC와 CV는 역내 패권과 마약 밀매 경로에 대한 독점권 행사에 관심을 기울이며 서로 다른 시장을 관리했다. 그러나 PCC가 현재 남미 최대 범죄 조직이라는 사실은 부인할 수 없다. 2017년 브라질과 파라과이 국경에 위치한 페드로 후안 카바예로(Pedro Juan Caballero) 교도소에서 PCC 수감자 75명이 터널을 통해 탈옥한 사건이 발생했다. 탈옥한 범죄자 50명이 국제 기구 본부를 털고 4,000만

달러를 탈취한 사건은 PCC 조직이 파라과이라는 국가의 침투 정도를 확인시켜 준 사건이었다. 2017년 파라과이는 1,289톤의 마리화나를 생산한 남미 최대 대마초 생산국으로서 PCC는 마리화나 생산지와 인접한 브라질의 마토 구로소 두 술(Mato Grosso do Sul)을 두 번째 주요 거점지로 활용하고 있다(Cueto, 2020).

볼리비아의 차파레(Chapare) 지역에서 PCC의 활동도 주목할 만하다. PCC는 코카인 생산 센터인 볼리비아를 생산과 시장 확대를 위한 거점지로 활용하고 있다. PCC는 볼리비아와 페루 국경 지역에서 코카인 가공실을 운영하고 있으며, 작물 재배지 보호를 위해 조직원을 파견하고 있다. 무기와 폭발물을 동원하여 국경을 넘나들며 수백 건의 범죄를 주도했다. 또한 PCC는 차파레 지역의 코카인 생산·공급망 통제를 통해 범죄 조직과 동맹 관계를 형성하여 볼리비아의 초국가적 조직범죄 성장에 기여하고 있다. 최근 몇 년 브라질에서 발생한 폭력 범죄 대부분은 마약 범죄 조직의 생존과 시장 확장을 위한 경쟁과 갈등이 원인이었다.

PCC는 볼리비아와 페루의 코카 생산자와 직접 접촉하며 카이피라 경로(Rota Caipira)를 통해 유럽뿐만 아니라 아프리카와 아시아까지 세력을 확장해 나아갔다. 카이피라 마약 밀매 경로에 대한 PCC의 영향력은 아마존 국경 지역 북서쪽으로 확장되었다. RV와 NDF 및 기타 위성 범죄 조직은 PCC 세력을 견제하며 아마존 지역 솔리몽 마약 밀매 경로를 둘러싼 갈등 관계를 형성했다. 정부의 범죄와의 전쟁 선포로 PCC와 CV는 국내 시장 확장이 어려워졌다. 따라서 양대 범죄 조직은 페루와 콜롬비아 그리고 대서양을 연결하는 전략적 요충지인 솔리몽 경로를 통해 미국, 유럽 및 아프리카 불법 시장을 확대했다. "라틴아메리카의 마약 실크로드"로 불리는 솔리몽 지역은 수천 개의 작은 강과 운하로 태평양에서 대서양을 연결하는 황금 마약 밀매 경로이다. PCC와 CV는 콜롬비아, 페루 그리고 볼리비아로부터 코카인을 수입하여 파라(Pará), 벨렘(Belém) 그리고 세아라(Ceará) 주의 포르탈레사(Fortaleza) 항구를 통해 해외로 반출하고 있다(Ferreira et al., 2019: 106)

2016년 PCC와 CV는 경쟁적으로 다국적 조직원을 모집하고, 마약 밀매 사업을 확대했다. 이러한 범죄 조직은 부패와 폭력을 동원하여 취약한 국가 기관에 침투했다. CV는 아프리카 및 동유럽 출신 용병을 고용하여 리우데자네이루를 중심으로 군사 훈련을 실시했다. 초기 브라질 범죄 조직은 상호 불가침 조약을 체결하고 안정된 관계를 유지했다. 그러나 마약 밀매 시장 확장 과정에서 양 조직은 경쟁적으로 폭력을 동원했다. 전쟁에서 승리한 PCC는 세계 최대 코카인 생산지로 추정되는 카이피라 경로를 독점하고 있다. 지난 2020년 브라질 연방경찰과 모잠비크 주재 미국 마약단속국이 공동 작전을 통해 체포한 마약 밀매상 질베르토 아파레시두(Gilberto Aparecido)는 PCC가 지역을 벗어나 이미 포르투갈어 사용 아프리카를 거점으로 초국가적 조직범죄를 주도하고 있다는 사실을 증명해 주었다(Bonin, 2020).

콜롬비아의 경우 양대 불법 무장 조직 FARC와 ELN가 1970년대 중반부터 마약 생산과 밀거래를 통제하며 불법 활동을 주도했다. 마약 범죄 조직은 군과 경찰 및 주요 공직자에게 뇌물을 제공하며 사업을 확장했다. 콜롬비아는 초국가적 테러 조직과 초국가적 마약 범죄 조직의 동맹과 공동 작업으로 폭력이 확산되었다. 한때 세계 코카인 생산량의 75퍼센트를 담당했던 콜롬비아의 마약 범죄 조직은 코카인뿐만 아니라 중앙아시아로부터 아편을 수입하여 판매했다. 또한 다양한 사회 계층으로 구성된 영향력 있는 네트워크를 활용하여 40여 개 이상의 국가로 활동 범위를 확장했다. 또한 모든 유형의 불법 활동을 통해 수익 사업을 다각화하며 라틴아메리카 지역과 세계 불법 시장의 중개자 역할을 담당했다. 코카인 왕으로 알려진 볼리비아의 로베르토 수아레스(Roberto Suárez)는 콜롬비아의 범죄 조직과 강한 유대를 통해 사업을 확장해 나갔다. 콜롬비아의 마약 카르텔에 의해 형성된 볼리비아의 마약 범죄 조직은 기생에서 공생 단계로의 전환이 콜롬비아보다 훨씬 빠르게 전개되었다. 볼리비아의 빈곤과 정부의 통제력 약화 그리고 공직자 및 정부 구조의 부패는 조직범죄 침투의 토대로 작용했다.

1980년대 초까지만 해도 콜롬비아에서 코카인은 범죄 조직뿐만 아니라 사업가와 정부에게도 수익성 높은 매력적인 사업으로 여겨졌다. 미국의 마약과의 전쟁 선포 이후 카르텔에 대한 법적 절차를 진행하기 전까지 실질적으로 콜롬비아 정부가 마약 사업을 축소할 동기는 없었다. 초기 마약 생산은 불법 무장 조직의 거점지인 동부 메타(Meta)와 아마존 강 유역 카케타(Caquetá)에서 주도되었다. 이후 미국의 지원을 바탕으로 추진된 콜롬비아 정부의 힘에 의한 안보 정책으로 불법 작물 생산지가 이동함에 따라 마약 생산은 전국적으로 확산되었다. 마약만큼 황금을 안겨 주는 매력적인 작물은 없었다. 콜롬비아 마약 범죄 조직의 효과적인 카르텔화된 조직 운영은 역내 범죄 조직 재편에 영향을 미쳤다. 소규모의 마약 판매상의 동맹으로 등장한 파블로 에스코바르(Pablo Escobar)는 볼리비아와 페루에서 대량의 코카인을 수입하여 미국 시장을 통제했다. 그리고 세계 불법 시장 독점을 위해 메데진(Medellín) 카르텔을 형성했다. 경쟁 조직 칼리(Cali) 카르텔은 수직적 구조의 메데진 카르텔과 달리 범죄 활동에 대한 금융, 보안, 기술 및 물류 지원 서비스 제공 전담 등 소규모 자치 조직 간 상호 연결 네트워크를 통한 유연한 조직 운영을 통해 생존했다(Bartolomé, 2004: 226-227).

1991년 메데진 카르텔의 수장 에스코바르의 사망과 칼리 카르텔의 지도부 체포로 양대 마약 카르텔이 붕괴되었다. 이를 계기로 마약 밀매에 개입된 일부 전현직 경찰관 그리고 민병대 조직은 노르테 델 바예(Norte del Valle) 지역에서 새로운 카르텔을 형성했다. 그러나 이러한 카르텔은 2003년 파벌 간 갈등으로 파편화되었다. 잔존 세력은 게릴라 소탕을 목적으로 정부가 조직하고 해체한 우익 콜롬비아연합자위대(Autodefensas Unidas de Colombia, AUC)와 협력하여 바크림(BACRIM)으로 불리는 국내 최대 범죄 조직을 형성했다. 바크림은 분열과 동맹을 거쳐 현재 콜롬비아 최대 마약 카르텔로 알려진 클란 델 골포(Clan del Golfo)로 성장했으며, 일부는 우라베뇨스(Urabeños), 엔비가도(Envigado) 그리고 로스 카케테로스(los Caqueteños)와 같은 범죄 조직으로 재편되었다. 불법 무장 조직과 동반자 관계를 유지한 마약 범죄 조직은 역내 주요 범죄 조직의 지원을 받아 불법 작물에 대한 통제권을 유지했다(Torres Vásquez, 2013: 113). FARC 해체 이후 등장한 범죄 조직은 역내 다국적 범죄 조직과 동업자 관계를 구축하여 카우카(Cauca)와 나리뇨(Nariño)에서 생산된 불법 작물을 아마존을 통해 세계 시장으로 유출하고 있다.

페루는 1970년대 후반부터 코카인 생산을 통해 국제 마약 시장과 연결되었다. 초기 아마존 지역 코카 재배는 중부의 우아야가 강(Rio de

Uayaga)을 따라 322킬로미터 면적에 이르는 브라질과 콜롬비아 국경 남부 알토 우아야가 계곡을 중심으로 확산되었다. 1980년대와 1990년대 페루의 불법 무장 조직 빛나는 길(Sendero Luminoso, SL)과 투팍아마루 혁명운동(El Movimiento Revolucionario Túpac, MRTA)은 정치적 이념과 동떨어져 주요 코카 생산지를 통제했으며, 다양한 범죄 조직과 동업자 관계를 구축했다(Centeno Alba et. al., 2016: 2). 1996-2000년 미국의 안데스 지역 불법 작물 생산지 봉쇄 정책은 오히려 생산지가 다양한 지역으로 분산되는 결과를 초래했다. SL 잔존 세력은 멕시코, 콜롬비아, 브라질은 물론 이탈리아, 러시아 및 세르비아 등 다국적 마약 범죄 조직과 동업자 관계를 형성하며 코카인 생산과 판매 시장을 확장했다.

2010년대 초 페루의 대규모 코카 경작지는 아프리막 강(Río de Apurímac), 에네 강(Río de Ene) 그리고 만타로 강(Río de Mantaro) 계곡으로 이동했다. 당시 콜롬비아 정부의 소탕 작전으로 월경한 FARC 일파는 아마존 국경 지역을 중심으로 불법 작물 재배지를 확대했다. 2004년 페루의 아마존 지역 절반을 차지하는 로레토(Loreto) 지역은 국내 코카 총생산의 12퍼센트를 차지했다. 2012년 로레토가 위치한 마리스칼 라몬 카스티야(Mariscal Ramón Castilla) 주의 코카 재배 면적은 440헥타르에서 2020년 4,247헥타르로 급증했으며, 2021년에는 6,472헥타르로 50퍼센트 이상 증가했다(García Díaz, 2022).

콜롬비아의 푸투마요, 브라질의 야 바리(Olá Bari), 볼리비아의 이남 바리(Inam Bari) 및 탐보파타(Tambo Tapa) 지역은 불법 작물 통제권을 둘러싼 다양한 조직범죄 간 갈등이 발생했다. 콜롬비아 정부의 마약 범죄 조직 및 불법 무장 조직에 대한 군사 압박 그리고 불법 작물 근절을

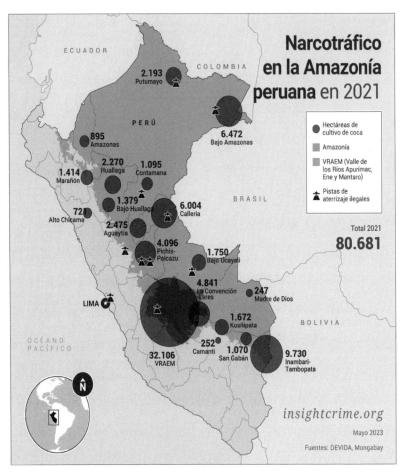

〈그림 2〉• 페루 아마존 국경 지역 불법 작물 재배 현황.
출처: Diego Cárdenas y Robbins, 2023.

목적으로 정부가 공중에서 살포한 제초제로 인해 불법 작물 생산지가
국경 지역으로 이동하여 인근 국가로 확대되었다. 이러한 과정에서 브
라질-콜롬비아-페루 아마존 국경 지역은 지리적 경계가 희미해져 초
국가적 범죄와 연결된 조직범죄가 성장하고 발전했다. 범죄 조직은 약

탈적인 힘으로 국가와 사회를 지배하며 불법 활동을 확장했다.

5 초국가적 조직범죄 대응의 성과

1990년대 후반 성장하는 초국가적 조직범죄와 안보에 대한 국제적 논의는 라틴아메리카 지역 정부가 조직범죄에 대한 대응 방안을 구체화하는 계기로 작용했다. 미주기구(Organización de los Estados Americanos, OEA)의 대륙안보위원회(Comisión Interamericana para Comisión Seguridad Hemisférica, CSH), 미주약물남용통제위원회(Comisión Interamericana para el Control del Abuso de Drogas, CICAD), 미주테러리즘위원회(El Comité Interamericano contra el Terrorismo, CICTE) 그리고 총기 불법 제조 및 밀매, 탄약, 폭발물 및 기타 관련 물질에 대한 미주협약(La Convención Interamericana contra la Fabricación y el Tráfico Ilícitos de Armas de Fuego, Municiones, Explosivos, y Otros Materiales Relacionados, CIFTA) 등 라틴아메리카 지역에서 초국가적 조직범죄 예방 및 대응 기관이 형성되고 운영됨에 따라 안보를 중심으로 소지역주의가 진전을 이루었다.

정치적인 색채를 띠며 역내 및 외부 무역 자유화에 초점을 맞추었던 라틴아메리카의 지역주의는 1990년대 말로 접어들어 사회주의 정권 부상, 남미국가연합(Unión de Naciones Suramericanas, UNASUR) 및 볼리바르아메리카 민족동맹(Alianza Bolivariana para los Pueblos de Nuestra Américana, ALBA)의 등장으로 공격을 받았다. 이를 계기로 경제적 차원을 넘어 다차원적 접근 방식의 외교 정책을 추진했다. 역내 안보 정책은 기존의 지역 통합의 재정립을 중심으로 초국가적 조직범죄 대응을 우선순위에 두고 운영되었다. 1994년 부에노스아이레스에서 발생한 유대인친선협회(Asociación de Amistad Judía)에 대한 공격은 지역 차원의 초국가적 조직범죄에 관한 구체적인 대응 방안 모색의 동기로 작용했다. 내무부 장관 회의와 포르탈레사 협정(Auerdo Fortaleza) 체결을 시작으로 1996년 부에노스아이레스에서 개최된 국제 테러 방지 및 근절을 위한 협력 회의에서 브라질-아르헨티나-파라과이 국경 지역에 삼국 사령부가 창설되었다. 사령부는 범죄 통제를 위한 동시 작전 수행, 삼국 경찰의 공동 데이터베이스 구축 및 범죄자 정보 교환 등 경찰과 군의 행동 조정을 기초로 양자 또는 삼자 간 공조 체제를 강화하는 역할을 수행했다.

1997년 파라과이에서 개최된 내무부 장관 회의에서는 국경 지역을 중심으로 확대되는 무기 및 마약 밀매 조직범죄에 대한 논의를 전개했다. 그리고 국경 지역에 대한 특별 모니터링 실시, 지역 공동 방위 전략 위원회 운영, 각국 경찰 간 정보 교환 메커니즘 구축 그리고 불법 무기 제조 및 밀매 퇴치에 관한 공동 선언문 채택 등을 통해 지역 안보 정책을 조정했다. 이듬해 볼리비아 및 칠레의 참여 아래 개최된 내무부 장관 회의에서는 지역 안보 위협에 대응하기 위한 "삼국 국경 일반 안보 계획"이 작성되어 남미공동시장(El Mercado Común del Sur, MERCOSUR) 회원국을 중심으로 소지역주의 통합이 진전을 거듭했다. MERCOSUR는 이후 "지역 안보를 위한 협력 및 상호 지원 계획"을 발표하며 지역 기구로서 국경 지역을 중심으로 성장하는 초국가적 조직범죄 대응을 위한 협력 메커니즘 구축에 중추적 역할을 담당했다(Torres Buelvas, 2019: 318-349).

미국은 초국가적 조직범죄 문제가 삼국의 국경 지역의 문제만은 아니며, 라틴아메리카 지역 국가들과 국제 테러 조직 사이에 구축된 연결 관계에 의해 발생하고 있다고 언급했다. 이러한 미국의 입장에 대해 라틴아메리카 지역 국가들은 조직범죄를 빌미로 미국이 내정 간섭을 하고 있다고 비난했다. 이러한 갈등 상황을 고려하여 아르헨티나 정부는 MERCOSUR 회원국과 미국이 새로운 안보 위협에 공동으로 대응할 전략 토론 조직인 3+1그룹 결성을 제안했다(Berg, 2021: 15-16). 이 그룹은 합의점을 찾거나 긴장 완화 역할은 하지 못했다. 그러나 초국가적 조직범죄로 발전하고 있는 국경 지역을 효과적으로 통제하고 감시할 수 있는 경찰력 구성의 필요성이 분명하게 인식되는 기회로 작용했다. 브라질은 2016년 브라질-아르헨티아-파라과이 국경 지역 이과수(Iguasu)에 삼국 경찰로 구성된 '지역정보센터'로 불리는 공동 경찰 조직을 주도적으로 창설했다. 지역정보센터는 국경 지역 초국가적 조직범죄 대응에 있어서 가장 효율적인 도구로 입증된 유일한 협력 기구였다(Marín Osorio, 2015: 287-301).

한편, 남미국방위원회의 전략방위연구센터(Centro de Estudios Estratégicos de Defensa, CEED)는 광범위한 안보 개념을 기반으로 각국의 서로 다른 법률 절차에 따라 다양한 방식으로 조직범죄에 대응할 수 있는 방안을 모색했다. 우선, 각국의 기존의 안보 및 국방 관련 법 체계 간 유사점과 차이점을 분석하고, 제도적 차원에서 조직을 관리할 수 있는 궁극적인 표준화를 시도했다. 그리고 국방부 이외의 안보 담당 기관이 존재하지 않는 국가들을 대상으로 협력과 통합을 통한 안보 체계화를 선도했다. 이러한 과정에서 남미국방위원회는 상이한 각국의 법 제도와 안보 정책을 활용하여 범죄 조직에 대한 효율적인 대응 방안을 구체적으로 모색했다(CEED, 2011). 2012년 페루 리마에서 개최된 제4차 정기 국가 정부수반 협의회에서는 UNASUR 회원국을 중심으로 초국가적 조직범죄 행동조정위원회가 창설되었다. 위원회는 주권, 영토 보호 및 불가침 원칙, 분쟁의 평화적 해결 및 내정 불간섭 등 UNASUR의 조약을 토대로 시민 안보, 초국가적 조직범죄 대응, 회원국 간 협력 및 기술 지원을 위한 안보 전략 수립과 실행 메커니즘 구축을 목적으로 운영되었다. 이러한 목적을 위해 위원회는 초국가적 조직범죄에 대한 국제적 합의에 따라 정책 계획 및 대응 모범 사례 교환, 경찰 및 정보 기관의 협력 강화, 초국가 범죄 예방 및 사회 재통합에 관한 지침을 수립했다(Foglia, 2017: 61-79). 행동조정위원회는 조직범죄 예방 및 사회 재통합에 관심을 기울였다는 점에서 근본적인 대책 마련에 접근했다고 볼 수 있다.

2016년에는 초국가적 조직범죄 기소를 위한 남미 형사재판소 창설이 제안되었다. 2003년 유엔에 의해 발효된 초국가적 조직범죄에 대한 국제 규정은 범죄 처벌이 각국 주권과 관련 있기 때문에 국제형사재판소가 강제성을 갖지 못한다는 한계를 지니고 있다. 이러한 상황에 주목하여 에콰도르 법무부는 남미형사재판소 설립을 제안하며 UNASUR 회원국의 법적 규범 통합을 시도했다. 이를 통해 다국적 뇌물 수수, 자금 세탁, 밀수, 총기류, 탄약 그리고 마약 및 향정신성 약물 밀매, 문화재 불법 유출, 사이버 범죄 등 지역 차원의 초국가적 조직범죄에 대한 처벌 규정을 제시했다. 남미형사재판소는 국제적 차원의 사법 기관 기능을 유지하며 조직범죄 특정 형량에 대한 국제법 적용을 추구했다. 또한 효율적인 형사 기소를 위해 국가에게 성역 없는 수사 기소권을 부여했다(Salto Chico, 2014: 57). 남미형사재판소는 기존 지역 기구의 기능과 중복 가능성 그리고 각국의 정치적 입장 차이로 창설이 무산되었다. 그러나, 초국적 조직범죄 기소는 진정한 사법재판소를 통해 수행될 수 있다는 점에 대한 합의를 이끌어 냄으로써 조직범죄 처벌을 위한 실질적인 지역 기구 창설 시도였다는 점에서 중요한 의미를 지니고 있다.

한편, 지역 차원의 초국가적 조직범죄 대응에 관한 논의 과정에서 국경을 형성하는 국가 간 삼자 및 양자 혹은 다자적 안보 협력이 강화되었다. 브라질을 중심으로 콜롬비아와 페루 정부는 아마존 국경 지역 안보 강화를 위해 기존의 양자 군사 협력을 통한 협력을 강화했다. 아마존 영토의 60퍼센트를 차지하는 브라질은 초국가적 조직범죄 공동 대응을 위한 연합 군사 작전과 군사 역량 강화를 통한 공동 안보 체제 구축을 시도하며 지속가능한 아마존 지역 개발을 주도했다. 1998년 브라질의 주도로 역내 국가들은 아마존 협력조약기구(Organización del Tratado de Cooperación Amazónica, OTCA) 그리고 2000년 남미 지역 인프라 통합 이니셔티브(Iniciativa para la Integración de la Infraestructura Regional Suramericana, IIRSA) 등 다자 협력을 체결하여 날로 확대되어 가는 아마존 국경 지역의 안보 강화와 인프라 개발을 통한 지역 고립을 해소하고자 노력했다(PNUMA y OTCA, 2009: 37).

브라질 정부는 2000년 초국가적 조직범죄에 반대하는 유엔 협약에 서명하여 유엔은 브라질 정부에게 협약에 명시된 범죄를 해결할 수 있는 도구와 지원을 제공했다. 브라질 정부는 월경한 콜롬비아의 불법 무장 조직 및 범죄 조직에 대한 대응으로 국경 지역에 군 병력을 배치했다. 그리고 국경 지역 범죄 예방 및 통제 그리고 대응을 위해 국경 당국 간 세관 통제와 공동 협력 대응 방안을 조정했다. 또한 브라질 정부는 이전부터 추진해 온 전략적 이니셔티브를 위한 칼라 노르테 프로그램(Programa Calha Norte)을 확대하여 국방 지원을 확대했다. 그리고 아마존 지역의 지속가능한 개발을 추진하며 지역 통제 강화를 위한 노력을 기울였다. 아마존 보호 시스템(Sistemade Protección da Amazônia, SIPAM) 운영 기관인 아마존 감시 시스템(Sistema de Vigilância da Amazônia, SIVAM)과 함께 광물, 목재 및 야생 동식물 밀반출 등 불법 활동에 관한 감시와 통제를 강화했다(García Pinzó, 2018).

브라질 정부는 국경 형성 국가 간 상호 방위 협력 체제 운영과 통합을 위한 국경 감시 시스템(Sistema de Vigilância da Fronteiras, SIFRON)을 가동했다. 그리고 6개 정글 지역에 보병여단을 파견하여 국경 지역 안보 유지에 주력했다. 동시에 브라질 정부는 2020년 아마존 지역 마약 밀매 황금 경로인 솔리몽 강에 군사 작전 기지를 배치했다. 마약 밀매 경로 차단을 위한 통신 탑과 수상 차량을 동원했다. 코아리(Coari)와 테훼(Tefe) 지역 중간 지점 아프랴요(Arpão) 강에도 군사 기지를 설치하여 코카인과 마리화나 경로를 차단했다(Dalby, 2020)

브라질 정부는 마약 조직범죄 증가 원인을 자국 문제로 인식하기보다는 콜롬비아 내전의 확산 결과로 가정함에 따라 콜롬비아 정부와 제한된 범위의 관계를 유지해 왔다. 또한 콜롬비아 공군기가 FARC 진압 과정에서 아마존 접경 미투(Mitú) 지역에 상륙하자 브라질 정부는 영토 침입을 주장하여 양국의 외교적 갈등은 형성되었다. 그러나 아마존 국경 지역을 중심으로 조직범죄가 확대되자 브라질과 콜롬비아 양국은 이해관계에서 벗어나 안보 협력 강화를 위한 노력을 기울였다. 한편, 브라질 정부는 국경 지역 수비를 목적으로 주요 도시에 통제 기지 7개를 설치했다. 그리고 타바팅가에 외교부, 국방부, 정보국 및 연방경찰 대표단으로 구성된 위기관리 사령부를 신설하여 초정밀 장비로 국경 지역 군과 경찰 작전을 지휘했다. 코브라(Cobra)로 불리는 특공대는 1,600킬로미터가 넘는 정글에 진입하여 콜롬비아의 불법 무장 조직의 국경 지역 진입 차단을 위한 군 작전을 수행했다(Ramírez, 2006: 121-168).

2003년 중반까지 브라질 정부는 전체 군의 12퍼센트에 해당하는 5,000명을 아마존 국경 전역에 배치했다. 그리고 콜롬비아 정부의 동의 하에 마나우스에 주둔하고 있는 아마존 군 사령부 10개 기지, 4개의 정글 보병여단, 엔지니어, 해군 및 공군 특공대를 파견하여 국경 안보를 담당했다. 또한 콜롬비아로 향하는 모든 선박에 대한 검열을 강화했다. 그리고 인적 네트워크 구축을 통해 범죄 관련 정보를 수집하고 콜롬비아 경찰과 수배자 정보를 공유하며 마약 밀매 선박 압수 및 밀매범을 체포했다(Pabón Ayala, 2012: 206-207). 그 결과 2021년까지 800톤 이상의 마약, 1억 갑의 담배, 4,000대의 불법 차량, 400척의 보트 및 133톤의 약물이 압수되었다(Nelza, 2021). 2021년 한해만 콜롬비아와 브라질 당국 간 정보 교환으로 아마소나스 주 국경에서 3,244킬로그램의 마리화나와 마약 밀매에 사용되는 선박이 압수되었으며 13명의 범죄자가 체포되었다(Marinha Da Colombia, 2021).

콜롬비아 정부는 아마존 지역 관리 및 통제를 위해 20세기 초 레티시아를 중심으로 경찰과 군인을 지역민으로 구성하는 군사적 식민지화 정책을 추진했다. 그러나 이러한 공공 정책은 주권과 안보 정책에 종속되어 오히려 지역적 단절과 고립이 심화되었다. 결국 아마존 지역은 불법 무장 조직의 활동 자금 조달을 위한 전략적 통로로 발전했다. 국가 건설 과정에서 후선으로 밀려난 아마존 지역에서 정부는 행정력 부재로 인해 분쟁 해결 능력을 갖지 못했다. 따라서 다른 행위자와 권력을 공유해야 했다(Zárate, 2015: 73-96). 이러한 현실을 감안하여 콜롬비아 정부는 아마존 지역 공공 제도 역량 강화 및 인프라 개선을 위한 노력을 기울였다.

2018-2022년 콜롬비아의 국방 및 외교 정책은 아마존 지역 초국가적 조직범죄 대응을 위한 양자 및 다자간 안보 협정의 지속성이 강조되었다(Ministerio de Defensa Nacional, 2020). 콜롬비아군은 장기 내전 전개 과정에서 축적된 경험을 활용하여 조직범죄의 자금 조달원을 무력화하기 위한 노력을 기울였다. 2020년 정부군은 메타, 과비아레, 보페스, 카케타, 푸투마요 및 아마소나스 주 지역에 남동 합동사령부를 설립했다. 그리고 기관 간 합동 군사 작전을 지휘하며 안보 협력에서 리더십을 발휘했다. 2021년 합동사령부는 합동 실무 전투 부대를 구성하고, 마약 및 무기 밀매, 광산 불법 착취 및 강탈 등 조직범죄에 효율적으로 대응하기 위한 범죄 진압 부대를 국경 지역에 배치했다.

콜롬비아 정부의 노력으로 2020년 13만 헥타르의 불법 작물이 사라졌고, 또한 6만여 개의 코카 실험실이 봉쇄되었다. 또한 102톤의 코카인이 압수되었다. 2021년 당초 목표인 20만 헥타르 이상의 불법 작물도 제거되었다. 2022년 푸투마요 소재 레기사모(Leguizamo) 항에서 군 사령부는 불법 무장 조직 27명을 체포했다. 그리고 이들의 통신 자료를 입수하여 범죄 조직의 주요 자금 조달원을 성공적으로 차단했다. 또한 합동 특수 작전 사령부 역시 다양한 지역에서 마약 밀매범 체포 및 범죄 조직 소탕에 상당한 가시적 성과를 거두었다(Ministerio de la Defensa Nacional, 2022).

2000년 접어들어 페루 정부는 마약 조직범죄 차단과 대응을 국경 안보의 최우선 순위에 배치했다. 전통적인 코카인 유통 경로로 활용되었던 아마존 국경 지역은 월경한 콜롬비아 불법 무장 조직에 의해 불법 작물 재배 면적이 급격하게 확대되었다. 통계에 따르면 2001-2016년 마라뇬(Marañon), 푸투마요 및 아마소나스 밀림의 코카 재배 면적은 1,250헥타르에서 3,383헥타르로 증가했다. 까바요꼬차(Caballacocha), 추치요꼬까(Cuchillococa) 및 베야비스따(Bellavista) 마을은 아마존 국경 지역에서 불법 작물 재배 종사자 비율이 가장 높게 나타났다. 범죄 조직은 정부의 강력한 통제가 미치지 않는 국경 지역을 넘나들며 불법 활동을 확대해 나아갔다(Vizcarra et al., 2020: 121).

페루 정부는 열악한 아마존 국경 지역 수비 강화와 불법 작물 재배 확대 방지를 위해 지역 개발 정책을 수립했다. 또한 범죄 조직 기소 및 처벌에 관한 법령 제30077호를 마련했다. 이를 통해 불법 광업, 조직범죄 자금 세탁 및 기타 범죄 처벌 관련 법령 제1106호와 조직범죄 및 불법 무기 소지 처벌에 관한 법령 제1244호도 발표하여 범죄에 관한 처벌 규정을 강화했다. 2013-2018년부터 범죄 처벌에 관한 절차를 간소화하여 처벌 규정을 체계적으로 보완했다. 2021-2023년 페루 정부는 특히 코카 재배 지역 통제에 관한 역량을 강화하고 불법 시장 및 범죄 조직 소탕을 골자로 안보 정책을 수립했다.

페루군 합동사령부는 국경 감시 구역을 설치하고 주요 불법 작물 재배지 로레토 지역 통제를 강화했다. 그리고 아마존 작전사령부는 에콰도르와 국경을 형성하는 아마소나스-로레토 지역과 브라질과 영토를 공유하는 로레토-우카얄리(Hucayalri) 지역 수비를 전담했다. 또한 아마존 삼국 국경 지역은 강을 통해서만 이동할 수 있도록 이동 범위를 제한하며 총력을 동원하여 마약 조직범죄에 대응했다. 페루 정부의 적극적인 대응 결과 2020년 로레토 지역에서 콜롬비아인 20명을 체포하여 200킬로그램의 코카인, 권총, 수류탄 및 탄약을 압수했다. 아야쿠초(Ayachcho) 지역에서도 특수사령부는 코카인 가공을 위한 염산염과 투입물을 몰수했다. 공군은 아마존 밀림 활주로에서 브라질과 볼리비아로 이송되던 대량의 코카인을 압수했다. 군과 경찰은 검찰의 지원을 받아 22개의 불법 광산을 봉쇄하고, 해양로 건설로 브라질 접근이 용이해진 라 팜파(La Pampa) 지역의 부엘타 그란데(Vuelta Grande)와 라베린노토(Laberinto) 광산에 진입하여 범죄에 사용된 26개의 뗏목 및 11,916리터의 연료를 압수했다(Dussán, 2020).

6 초국가적 조직범죄 대응을 위한 과제

초국가적 조직범죄는 약탈, 기생 그리고 공생의 단계로 발전한다. 초국가적 조직범죄는 물리적으로 안전한 공간에서 하나 이상의 불법 자산을 처리해야 하며, 물품 운송 경로를 확보해야 한다. 따라서 약탈 단계에서 지역 영토 통제는 필수적이며 지배적인 영토에서 범죄 조직은 불법 사업 방어, 경쟁자 제거 및 사회정치적 영향력 확보를 통해 생존한다. 결국 약탈 단계에서 영토 확장을 위한 갈등과 분열이 발생한다. 기생 단계에서 조직범죄의 정치적, 경제적 영향력은 현저하게 증가하며 범죄 활동이 확대될 뿐만 아니라, 합법화와 민주화는 위협에 직면한다. 그리고 범죄 조직은 공공 및 민간 부문 부패를 조장할 수 있는 상당한 능력을 갖는다. 공생 단계에서 조직범죄는 확고하게 뿌리를 내리며 정치 및 경제 시스템은 조직범죄에 의존하게 된다. 따라서 합법과 불법의 경계가 불투명해지고 법치주의 자체가 희석되며 "팍스 마피아"가 발생하는 경향이 있다. 또한 조직범죄가 국가를 장악하고 국가는 범죄에 봉사하며 조직범죄와 국가는 거의 동일선상에 위치한다(Tokatlian, 2000: 58-65). 브라질, 콜롬비아 그리고 페루의 아마존 지역 조직범죄는 약탈과 기생의 단계를 넘어 이미 공생 단계에 진입해 있다.

라틴아메리카 지역의 초국가적 조직범죄는 지역 차원의 강경 대응에 맞서 새로운 전략을 구사하며, 갈등과 분열로 경쟁자를 제거하고 사회 및 정치적 영향력을 확보하는 약탈 단계를 거쳐, 부패 조장을 통한 정치 및 경제적 영향력이 증가하는 기생 단계로 이동하고 있다. 현재 아마존 국경 지역을 거점으로 확대되는 조직범죄는 합법과 불법의 경계가 불투명해지고 조직범죄와 국가가 동일한 위치에 놓인 공생 단계로 발전해 나아가고 있다.

지역 차원의 초국가적 조직범죄에 관한 협력 체제 구축은 MERSUR 회원국을 중심으로 전개되었다. 안보 위협은 안보 정책의 공동 관리를 위한 다양한 협정 및 동맹으로 이어졌다. 협력의 기초를 형성하는 다자간 및 양자 안보 협력은 마약 밀매 방지를 위한 협정, 경찰 및 정보 교환 그리고 법률 호환성에 이르기까지 다양하게 전개되었다. 그러나 아마존 지역 안보의 주도권을 행사하고 있는 브라질과 콜롬비아 양국은 안보 협력에 있어서 실질적으로 역동적이지 않았다.

브라질 정부는 플랜 콜롬비아(Plan Colombia)에 대한 불편한 입장을 유지하는 한편, 콜롬비아 정부는 역내 브라질군의 주도권 행사와 미주 상호원조조약(Tratado Interamericano de Asistencia Mutua, TIAR) 수정에 대한 브라질 입장을 견제했다. 그 결과 양국의 안보 공조 체제는 가시적 성과에도 불구하고 제한적이었다(Ministerio de Defensa Nacional, 2020: 48-49). 초국가적 조직범죄 대응에 있어서 각국의 외교 및 정치적 이해관계와 맞물려 진전 없이 유지되고 있는 안보 외교를 강화하고, 조직범죄 대응 역량과 전략을 개선할 수 있는 양자 및 다자간 안보 협정의 연속성 부여는 여전히 과제로 남아 있다.

상호 주관적 맥락에서 초국가적 조직범죄 대응 방향 결정과 제도화는 초국가적 범죄 조직이나 법 집행 기관과의 상호작용을 통해 이루어진다. 초국가적 마약 조직범죄의 진원지 역할을 담당하는 브라질-콜롬비아-페루의 아마존 국경 지역은 범죄 조직 간 광범위한 해외 범죄 네트워크 구축을 통한 적극적인 연계 방안을 모색하고 있다. 그럼에도 불구하고 각국의 법과 제도는 초국가적 조직범죄를 처벌할 수 있는 강력한 규정이 작동하지 않는다(Payan, 2006: 863-880). 삼국의 서로 다른 주권과 사법 체계는 국경 지역을 불투명한 공간으로 만들며, 국경은 국제 관계 및 안보 협력과 관련하여 효율적인 대응에 장애물로 작용하고 있다. 아마존 국경 지역 마약 조직범죄는 다양한 수단을 통해 증가하고 있으나 경찰 및 검찰 그리고 국가정보원 등 유관 기관의 적극적이고 효과적인 대처가 미흡한 것이 현실이다. 초국가적 조직범죄 단속을 위한 국제 공조는 주권과 밀접한 관련이 있으며, 당사국 간의 이해관계로 인해 국내 범죄 수사처럼 쉽게 이루어지지 못하고 있다.

한편, 시민의 안보와 영토 통제에서 제대로 영향력을 발휘하지 못하여 약한 국가로 분류되는 국가들은 억압해야 할 범죄 행위를 종종 무시하는 "공범 국가"(Bello Arellano, 2013: 106)로 묘사된다. 부패 조장을 통한 초국가적 범죄 조직의 활동 증가는 합법적인 것과 불법적인 것 사이의 경계를 흐리게 하며, 범죄 조직은 체계적으로 헌신할 국가와 동일한 공간에 공생하여 생명력을 유지한다(García Pinzó, 2018: 65-66). 국경 지역의 불법 경제 활동은 당국의 부패로 확대되었다. 또한 마약 밀매에 상당 부분 개입되어 있는 부패한 공무원과 기관 및 조직의 보호하에 조직 범죄는 성장하고 있다. 범죄 조직은 목적 달성의 수단으로 부패를 조장하는 특징이 있다.이러한 상황에서 공공 부문의 부패 지수가 세계적 수준을 유지하고 있는 브라질, 콜롬비아 그리고 페루 삼국 정부의 부패 척결을 위한 확고한 의지와 일관성 있는 정책 마련이 당면 과제로 남아 있다.

초국가적 마약 조직범죄의 진원지로 변모한 아마존 국경 지역은 해당 국가의 병력 증가와 처벌 규정 강화를 통해 표면적으로 안전한 환경을 유지하고 있다. 그럼에도 불구하고 국가마다 안보의 우선순위가 동일하지 않으며, 협력 실행 과정에서 국가, 주 부서 및 지방자치단체 등 다양한 수준의 정부 참여뿐만 아니라, 기관 간 서로 다른 입장을 조율해야 하는 상황이다. 이러한 현실에서 국가의 제도적 역량 부족은 조직범죄 공동 대응의 장애로 작용하고 있다. 안데스 지역 국가의 경우 국가 안보와 불법 작물 재배 농민의 경제적 이해가 맞물려 때때로 정부는 마약 범죄에 대해 소극적인 태도를 유지하고 있다. 이것은 안보 협력을 어렵게 만들고 있다.

국가와 비국가 행위자 그리고 불법 경제 및 비공식 기관의 상호작용으로 구성된 지역사회 질서에 의해 초국가적 조직범죄 대응이 쉽지 않은 것이 현실이다. 지역 차원의 국경 간 의사소통 및 조정 채널이 운영되고 있지만 문제가 발생할 경우 공동 이니셔티브나 신속하게 의사를 결정할 수 있는 기구가 부재하여 안보 협력은 제대로 작동하지 못하고 있다(Hurtado and Aponte, 2017: 70-89). 월경한 범죄자 추적을 위한 각국 지방 단체와 조직 간 유지되는 불균형과 상호 신뢰는 여전히 불안정한 상황이다. 초국가적 조직범죄에 대한 효율적인 대응을 위해 상호주의에 기초한 집단적이고 협력 기관 간 기능 강화 그리고 제도와 법적 규제에 대한 체계적 통합은 라틴아메리카 지역 안보 유지를 위한 시급한 과제라고 볼 수 있다.

7 나가며

세계화의 진전에 따라 초국가적 조직범죄는 상호 의존성이 강화되는 국제 사회 안보의 위협이 되고 있다. 무력 및 영토 분쟁과 관련된 전통적인 갈등이 표면적으로 감소한 반면 초국가적 조직범죄는 라틴아메리카 국경 지역에서 확대되어 안보의 주요 과제가 되고 있다. 초국가적 조직범죄는 빈곤과 불평등 심화로 더욱 증가하고 있다. 범죄 조직은 폭력을 동원하여 국가의 통제력이 약하게 작용하는 지역사회와 암묵적인 협력 관계 형성을 통해 국가의 권위를 대행하고 있다. 라틴아메리카 지역은 초국가적 조직범죄와 테러리즘 간의 융합과 공동 작업으로 인한 이중적 안보 위협에 직면해 있다.

아마존 국경 지역은 약탈, 기생 그리고 공생의 단계로 발전하는 초국가적 조직범죄가 성장하는 대표적인 공간이다. 국경 도시 타바팅가, 레티시아 그리고 산타 로사 지역 범죄 조직은 정부 조직 및 관료의 부패 조장을 통해 공생 단계로 발전해 왔다. 이러한 지역은 국가의 주권이 제대로 행사되지 못함에 따라 정부가 무력에 대한 독점권과 지배력 행사 수단을 상실해 왔다. 이러한 공간에서 성장한 초국가적 조직범죄는 부패 조장을 통해 행정 구조에 침투하고 합법적 사업으로 활동 영역을 다양화하고 있다. 그리고 물리적 및 정치적 경계의 국가나 대륙을 초월하여 세력을 확대하고 있다.

라틴아메리카 지역의 초국가적 조직범죄는 주로 아마존 지역 불법 작물 생산 및 밀매와 관련을 맺고 있다. 초국가 범죄 조직은 해외 조직과 연계 방안을 모색하고 있으나 브라질, 콜롬비아, 페루 삼국 사법 기관의 대응은 이에 미치지 못하고 있다. 세계화의 진전과 함께 상호 의존성이 강화되는 현재 국경을 초월한 범죄 조직 간 유기적 연계와 각종 제약에 따른 대응 기관의 한계를 고려해 볼 때 초국가적 조직범죄는 더욱 증가할 것이다.

지난 30여 년 간 라틴아메리카 지역은 국경 지역을 중심으로 성장하는 초국가적 조직범죄 대응을 위한 다양한 협력 체계를 구축하며, 적극적인 대응 방안을 모색해 왔다. 초국가적 조직범죄가 주권 및 국가 간 이해관계와 맞물려 협력 대응이 어려운 것은 사실이다. 이러한 한계에도 불구하고 라틴아메리카 지역 정부의 지난 노력은 조직범죄 대응 역량과 전략 개선의 토대로 작용하고 있으며 향후 나아갈 과제를 제시해 주고 있다. 안보 협정 실행의 연속성 부여, 범죄자 검거 및 해당국 송환 기구 문제 발생 시 신속하게 의사를 결정할 수 있는 공식 기구 설립 및 제도 마련은 시급한 현안으로 남아 있다. 또한 범죄자 추적을 위한 지방 조직 간 상호 신뢰 구축과 조정된 제도와 법적 규제의 체계적 통합도 추진해야 할 당면 과제이다. 무엇보다도 라틴아메리카 지역의 빈곤과 불평등 개선을 위한 노력은 조직범죄 예방과 사회 통합을 위한 근본적 선결 과제라고 볼 수 있다.

제 6 장

제이칭뉴, 브라질의 비공식 제도의 권력*

/

임두빈

/

* 이 글은 『글로벌문화콘텐츠』 제11호에 수록된 「제이칭뉴(jeitinho brasileiro)를 통해 본 브라질의 일상문화코드」의 일부를 본 주제에 맞게 수정·보완한 것임을 밝힌다.

1 들어가며

어느 한 나라의 문화를 '이렇다' 하고 이야기하는 일은 결코 쉬운 일이 아니다. 우리가 얼큰하고 뜨거운 국물을 마시고 '시원하다'라고 말하면 외국인들이 이해하기 힘들듯이, '브라질'이라는 이국의 문화를 '이렇다' 하고 설명하는 일은 상당히 난감한 작업이다. 실제로 우리 주변의 모든 사물은 일상적인 의미를 갖지만 특별한 의미 또한 갖고 있다. "한밤중에 목이 말라 냉장고를 열어 보니 한 귀퉁이에 고등어가 소금에 절여져 있네"라는 우리나라 대중가요 노랫말 가운데 '고등어'가 전하는 정서는 남이 모르는 우리만의 '코드'가 내포되어 있다. 한밤중에 목이 말라 냉장고를 열어 본 아들! 옆방에는 가족에게 고등어를 구워 먹이려 소금에 절여 놓고 피곤해서 잠든 어머니의 모습과 나이 들고 지친 어머니의 가늘게 코 고는 소리는 우리네 서민 가정의 일상적인 풍경을 그려 주는 것이다. 이때 적합한 정서를 '도미'도 '굴비'도 아닌 '고등어'라야만 전할 수 있다는 점에서 '고등어'는 우리나라의 서민 밥상과 어머니의 정성을 투영하고 있는 코드인 셈이다. 이처럼 사람들은 자신이 속한 사회의 문화 속에서 성장했고 살아왔기 때문에 어떤 사물들에서 특별한 의미를 찾는다. 지구 정반대편에 위치하여 30여 시간의 비행을 거쳐야만 도착할 수 있는 국가. 과거 유럽의 확장 정책의 결과로 잉태된 혼혈 민족과 이민을 통해 형성된 다인종 국가. 우리나라에서 브라질 하면 떠오르는 아이콘으로 '축구'와 '삼바'가 가장 일반적이고 대중적인 이미지일 것이다. 전 세계에서 가장 인기가 높은 대통령을 가졌던 국가이자 신흥 개발도상국 브릭스(Brazil, Russia, India, China and South Africa, BRICS)의 일원으로 전 세계적인 불경기 안에서도 경제성장을 보여 준 국가이며, 2014년 월드컵과 2016년 하계 올림픽 개최국으로서 받는 관심 정도가 추가되었을 것이다.

사실상 브라질에 대해 국내에서 이루어지는 연구의 대부분은 관점 자체가 '시장성', '투자지'로 압축되면서 공시적이고 현실적인 정치 변화와 경제 지표 중심으로 집중되어 '제도'는 연구하되 '그 제도'를 만들고 수행하는 '사람들'에 대한 연구는 상대적으로 등한시해 왔다. 따라서 이 연구에서는 이러한 근대화론을 바탕으로 진행된 연구들이 무시해 온 것들, 즉 브라질 사회와 일상의 삶 속에서 사람들의 특성을 담고 있는 '문화 코드'인 '제이칭뉴 브라질레이루(jeitinho brasileiro)'를 통해 '브라질'이라는 특정 지역의 국가 문화를 '상상' 혹은 '오해'만 하는 차원이 아닌 '문화 간 커뮤니케이션'을 통해 우리가 브라질 사람들과 그 사회를 더 잘 이해할 수 있는 '문화 공존'에 그 목적을 두고 있다.

2 형식과 일상 그리고 제이칭뉴

1) 일상 문화 코드

오늘날에는 아무리 멀리 떨어진 곳이라 할지라도 현대 문명의 세례를 받은 곳이라면 어느 곳이나 사람 사는 사회가 가지는 공통적인 요소를 가진 경우가 많다. 하지만 그 공통적인 요소의 꺼풀을 벗겨 보면 또한 각자의 다름을 마주치게 된다. 이러한 다름의 근원에는 각 문화권에서 가지고 있는 행동의 규범을 형성하는 다양한 가치 체계가 복합적으로 얽히고 모여 형성된 '인식 여과 장치(perceptual filters)'가 그 문화권 사람들의 행동 양식과 문화를 규정하기 때문이다. 이런 인식 여과 장치를 '코드'로 부른다면 '문화 코드'는 우리가 속한 문화를 통해 일정한 대상에 부여하는 무의식적인 의미를 말하는 것이다.

우리의 과제는 이처럼 브라질 문화의 무의식 속에 숨어 있는 문화적 여과 장치로서 문화 코드를 발견하고, 그 코드를 통해 '문화 충격'을 최소화하면서 '또 다른 세계화'로 갈 수 있는 여정을 채워 나가는 데 있다. 각각의 문화 코드가 내포하고 있는 문화적 가치 체계는 사람들의 태도와 행동에 밀접하게 영향을 미치는 준거 역할을 하기 때문에 어느 한 문화권이 생성하고 유지하고 있는 가치에 대한 이해는 그 문화권의 삶을 이해한다는 의미이기도 하다. 그러나 사실상 한 집단이 공통적으로 지닌 문화의 가치 체계를 일반화하는 작업은 어려울 뿐만 아니라 선입견을 낳는 등 그에 따른 부작용도 만만치 않다.

세계화 시대라고 떠들어 대지만 정작 우리에게 열린 것은 자본주의와 연결된 기술적인 세계화이지, '문화 공존'이나 '문화 간 소통'을 위한 세계화는 아직 요원한 게 현실이다. 루스 베네딕트(Ruth Benedict)가 『국화와 칼』에서 밝혔듯이, 그 장애물의 중심에는 우리가 아직 각 나라의 특성을 막연하고 편협한 시각으로 인식하고 있다는 점이다. 그 한 가지 예로 외국인들이 한국인의 식문화를 대표적으로 멸시하는 '개고기'의 경우를 들 수 있다. 인류에게 가축은 다양한 음식을 제공하는 소중한 존재였다. 한국 문화 안에서는 '개' 역시 가축의 의미 안에 들어 있었고 시대가 발달하면서 '반려견'의 지위도 같이 생겨났다. 반면에, 개를 가축으로서 보는 경험과 다른 감정이 결합되어 있지 않은 문화권에서 볼 때 '개고기'의 섭취는 그들이 가지고 있는 '애완견'으로서의 각인에 대한 파괴일 뿐이다. 이처럼 아무리 세계화를 들먹인다고 해도 진정한 의미의 '문화 공존'은 쉬운 과제가 아니다.

2) 비공식 제도로서 브라질의 국가 문화 코드

우리가 연구 단위로서 한 국가의 문화 코드를 바라보려 할 때, 집단적 문화 정체성에 대한 논의가 조금 필요하다. 근대화는 대중 사회를 출현시키며 동시에 개인적 자유에 대한 가치 부여 사이에 모순점을 낳았다. 20세기 냉전의 종식과 경제의 세계화 바람으로 인해 집단 정체성의 풍화가 가속되었지만 오늘날까지도 집단적인 것과 개인적인 지향 사이의 갈등은 여전히 지속되고 있다.

국가 차원의 문화를 연구할 때 20세기 학자들은 시대가 당면한 학문적 패러다임에 따라 개별성보다는 주로 모든 것을 가로지르는 보편성에 천착하는 '구조주의'적 경향을 보였다. 다시 말해서, 20세기 학자들은 개별적인 문제보다는 모든 인간 사회에 나타나는 공통적인 문제들에 대해 더 관심을 가져왔다. 개별 문제에 대한 해결책은 그다음 단계로 찾는 방식을 취해 왔다. 국가 수준의 문화 이해에 대한 대표적인 연구를 꼽자면, 국가별로 요인 분석과 지수화를 통해 연구 대상 지역의 특징적 차이를 연구한 헤이르트 호프스테더(Geert Hofstede)의 '문화차원 모델'을 들 수 있다. 브라질에서는 베따니아 따누레 지 바후스(Betania Tanure de Barros)가 2003년에 호프스테더의 연구 방법을 적용하여 브라질 및 다른 라틴아메리카 국가에서 활동 중인 브라질 태생 관리직 1,732명을 대상으로 동일한 조사를 진행했다.

〈표 1〉 브라질 태생 관리직 대상 문화차원 모델 조사 결과.

	호프스테더	바후스
권력 거리 지수	69포인트	75포인트
개인주의 지수	38포인트	41포인트
불확실성 회피 지수	76포인트	36포인트
남성성 지수	49포인트	55포인트
장기 지향 지수	65포인트	63포인트

출처: Hofsted, 1980; Barros, 2003.

권력 거리 지수(Power Distance Index, PDI)가 높다는 것은 소수에게 권력과 의사 결정권이 집중되어 있어 나머지 구성원들이 자신이 속한 집단이 내린 결정이나 그 결정의 수행에 대한 책임감을 크게 느끼지 않는 방관자적 입장을 가진다는 것을 보여 준다. 전형적인 관료제 사회의 특징이다. 집단의 지도자와 그 나머지 사람들의 관계는 과거 귀족 사회에서 볼 수 있었던 주종 관계에 근거를 둔 것 같은 의존 관계가 형성되고 유지된다고 분석된다.

앙드레 로랑(Laurent, 1996)은 논쟁을 피하려는 브라질 사람들의 성향과 권력 거리 지수의 상관관계를 밝히는 연구 결과를 내놓았다. 실제로 브라질 사람들은 자신보다 더 큰 권력을 지닌 인물과 분쟁을 피하는 경향을 강하게 보인다. 분쟁을 피하려는 이런 습성은 대인 관계를 잘 유지하려는 의도에서 기인하며, 실제로 브라질에서 성공적인 거래를 이루려면 신뢰를 바탕으로 형식적인(formal) 관계를 비형식적인(informal) 관계로 전환하면서 상호 신뢰 관계를 유지해 가는 것이 가장 중요하다고 알려져 있다.

브라질과 미국 간의 협상 문화를 비교 연구한 버지니아 M. S. 피어슨과 월터 G. 스테판(Pearson and Stephan, 1998)의 연구 결과처럼 문화차원 모델의 개인주의 지수(Individualism Distance Index, IDV)에서도 브라질은 개인주의보다는 집단주의 성향이 높은 집단으로 분류되었는데, 여기서 얘기하는 '집단주의'란 흔히 아시아 지역에서 얘기할 수 있는 공공의 이익이 개인의 이익을 앞서는 형태가 아니라 오히려 가족이나 친척과 같은 '내(內)집단'과 자신이 소속되지 않은 '외(外)집단'이 구분되는 '개인화된 집단주의'를 의미하는 특징을 가진다.

호프스테더와 바후스의 연구 결과를 비교할 때 가장 큰 변화를 보인 부분은 불확실성 회피 지수(Uncertainty Avoidance Index, UAI)이다. 이 글에서 다루는 '제이칭뉴' 역시 '불확실성'과 가장 연관성이 높다고 할 수 있다. 보통 UAI가 높은 문화권은 가능한 대안들을 모두 수용하려는 태도와 관료주의가 만연하며 위계질서 또한 중시하는 것으로 알려져 있다. 브라질 사회는 법과 종교를 통해 불확실성에 대처하는 경향이 짙은데, 법과 제도에 관련된 브라질의 사회 체제는 프레드 워런 리그스(Fred Warren Riggs)가 주장한 바와 같이 전통 사회와 근대 사회 사이의 전이 사회(transitia society), 즉 프리즘적 사회(prismatic society)라는 이질 혼합적인 사회의 형태를 띠고 있어 형식과 실제 간에 불일치를 보이는 관료제적 '형식주의(formalism)'의 특징을 보여 준다. 한국을 비롯한 브라질 진출 해외 기업들이 이구동성으로 브라질 투자 장애 요소로 지적하는 '브라질 비용(Brazil cost)'의 요체가 바로 이것에서 비롯된 것이기도 하다. 따라서 브라질 사회에서는 현실적인 문제를 방관자적인 입장에서 비현실적인 창구인 종교를 통해 회피하거나 책임을 전가하거나(se deus quiser, 신이 원하신다면) 혹은 마지막까지 일 처리를 미루는 모습을 흔히 볼 수 있다.

남성성 지수(Masculinity Index, MAS)는 호프스테더나 바후스 모두 브라질이 역사적으로 가부장제적인 사회를 구성하고 있음에도 불구하고 어떤 문제를 해결할 때 분쟁을 피하는 성향이 강하다는 점에서 여성성 지수와 균형을 이루는 모습을 보여줬다.

장기 지향 지수(Long term Orientation, LTO)에서는 지수의 기준이 되는 덕목 중 하나인 끈기의 부족과 오랫동안 시달렸던 고인플레이션 시대의 영향을 많이 받았다고 평가되었다.

3 브라질 제이칭뉴 이해하기

'제이칭뉴(jeitinho)'를 간략하게 정의하자면, 항상 개인적인 이익을 우선시하면서 외부 세계와 관계 짓는 브라질 사람들의 생활 방식 중 하나라고 정의할 수 있다. 영어권에서는 흔히 'Brazilian Way of Life'로 번역하는 경우도 많다.

우리는 호프스테더의 문화차원 모델을 브라질의 일상 문화 코드를 이해하기 위한 기초 작업의 일환으로 브라질의 국가 문화를 집단 정체성 가늠의 척도로써 간략하게 살펴보았다. 우리가 다룰 제이칭뉴는 앞서 살펴본 대부분의 문화차원 모델 지수들을 관통하면서 브라질 사회가 지닌 일상 문화 코드를 표상한다. 그렇다면 과연 브라질 사회에서 무엇을 제이칭뉴라고 부르는지 좀 더 명확하게 이해하기 위해 다음 아래에 연출된 장면을 살펴보기로 하자.

두 명의 자녀를 둔 한 남자가 1년 동안 일자리를 구하지 못하고 아내가 일용직을 통해 벌어 온 돈으로 겨우 생활을 꾸려 나가고 있었다. 어느 날 그는 시내의 한 가게에서 일꾼을 구한다는 광고를 보았다. 그는 곧바로 그 가게에 들어가 주인과 면접을 보았다. 그 이외에도 다른 구직자들이 여럿 있었지만 운이 좋게도 주인은 그를 좋게 보았다. 결국 그는 가게 안주인으로부터 최종적으로 근로 조건에 대한 안내를 받고 나서 바로 다음 날부터 출근하기로 했다. 이제 내일 아침 8시까지 출근해서 가게 주인에게 노동 수첩을 제출하는 일만 남았다. 만약에 내일 아침에 노동 수첩을 가지고 오지 못하면 애써 얻은 일자리를 다른 사람에게 내놓아야 했다. 그는 오랜만에 일자리를 얻어 편안한 마음으로 집에 돌아왔다. 내일 가져갈 노동 수첩을 미리 챙겨놓으려고 찾아봤으나 찾을 수가 없었다. 이유는 알 수 없지만 잃어버렸음이 분명했다. 내일 첫 출근이 될 직장을 잃지 않기 위해 그는 즉시 노동청에 달려가서 재발급 요청을 했다. 익히 잘 알려진 바와 같이 브라질 정부 행정 기관의 공공 서비스는 처리 속도가 늦을 뿐만 아니라 상당히 관료적으로 악명이 높다.

그는 노동청에 도착해서 두 시간이나 줄을 서서 기다린 끝에 자기 순서를 받았다. 담당 여직원은 무표정한 얼굴로 다른 사람들의 신청이 밀려 있어 재발급은 한 달 걸릴 것이고, 이는 관련 규정에 따른 일상적인 소요 시간이며 그 누구에게나 공평하게 적용된다는 말을 덧붙였다. 애써 얻은 일자리가 물거품이 될 지경이 되자 그는 절망감에 빠져 버렸다. 그는 황급히 자신의 급한 사정을 여직원에게 털어놓으면서 사정했다. 여직원은 그의 얘기를 듣고 잠시 갈등을 하는 듯해 보였지만 표정을 굳히면서 사정은 딱하지만 규정이 그렇기 때문에 도리가 없다고 했다. 그러나 그는 계속해서 여직원에게 사정했고 결국 여직원은 남자의 재발급 신청서를 남의 것보다 먼저 올려놓는 방법으로 40여 분 만에 재발급받을 수 있도록 도와주었다. 남자는 사정을 봐준 여직원에게 감사의 인사를 하고 기쁜 마음으로 집으로 돌아갔다.

이 이야기는 바로 브라질 사람들이 말하는 제이칭뉴가 작동한 전형적인 상황 중의 하나이다. 여기서 제이칭뉴가 개입된 곳은 여직원이 그의 재발급 신청서를 먼저 처리해 준 상황이다. 여기서 재미있는 사실은 구직자가 가게 주인에게 사정할 수도 있었지만, 그 선택이 우선순위가 아니었다는 점이다. 여기서 주목해야 할 부분은 '가게 주인-구직자'의 관계와 '구직자-여직원'과의 관계성이 지닌 차이점이다. 호프스테더의 문화차원 모델에 근거해서 볼 때 권력 거리 지수가 높은 브라질에서 주종 관계에 놓이게 되는 가게 주인보다 같은 피고용인 입장의 여직원이 훨씬 쉽게 공감대를 형성할 수 있었기 때문에 구직자는 가게 주인이 아닌 여직원에게 사정을 한 것이다.

그리고 "이는 관련 규정에 따른 일상적인 소요 시간이며 그 누구에게나 공평하게 적용된다"와 "그는 계속해서 여직원에게 사정했고 결국 여직원은 남자의 재발급 신청서를 남의 것보다 먼저 올려놓는 방법"은 앞서 얘기한 바와 같이 '전이 사회' 즉, 프리즘적 사회라는 이질 혼합적 사회에서 '당위'와 '실제' 간에 불일치를 보이는 전형적인 관료제적 형식주의의 특징을 제대로 보여 준다. 이와 관련되어 브라질에서 흔히 사용하는 다음과 같은 표현을 만나볼 수 있다.

모두가 법 앞에 평등하다. 그러나 그 법은 모든 이 앞에서 평등하지 않다.
(Todos são iguais perante a lei, mas a lei não é igual diante de todos.)

실제로 여직원은 처음에는 구직자에게 원칙을 고수했지만 결국 제이칭뉴를 용납하고야 만다. 그녀 역시 이미 브라질 사회가 프리즘적 사회라는 사실을 일상에서 익히 잘 알고 있기 때문일 것이다. 구직자가 부딪힌 어려움을 브라질 사회의 '형식', 즉 '제도'가 구제해 주지 못하리라는 사실을 이미 알고 있었기에 비공식적인 방법으로 '실제'에 개입을 한 것이다. 이게 바로 우리가 얘기하는 제이칭뉴의 핵심이다. 리그스(Riggs, 1961)에 따르면, '형식주의'의 존재로 인해 사람들뿐만 아니라 기관조차도 일련의 법이나 규정을 어기게 되고 법과 제도에 대해 서로 불신하는 풍조가 일반화되는 현상을 겪는다고 한다. 한마디로 고지식하게 법이나 규칙을 곧이곧대로 지키는 사람이 오히려 불이익을 본다는 사실을 브라질 사회 구성원 전체가 인식하기 때문에 국민 모두가 제이칭뉴를 하나의 '국민 문제 해결사' 정도로 인정하고 사회적으로 용인하는 것이다.

　1990년대 후반에 우리나라의 한 방송국 연예 프로그램에서 몰래카메라를 통해 새벽의 한적한 도로에서 보행자 신호를 운전자들이 잘 지키는가에 대한 시험을 한 적이 있다. 과연 새벽 3시경 아무도 없는 횡단보도에 운전자들은 차를 세울까? 아니면 그냥 지나칠까? 당시 방송은 보행자가 없어도 차를 세우고 신호를 지키는 일본의 경우를 비교하면서 우리의 부족한 준법정신을 탓한 적이 있다. 지금 다시 이 문제를 판단한다면, 단속을 받지 않는다는 전제 아래에서 도로교통법이라는 법규에 의존하여 판단하기보다 스스로가 만든 도덕법에 기준하여 판단할 것으로 보인다. 물론 급한 환자를 후송한다든가 하는 예외적인 상황을 배제한 경우의 이야기이다. 이 문제에 관한 브라질 사회의 해법은 간단하다. 고민할 필요 없이 바로 '망설이지 말고 그냥 지나가라'이다. 이는 브라질 사람들의 준법정신이 희박해서 그렇다기보다는 새벽에 도로에서 차를 세우는 게 치안 측면에서 위험하기 때문이다. 이 상황 역시 제이칭뉴가 형식주의라는 사회문화 · 환경적 원인에서 비롯된 것과 같은 맥락을 보인다고 할 수 있다. 이처럼 브라질 사회에서 제이칭뉴가 발생하게 된 주된 원인은 역사적 배경을 통해 형성된 형식주의에서 그 기원을 찾아볼 수 있다.

　그러나 브라질에서 제이칭뉴를 성공적으로 이끌기 위해서는 일단

호감이 가고 매력적이면서 동정심을 유발할 수 있어야 한다. 물론 말솜씨가 뒤따라야 한다. 거만하거나 권위적이고 무뚝뚝한 사람은 실패할 확률이 높다. 내 형제, 내 친구 같은 친밀한 호칭이 제이칭뉴를 사용할 때 주로 사용된다. 한 가지 더 주목해야 할 점은 제이칭뉴의 수행이 달변이나 돈만으로 되는 것은 아니라는 점이다. 이처럼 제이칭뉴를 수행하는 기술은 항상 감정을 수반하는 상황에서 이뤄진다. 관건은 해당 문제가 해결되어 상대방 역시 같은 성취감을 느낄 수 있는 공감대를 갖도록 유도하는 것이다. 당사자들이 부딪힐 상황의 불확실성을 강조하고 문제를 해결하기 위한 급박한 사정을 강조해 나갈 필요가 있다.

실제 사회생활에서 제이칭뉴와 호의는 서로 뒤섞이는 경우가 많다. 현실에서는 그 어떤 규정이나 규칙, 법을 위반하지 않고도 어떤 이에게 제이칭뉴를 부탁할 수도 있고, 규정을 깨면서도 호의를 요청하는 경우가 생길 수 있다. 제이칭뉴는 어느 누구에게나 작용하고 요청할 수 있다. 반면에 호의의 경우는 다르다. 호의는 상호 간에 신뢰가 있는 경우 적용되며, 그 어떤 규정이나 규칙들을 위반하는 것을 전제하지 않는다. 반면에 제이칭뉴는 어떤 형태이든 규칙 위반을 수반한다. 호의는 좀 더 공식적인 태도와 관계가 있으며, 오랫동안 알게 된 사이에서 주로 이루어진다. 제이칭뉴는 비공식적인 측면이 강하며 서로 모르는 관계, 또는 짧은 기간 동안 알게 된 사이라도 제한 없이 작동된다. 제이칭뉴와 부패 사이의 차이는 동전의 앞뒷면 차이일 수 있다.

대부분의 사람들은 일상생활에서 필요한 요소 중의 하나로 제이칭뉴를 수용하고 활용하고 있다. 소수의 사람들이 제이칭뉴를 사용하는 것이 도덕적으로 부당하다는 이유로 사용을 피하고 있다.

2장에서 문화차원 모델을 통해 설명된 브라질의 집단 문화의 특징들
은 앞서 예로 든 상황에서 본 것과 같이 제이칭뉴와 상호 연관된다. 정리
하자면, '브라질 제이칭뉴'는 어떤 개인이 법이나 규범, 규칙과 명령과
같이 공리에 부과된 법칙을 무시하고 자신이 원하는 목적을 달성하고
자 할 때 사용하는, 브라질 사회가 지니고 집단적으로 용인하고 있는 고
유의 아비투스(habitus)라고 할 수 있다.

따라서 제이칭뉴는 브라질적인 사회 환경이 개인에게 강제하는 '당
위'와 개인이 직면한 '실제'와의 간극에서 줄타기에 다름 아니다. 다시
말해서, 사람이 행위를 함에 있어 '경험의 객체로서의 나'(감성계)와 '경
험의 주체로서의 나'(지성계)가 경연을 벌이지만 대상에 대한 욕망에 지
배되기 쉬운 인간의 의지는 외부의 목적을 추구하기에 급급하게 된다.
다시 설명하자면, 브라질 사람들이 태생적으로 원래 규칙이나 규범을
어기고 싶어 하는 것이 아니라, 교육이나 신앙, 윤리 의식 등을 통해 갖
춘 의지의 자율성으로 소속 사회가 요구하는 '당위'를 지키고 싶지만,
주어진 불합리한 외부 환경과 욕망이나 필요성의 지배에 의해 '위반'이
라는 타율적인 선택을 하게 된다는 것이다. 이런 타율적인 선택은 제이
칭뉴를 비공식적이지만 제도화 수준으로까지 끌고 간다.

로렌수 스텔리우 헤가(Rega, 2000: 104)는 제이칭뉴가 (1) 태만
(Descaso), (2) 위반(Transgressão), (3) 부정부패(Corrupção), (4) 면책
(Impunidade)의 순서로 악순환하는 시스템으로 작동한다고 주장했다.
그의 주장에 따르면, 먼저 사회 구성원들이 필요로 하는 '실제'에 대한
정부 당국의 태만 혹은 '목마른 자가 우물을 파시오'식의 대응이 사회
구성원들로 하여금 '세금을 내도 정부가 해주는 게 없다'는 인식이 만연

되고 제도와 규정을 자기 편의에 따라 쉽게 위반하는 풍조가 생겼다는 것이다. 이런 '위반'이 점점 영역을 넓혀 별 죄의식 없이 뇌물수수와 같은 부정부패로까지 연결되고 죄를 짓고도 벌을 받지 않고 피해 가는 면책의 단계로까지 연결된다. 이를 브라질에서는 이처럼 표현한다.

브라질에서 법은 백신과 같아, 맞은 사람도 있고 맞지 않은 사람도 있다.

(No Brasil, lei é como vacina; uma pegam, outras não.)

여기서 우리는 브라질 사회의 '형식'과 '실제'의 불일치를 볼 수 있다. 담당 여직원은 '제도화된 규정'을 따르는 것이 당연하지만, 결국 인간적인 사정을 감안하여 규정을 어기는 비공식 제도, 즉 제이칭뉴를 허용하게 된다. 이는 브라질 사회에서 형식적 규범과 실제 행동 사이의 괴리를 보여 준다. 법과 규정을 곧이곧대로 지키지 않는 문화가 만연해 있으며, 이는 브라질 사회의 특성을 반영한 것이다.

〈표 1〉에서 조사 대상자의 3분의 2 이상이 제이칭뉴를 주거나 받은 적이 있다고 응답했고, 〈표 2〉에서 보여 주듯이 학력별 사용에서도 학력에 상관없이 대상자의 50퍼센트 이상이 제이칭뉴를 사용했다고 응답했다.

위에서 살펴본 것처럼 제이칭뉴가 브라질 현실 사회가 지닌 집단 정체성적 문화 요소라면, 왜 이런 문화 코드가 형성되었는지 그 역사적 배경을 살펴볼 필요가 있다. 까이우 쁘라두 주니오르(Prado Júnior, 2000) 역시 브라질에서 형식과 실제의 괴리는 식민지 시대부터 그 기원을 찾아볼 수 있다고 분석했다.

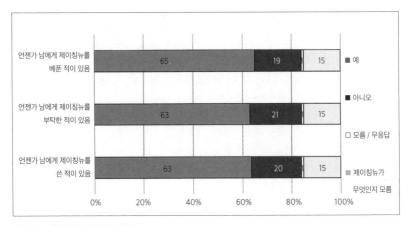

〈표 1〉·제이칭뉴의 사용 경험.
출처: PESB, 2002.

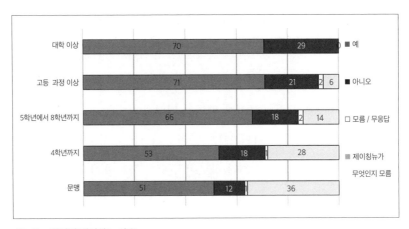

〈표 2〉·학력별 제이칭뉴 사용.
출처: PESB, 2002.

4 제이칭뉴의 역사적 배경과 그 유산

브라질 사회의 형성과 구조화는 식민 시대와 공화국 초기 및 중반 시기의 경제 주기만 봐도 현지 원주민의 노동력 착취와 유럽 시장에 천연 원자재를 공급하는 역할로부터 출발했음을 알 수 있다. 실제로 당시 포르투갈 왕실에게 브라질은 정착을 목적으로 발전시킬 땅이 아니라 그저 수탈의 대상이었을 뿐이었다. 당시 중상주의의 세례를 받았던 식민 지배자들 역시 제 손으로 땀을 흘려 정착지를 개척하려는 생각은 전혀 없었다. 소수 엘리트 계층 중심의 과두제로 구축된 브라질 식민 사회는 근본적인 변화를 겪지 못하고 식민지 시대를 넘어 군주제, 공화제를 거친 오늘날까지 브라질이라는 국가의 사회·정치 구조를 구성하고 있다. 이러한 역사 속에서 브라질은 소수 엘리트층의 편의를 중심으로 대중들을 규제하는 방향으로 '처벌적인' 법과 제도를 고집해 왔다 (DaMatta, 1986).

식민지 초기에 경제의 중심을 차지했던 '빠우-브라질(Pau-Brasil)' 채집 시기에 유럽인들은 노동력 동원에 '꾸냐디스무(cunhadismo)'라는 원주민 풍습을 활용했다. 수적으로 소수였던 포르투갈인들은 원주민 처녀들과의 혼인을 통해 가족의 일원이 된 다음에 무력이나 강제력을 동원할 필요도 없이 처가의 노동력을 확보할 수 있었다. 이러한 유럽인들과 원주민들 사이의 결합은 겉보기에 정당하고 평등해 보이지만 실제로는 아니었다. 그 뒤를 잇는 사탕수수 경제 주기에는 사탕수수 농장을 소유한 '지주'가 자신이 속한 지역과 사람들에 대한 절대적인 권력과 지배력을 어떤 제도나 준거 체계를 초월하여 휘두를 수 있었다. 브라질 공화제 초기는 '꼬로넬 체제(Coronelismo)'라고 불렸다. 이 표현은 과거 국가경비대의 '대령(coronel)'에서 유래한다. 대체로 이들은 지방에 권력 기반을 둔 지주들이었다. 꼬로넬 체제는 후견제(clientelismo)의 한 변형으로, 농촌이나 도시에 뿌리를 둔 체제라고 할 수 있다(파우스투, 2012: 237). 이 체제가 가진 후원-수혜 관계가 발생한 배경에는, 식민 시대로부터 이어져 온 사회적 불평등, 시민의 권리 행사가 불가능한 환경, 각 주의 빈약하거나 아예 전무한 복지 제도, 전문적인 공공 서비스의 결여 등에 원인이 있었다. 공화국 초기에는 지방의 정치 수장들에게 더 많은 권력이 집중되는 환경이 조성되었고 각 지방의 사람들은 꼬로넬이 지정하는 후보에게 표를 내어주고 후견을 받는 구조가 형성되었다. 한마디로 꼬로넬은 그 지역의 정치적 수장들에게 표를 제공하고 그 대가로 유권자가 필요로 하는 혜택들을 중재해 준 것이다. 이 시대 또한 사회 질서는 어떤 공적인 제도보다는 꼬로넬들의 주관적·감정적인 판단 아래 유지되었다.

세르지우 올란다(Holanda, 1995) 역시, 앞에서 본 바와 같이 브라질의 사회 형성의 뿌리가 사적 영역이 공적 영역을 대체하면서 이루어진 것으로 분석하고 있다. 그는 브라질의 도시화가 진행될 때에도 이전 사탕수수 시기에 식민지 사회의 근간을 형성했던 '까자 그란지 이 센잘라(Casa grande e Senzala, 대저택과 노예 숙사)'의 구조가 그대로 적용된 것으로 주장했다.

브라질 사회 형성의 근간이 된 '가부장제적' 사회관계에 기인한 브라질 문화의 한 특징으로 사회 제반적인 문제들을 처리하는 데 있어 '이성'을 통해서가 아니라 '애증'이라는 감정을 통하는 성향이 형성되었다. 이러한 경향은 현대의 브라질 사람들의 일상생활 속에서 쉽게 만나 볼 수 있는 '오멩 꼬르디아우(Homem cordial, 친절한 사람)'로 나타난다. 브라질 사람들은 사회 전반적으로 적어도 공개적으로 타인과 대립하는 일을 극도로 피하는 경향이 짙다. 호베르투 다마따(DaMatta, 1986) 역시 브라질 문화를 타인과의 충돌을 피하는 문화로 분석했다. 대립이 발생할 수는 있지만 대치 국면으로 이어지기보다는 항상 조정이 가능한 상태로 전환시키는 성향을 가졌다는 것이다. 브라질에서 흔히 접할 수 있는 표현이 "당신, 지금 누구랑 얘기하는 줄 알아?(Você sabe com quem está falando?)"라는 고압적인 표현인데, 의외로 실제 상황에서 먹히는 경우가 많다. 이는 실제로 겉으로 보기와는 달리 브라질 사회가 수직적인 구조를 지니고 있다는 사실을 반증한다. 대상이 누구냐에 따라 법이나 규정 같은 '당위'가 무용지물이 된다는 사실을 표방하는 언행인 셈이다.

브라질에서는 대부분의 사회적 행위에서, 개인적인 이익이 공공의 이익에 우선하는 경향을 보여 주면서 브라질 국가 차원의 결속력 부족을 드러낸다. 단체 이익을 훼손시키면서도 자신 스스로와 자신과 친밀한 내집단 구성원에게 편의를 제공하는 경우가 많아 사회문제로까지 지적되곤 한다. 다마따는 브라질 사람들이 집단적 가치를 단지 개인의 행복을 위한 부산물 정도로 생각하는 자기중심적인 개인주의자들이라고 평가했다. 그리고 브라질 사람들은 항상 집단 이익에 손해가 가더라도 정작 자신은 특혜를 입으려고 하는 이기적 욕망의 합리화가 강하다. 우리는 이러한 면모를 앞서 "브라질에서 법은 백신과 같아, 맞은 사람도 있고 맞지 않은 사람도 있다"라는 표현을 통해 이미 확인한 바 있다. 이처럼 브라질에서는 강자가 법 위에 있는 사적 네트워크로 자신을 보호하여, 당사자의 사회적 지위에 따라 해석되기에 법은 약자를 더욱 약하게 만드는 경향이 짙다.

이러한 문화적 현상을 다마따는 브라질 사람들이 '집'과 '거리'에 부여하는 개념상의 차이점을 통해 설명한 바 있다. 집을 나선 거리는 '복수의 사람들(people)', 즉 대중이 존재하는 공간이다. 가족을 벗어난 거리는 기본적으로 위험한 장소가 된다. 다마따의 이러한 해석은 우리가 앞서 살펴본 '다른 사람과의 대립과 싸움을 극도로 피하는' 브라질 사람들의 성향을 설명해 주는 길이 된다.

브라질 사람들은 자신의 개인적인 삶을 통해 연결된 '브라질식 가족의 범위', 즉 대부와 대모, 자기 사업체의 피고용인들, 자신의 집안일을 하는 피고용인들과 친구들이 연결된 관계망의 구성원이 된다. 이 관계망은 그 충성도와 존중에 있어서 정부나 국가 차원의 공공 이익보다 더 중요하다. 이처럼 브라질 사람들은 모든 관계들을 가능한 한 최대로 개인화하는 경향이 짙다. 법과 제도 아래 지배되는 공식적인 상황이 문제가 되어 본인에게 문제로 다가올 때 이를 개인화시켜 해결하는 방법으로 제이칭뉴를 작동시킨다. 브라질에서 모든 사회적 상호작용은 사적인 관계로부터 비롯되며, 일어나는 모든 일들의 성패는 그 누군가의 사적인 관계망에 좌우된다. 그래서 브라질에서 비즈니스를 하거나 어떤 문제를 해결할 때 아는 사람들을 통하거나 관계된 인적 네트워크를 소개받는 일이 필수적이다. 이처럼 브라질에서는 사적인 네트워크가 가지는 중요성은 아래의 표현에서 드러나는 것처럼 아무리 강조해도 지나치지 않다.

친구(내집단)에게는 만사 오케이. 모르는 사람(외집단)에게는 무관심. 적들에게
는 '법'을 들이대라.

(Aos amigos, tudo; aos indiferentes, nada; aos inimigos, a lei.)

5 나가며

제이칭뉴는 브라질 사회에서 중심이 되는 사회 범주 중 하나이다. 그
러나 이것을 브라질만의 민족적·특질적 범주로 그 개념을 가둬 둘 수
는 없다. 왜냐하면 브라질에서 제이칭뉴라고 부른다는 명칭의 문제일
망정 다른 라틴아메리카 국가의 사람들에게서도 마찬가지로 드러나는
동일한 뿌리를 지니고 있는 것으로 분석된다. 그 뿌리 중 하나가 바로 형
식주의인데, 형식주의는 라틴아메리카 사회가 그들이 직면한 '미개발'
이라는 국면을 극복하기 위한 의미에서 생존 차원으로 가용해 온 하나
의 전략이다. 라틴아메리카 사회는 브라질의 제이칭뉴와 같은 시스템
을 사회·정치·경제적인 양상들의 정형적인 변화에 관련되는 법이나
규정의 제정을 통해 지연시킬 수 있는 사회적 긴장들을 해소하는 데 활
용하고 있다. 제이칭뉴가 지닌 성격은 바로 사회·정치·사법과 같은
사회적 제도와 사회적 실천 사이에 놓여 있는 불일치의 결과로 빚어진
것이라고 볼 수 있다.

우리는 앞에서 브라질 사회가 자신의 역사적 형성 배경에 따라 프리
즘적 사회를 형성하고 있고, 그 결과로 실제와 형식 간의 큰 괴리감을 불
러일으키는 형식주의로 인해 제이칭뉴가 만연해졌다는 결론에 이른 바

있다. 브라질처럼 전이 사회적 성격이 짙은 사회에서 제이칭뉴는 현실의 불합리성을 덜어 주는 탈출구 역할을 하는 순기능 외에, 부패와 같은 역기능을 동시에 갖고 있다는 양면성을 볼 수 있었다.

사실 이러한 순기능과 역기능 사이의 경계선이나 기준점은 정확하게 제시하기 어려운 문제이다. 사람들은 매 순간 자기합리화를 하는 능력을 갖추고 있기 때문에 스스로에게 너그럽기 마련이기 때문이다. 실제로 우리 현대인은 우리가 살아가는 경험 세계 안에서 대상에 대한 욕망에 지배되기 쉬운 경험의 주체로서, 자연의 인과율과 무관한 '지성계'에서 이끄는 나 스스로가 부과한 도덕법에 따라 행동하기 어렵다. 미국의 정치철학자 마이클 샌델(Michael Sandel)은 '정의란 무엇인가'를 주제로 한 강의에서 다음과 같이 말했다.

인간은 지각의 세계, 자유의 영역에만 거주하는 것은 아닙니다. 만일 그렇다면 우리가 하는 행동은 항상 의지의 자율에 들어맞겠지만, 우리 인간은 두 관점과 그 영역 모두에 거주하기 때문에, 다시 말해서 자유의 영역과 필연의 영역 모두에 거주하기 때문에 언제나 간극이 존재할 수 있습니다. 우리가 '하는 일'과 '해야만 하는 일', 즉 실제와 당위의 간극입니다(샌델, 2017).

앞에서 본 것처럼, 우리가 이 연구에서 다룬 형식주의와 제이칭뉴의 문제는 브라질 사회만의 문제는 아니다. 칸트의 '순수이성'이 학교에서 학생들에게 가르치는 윤리관의 기준이라면 실제의 우리는 댄 애리얼리(Dan Ariely)가 얘기하는 '거짓말하는 착한 사람들'이 인간의 실제 자화상에 더 가깝다. 브라질 사회 내부 역시 제이칭뉴에 대한 긍정적인 평가와 부정적인 평가가 엇갈린다. 적어도 제이칭뉴가 현실 세계에서 순기능을 유지하려면 자기합리화와 자기기만 사이에서 적절한 선을 찾아 도덕성을 지키는 것이 중요하다. 실제로 세상에는 이런 괴리감을 떨치기 위해 종교적으로 고해성사와 같은 장치들이 존재한다. 반면에 제이칭뉴는 브라질 상황에서 실제와 당위의 간극에 개입하는 좀 더 적극적인 현실 개입 장치에 해당한다.

브라질 사회가 당면한 문제는 각자가 그때그때 부과하는 필요성에 의존해야 하는 제이칭뉴가 개인이 아닌 사회 전체의 문제 해결에서는 장애 요소로 작용한다는 점이다. 결국은 문제점에 대한 사회적인 인식과 문제 해결에 대한 사회적 합의가 이루어져야 한다는 얘기이다. 이는 브라질 사회가 식민 시대로부터 물려받아 오늘날까지 그 명맥을 이어오고 있는 수탈적인 제도를 넘어 혁신과 창조적 파괴를 용인하는 포용적 제도의 확립으로 출발하면서 가능한 일이라고 본다. 다행스럽게도 현재 브라질에서 이러한 움직임은 비록 느린 속도지만 지속되고 있다.

21세기 들어 라틴아메리카에 광범위하게 들어선 좌파 정권의 정책들을 미국을 비롯한 일부 서구권에서 '포퓰리즘'이라고 폄하했다. 그러나 해당 정책들과 그 취지와 시행의 면면들은 우리가 제이칭뉴라는 문화 코드로 브라질 사회를 바라봤던 관점을 살려서 재조명해 볼 필요가 있다. 서구로부터 수입된 민주주의를 '당위'라고 본다면 '실제'인 브라질 땅에서 지닐 수밖에 없는 내재적인 한계에 대해 '포퓰리즘'이라는 '제이칭뉴'로 도전하고 있다고 볼 수 있다. 물론 여기서 '포퓰리즘(기표)'의 '기의'가 고정되지 않았음을 전제함은 물론이다.

앞에서 살펴본 바와 같이, 브라질 제이칭뉴는 브라질이 역사를 통해 형성해 온 집단 정체성과 브라질 사회의 구조를 이해하는 데 필수 불가 결한 요소로서의 문화 코드인 셈이다. 덧붙여서, 좀 더 실용적인 의미에 서는 현재 신흥 개발도상국으로서 브라질에 전 세계의 현지 투자가 집 중되고 있는 만큼, 브라질의 조직 문화를 이해하고 좀 더 문화 공존적인 차원에서 현지 진출을 준비 중이거나 기 진출된 현지 법인의 마케팅이 나, 현지 생산 공장의 노무 관리 모색에 실질적인 도움을 줄 수 있는 실 마리가 될 것이다.

제 7 장

숨겨진 비공식적 제도의 힘:
브라질 사회의 불평등 구조와
자발적 이데올로기

/

임두빈

/

1 들어가며

외국인으로 브라질에 살면서 거리를 다니다 보면 항상 드는 생각이 있다. 나름 세련미를 뽐내는 도시 모습과 그 도시에서 버림받은 사람들. 두 개의 브라질. "어떤 게 브라질이지?" 이런 외국인의 질문을 지겹게 들어 온 브라질 사람들은 이렇게 답한다. "브라질은 초보자를 위한 곳이 아니다.(O Brasil não é para principiantes.)" 이런 브라질 사람들의 자기 해석이야말로 브라질만이 갖고 있는 특성(singularidade)을 나타내는 말일 것이다. 또한, 동시에 이런 명시적인 이데올로기는 브라질이 스스로 빠져 있는 '자발적 이데올로기(Ideologia espontânea)'의 암묵적 구성들과 결합하여 제 몸에 맞지 않는 제도적 관행들 속에서 자연스럽게 현실의 불평등을 정당화하고 있다. 대표적인 예로 '브라질 제이칭뉴(Jeitinho brasileiro)', '인종적 민주주의(Democracia racial)' '브라질의 가소성(Plasticidade brasileira)', '오멩 꼬르디아우(Homem cordial, 친절한 사람)'을 들 수 있다.

브라질 사람들은 정체성의 문제에 항상 직면해 있다. 스페인어권 가운데 홀로 포르투갈어를 사용하는 국가로서 느끼는 소외감뿐만 아니라 삼바, 카니발, 축구, 커피와 같이 브라질이 갖고 있는 원래의 강력한 이미지 때문이기도 하다. 호베르뚜 다마따(다마따, 2015: 9)는 브라질에는 대문자 'Brasil'(영어는 'Brazil'로 표기하지만 포르투갈어 표기는 'Brasil'이다)이 있고 소문자 'brasil'이 있다고 했다. 그에 따르면, 'Brasil'은 민족, 국가, 가치 체계, 삶의 가치와 선택, 이상 등의 총체를 가리키고, 'brasil'은 브라질 국명이 된 나무 이름 또는 식민지 개척 당시 포르투갈이 사용했던 교역소를 가리킨다. 전자는 공식적이지만 유토피아적이고 후자는 현실적이지만 디스토피아적이다. 과연 이 사람들은 어울리지 않는 이 두 개의 평행 세계의 어디에서 살고 있는지가 궁금했다.

오늘날 브라질은 전 세계에서 네 번째로 큰 민주주의 국가이며 세계 경제 규모 10위에 해당하는 대국이다. 하지만 대국에 걸맞지 않게 브라질은 왜소하다. 브라질 국기 가운데에는 '질서와 진보(Ordem e Progresso)'가 적혀 있지만 공부를 싫어하는 학생이 계속 미뤄 둔 숙제처럼 보인다. 현실을 도외시하고 장기적인 계획을 수립하지도 않고 유토피아를 꿈꿔 온 엘리트 계층과 영문도 모른 채 계속해서 국가의 실패를 맛봐야 했던 일반 국민 모두 자국의 미래에 대해 냉소가 몸에 배어 있는 것 같다. 그러나 21세기 들어 브라질은 식민지 시대부터 운 좋게 막바지에 모든 문제를 해결해 줬던, 땅과 자원이 주는 기적만을 기다리지 않고 스스로 계획하고 행동해서 결과를 수확하는 학습을 충분히 경험했다. 21세기 들어 이제 브라질은 과거 20세기처럼 "당신들이 우리를 알아?"라는 식의 '자기 해석'에 몰두했던 모습보다 "우리는 이런 사람들이고 나라랍니다"라며 우물 밖을 나오는 거인의 모습을 보여 주고 있다. 2014년은 월드컵 개최로 2016년은 하계 올림픽 개최도 과정 중의 하나였다. 비록 브라질이 좋아하는 기적이 2016년에 막을 내리고 팬데믹, 미·중 갈등과 같은 연이은 악재로 인해 정치·경제적으로 혼돈을 겪고 있지만 '미래의 나라' 브라질의 행보는 현재를 달리고 있다.

브라질 사회의 복잡한 구조와 불평등 문제는 단순히 경제적 지표나 정책적 실패에서 기인하는 것이 아니라, 그 뿌리가 깊게 뿌리내린 사회적, 문화적, 역사적 요소들에 있다. 이 글은 브라질의 불평등을 이해하는데 있어 중요한 두 가지 개념, 즉 '가부장적 후견주의(Patrimonialismo)'와 '자발적 이데올로기'에 초점을 맞춘다.

전체적인 통계와 국가 법률, 정책의 변화가 사회 불평등을 위한 결정적인 요소이긴 하지만 그것만으로 모든 것을 설명할 수 없다. 각 계층의 구성원들이 동의한다면 사회통합과 불평등 해소를 위한 법률과 정책의 변화는 사회 전반에 긍정적인 메시지를 전달할 수 있다. 그러나 훌륭한 정책의 수립과 부당한 정책의 채택 사이에 발생하는 모순은 여전히 브라질 사회에 만연해 있다. 제이칭뉴(Jeitinho)의 탄생과 존재 이유인 부정부패, 인권 유린, 탈세, 일관성 없는 법 집행 등은 브라질 사회에서 국가 제도의 효율성을 떨어뜨리는 '브라질 비용(Brazil Cost)'이라는 용어까지 탄생시켰다.

가부장적 후견주의는 브라질의 역사적 맥락에서 형성된 비공식적 제도로서, 공적 자원이 사적 이익을 위해 사용되는 구조를 강화하며, 이는 공정한 기회의 제공을 저해한다. 자발적 이데올로기는 브라질인의 의식 구조에 깊이 스며들어 있으며, 이는 브라질 사회가 불평등을 자연스러운 것으로 받아들이게 만든다.

브라질 사회의 복잡한 불평등 문제는 제도보다 실행이 중요하다. 따라서 정치권력의 정점에 있는 사람들이 폭넓은 개혁의 선봉에 서야만 21세기 브라질의 불평등 문제에 근본적인 진보를 이룰 수 있을 것이라고 본다. 이러한 포용적 정치 문화는 브라질에서 사회적 평등이 이루어지는 과정과 그 전망을 이해하기 위한 필수 개념이지만, 이를 충족시킬 수 있는 개념은 아니다. 지리적 요인, 문화 가치만으로 불평등 문제에 대한 기원과 변화 그리고 지속되는 형태를 모두 설명할 수 없다. 인종, 젠더, 종교, 계급에 따른 차별과 편견이 오랜 세월 이어져 왔음에도 정부와 입법 기관이 만들고 시행해 온 법제는 점점 불평등을 해소하려는 노력을 보여 주고 있다. 하지만 끊임없이 나타나는 법률과 시행의 격차는 암묵적으로 합법적인 제도를 그대로 이행시키지 못하는 차별의 관행을 야기한다. 그렇다면 어떤 정책이 진퇴양난의 문제에 해결책이 될 것인가? 민주주의를 지향하는 나라들은 제도적으로 삼권분립이 되어 있지만 브라질과 같이 대통령의 권한이 막강한 나라의 대통령의 지도력은 정책 변화에 있어 주요한 원동력이다. 대통령의 제도적 권한은 사회 불평등 관계 변화를 효과적으로 이끌 수 있고 그 경험은 이미 겪었다. 문제는 정치 성향의 다름에 상관없이 국민통합 차원에서 불평등 문제를 장기적인 안목으로 일관성을 갖고 끌어가는 게 무엇보다 중요하다고 본다. 그 작은 예로써 꾸리치바(Curitiba) 시의 장기적인 도시 발전 정책 이행의 과정과 그 결과에서 찾아볼 수 있을 것이다.

이 글은 이러한 비공식적 제도와 이데올로기가 브라질 사회의 불평등에 어떻게 기여하는지를 분석하고, 이를 극복하기 위한 방안을 모색하는 데 그 목적을 두고 있다. 특히, 멘살라웅(Mensalão) 사건과 라바자뚜(Lava Jato, 세차용 고압 분사기) 수사와 같은 현대적 사례를 통해 이러한 구조적 문제의 실질적 영향을 살펴보고자 한다. 이를 통해 브라질 사회의 진정한 민주주의와 평등을 실현하기 위한 정책적, 사회적 변화의 필요성을 제시한다.

이제 본론에서는 먼저 브라질의 불평등의 역사적 기원을 가볍게 살펴보고, '가부장적 후견주의'와 '자발적 이데올로기'의 개념을 구체적으로 분석한 후, 이를 극복하기 위한 다양한 접근 방법을 논의할 것이다.

2 브라질 불평등의 기원

발터 샤이델(Walter Scheidel)은 그의 책『불평등의 역사』를 "불평등은 언제나 우리 곁에 있었는가?"라는 질문으로 시작한다. 그는 인류 문명의 초기부터 현재까지 불평등이 지속되어 왔으며, 불평등이 평화적으로 해소된 적이 거의 없으며, 대규모 동원 전쟁, 변혁적 혁명, 국가 붕괴와 대규모 전염병 같은 대규모 폭력과 재난을 통해서만 일시적으로 부를 재분배하여 경제적 불평등을 감소시켜 왔다고 주장한다. 그리고 현재 우리 사회를 지탱하고 있는 민주주의라는 제도가 안정성과 예측 가능성을 제공하지만, 이는 부의 분배에 있어 기존의 상태를 유지하는 경향이 있다고 지적한다. 이는 민주주의 제도가 급진적인 재분배 정책을 시행하는 데 어려움을 겪기 때문이다. 이러한 정책들은 정치적으로 실현 가능성이 낮고 사회적으로 큰 혼란을 야기할 수 있기 때문에 평화 시기에 경제적 불평등을 크게 줄이는 데 어려움이 있다고 본 것이다. 또한, 샤이델은 민주주의가 공정성과 평등을 촉진하는 것을 목표로 하지만, 실질적인 경제 재분배를 달성하는 데 종종 실패한다고 지적한다. 이는 기존 경제 구조에서 이익을 얻는 강력한 기득권 세력의 강한 저항에 부딪히기 때문이다. 따라서 민주주의 제도는 점진적이고 적당한 개선을 촉진할 수는 있지만, 경제적 구조를 근본적으로 변화시키기 위한 큰 변화를 이루기에는 한계가 있다고 결론 내리고 있다.

라틴아메리카의 불평등의 기원에 대한 연구에서 가장 대표적이면서 상반되는 입장은 아래의 두 가지로 나눌 수 있다(Williamson, 1995; Brun and Diamond, 2014).

(1) 종속 이론(Dependency theory): 라틴아메리카의 불평등 문제는 선진국들의 경제적 착취와 지배로 인해 발생했다는 주장이다. 이 이론은 브라질이 과거에 독립할 때까지 유럽의 경제적 지배에 노출되었기 때문에, 스스로 발전이 불가능하고 선진국들에 의해 이루어지는 착취로 인해 불평등이 계속해서 유지되고 있다고 주장한다.

(2) 근대화 이론(Modernization theory): 라틴아메리카의 불평등 문제가 전통적인 내부 사회적 구조와 문화적인 요인으로 인해 발생했다는 주장이다. 이 주장은 내재적인 변화가 발전에 더 중요한 역할을 한다는 것을 강조한다. 이에 따라 국제적인 자본의 유입, 기술의 이전, 해외 시장의 개방 등이 발전의 핵심 요인으로 간주된다. 기존의 경제 구조를 변

화시키고 새로운 산업 분야나 무역 활동 등을 발전시켜야 한다는 접근을 취하는 이 이론은 현대화와 민주화에 따라 불평등이 감소할 것이라고 주장한다.

이 두 가지 이론은 브라질의 불평등 문제를 해결하기 위한 정책 방향성에서 큰 차이를 보인다. 종속 이론은 브라질의 발전을 위해서는 외부적인 지원과 개입이 필요하다고 주장하는 반면, 근대화 이론은 브라질의 발전을 위해서는 내부적인 변화와 발전이 필요하다고 주장한다는 점에서 차이를 보인다. 브라질의 불평등의 기원을 연구한 대표적인 연구들은 아래와 같다.

(1) 질베르뚜 프레이리(Gilberto Freyre), 『대농장과 노예 숙사(*Casa-Grande & Senzala*)』(1933): 이 책은 브라질 사회의 기원과 발전을 설명하면서, 특히 노예 제도와 농장 경제가 브라질의 사회적 불평등을 어떻게 형성했는지를 다룬다. 특히 식민지 시대의 경제 구조와 노예 제도가 브라질 사회의 불평등을 형성했다고 주장하며, 브라질이 세계 경제 체제 내에서 종속적인 위치에 있음을 강조하는 종속 이론적 관점에서 불평등을 보았다. 프레이리는 브라질 사회의 인종적, 문화적 혼합이 불평등의 중요한 요소라고 주장하면서 브라질인의 '가소성(plasticidade)'을 역경을 극복하는 브라질만의 특징으로 보고 인종적 민주주의 개념을 창안했다. 훗날 이는 불평등의 근원을 자연화시키는 자발적 이데올로기의 일종으로 비판을 받고 있다(Freyre, 2003).

(2) 세르지우 부아르끼 지 올란다(Sérgio Buarque de Holanda), 『브라질의 뿌리(*Raízes do Brasil*)』(1936): 이 연구는 브라질의 사회적, 문화적 형성 과정에서 생성된 가부장적 구조와 가부장적 후견주의의 역할을 강조한다. 브라질 사회의 가부장적 구조와 비공식적 제도가 근대화 과정에서 어떻게 변형되었는지를 분석하며, 이러한 변화가 불평등에 미친 영향을 다룬다. 올란다는 브라질 사회의 비공식적 제도가 불평등을 심화시켰다고 분석하면서 근대화 이론적 관점을 보여 주었다(Holanda, 1995).

(3) 까이우 뿌라두 주니오르(Caio Prado Júnior), 『현대 브라질의 형성(*Formação do Brasil Contemporâneo*)』(1942): 브라질의 경제적 발전이 주로 식민지 시대의 착취적 경제 구조에 뿌리를 두고 있으며, 이러한 구조가 현대 브라질의 불평등을 심화시켰다고 주장했다. 이는 종속 이론의 핵심인 외부 의존성과 불평등의 지속성을 반영하는 것이다(Prado Júnior, 2000).

(4) 루이스 까를로스 브레쎄르 페레이라(Luis Carlos Bresser-Pereira), 『브라질의 정치적 구성(*The Political Construction of Brazil*)』(2014): 이 책은 브라질의 정치적, 경제적 역사와 불평등의 관계를 분석했다. 저자는 특히 경제 정책과 국가의 역할이 불평등에 미친 영향을 중점적으로 다루면서, 경제 정책과 국가의 역할이 불평등에 미친 영향을 다뤘다. 이는 근대화 이론의 요소를 포함하지만, 국가와 외부 경제 체제의 영향을 강조하는 점에서 종속 이론의 관점도 반영한다고 본다(Bresser-

Pereira, 2017).

(5) 조르지 깔데이라(Jorge Caldeira), 『브라질 부의 역사(*História da Riqueza no Brasil*)』(2017): 이 책은 브라질의 경제적 발전과 그에 따른 불평등의 기원을 분석하며, 브라질의 자원 분배와 경제적 기회의 차이가 불평등을 심화했다고 분석하며, 이는 브라질이 국제 경제 체제 내에서 종속적인 위치에 있음을 강조했다(Caldeira, 2017).

3 브라질의 자기 해석과 숨겨진 제도의 힘: 가부장적 후견주의와 자발적 이데올로기

이 절에서는 브라질 사회의 불평등을 분석하기 위한 새로운 접근을 제안한다. 브라질의 불평등 문제를 이해하기 위해서는 가부장적 후견주의와 자발적 이데올로기라는 두 가지 핵심 개념을 깊이 있게 분석할 필요가 있다. 가부장적 후견주의는 브라질의 역사적 맥락에서 형성된 비공식적 제도로서, 공적 자원이 사적 이익을 위해 사용되는 구조를 강화하며, 이는 공정한 기회의 제공을 저해한다. 반면, 자발적 이데올로기는 브라질인의 의식 구조에 깊이 스며들어 있으며, 이는 브라질 사회가 불평등을 자연스러운 것으로 받아들이게 만든다.

앞서 서두에서 언급한 서로 모습이 다른 두 개의 브라질에 현혹되어 우리 관심사인 제도와 불평등 간의 관계의 본질을 놓치지 않으려면 브라질 사회 내부에서 자발적으로 작동하고 있고 내·외부적으로 '브라질만의 고유한 문화적 특성'으로 알려진 비공식적 제도, 즉 자발적 이데 올로기에 대해 깊이 있는 논의가 필요하다.

앞서 2절에서 살펴본 바와 같이 전통적인 사회학 이론에서는 브라질 의 사회적 불평등을 '개인주의(personalismo)', '가족주의', 그리고 '가 산주의'와 같은 전근대적 사회로 설명해 왔다. 이러한 이론들은 브라질 사회가 현대화 과정에서 가족 중심의 가치관이 모든 사회적 영역으로 확장되어 불평등을 낳게 됐다고 주장한다. 이 개념은 브라질의 사회적, 경제적 불평등을 정당화하고 자연스럽게 받아들이게 만드는 메커니즘 을 설명하는 데 도움을 줄 수 있으며 이를 통해 브라질 사회의 권력 구조 와 불평등이 어떻게 지속되고 있는지를 이해할 수 있게 한다. 아래에서 브라질이 가진 자발적 이데올로기의 주요 요소와 그 의미를 자세히 설 명해 보려 한다. 이러한 분석은 브라질의 불평등 문제를 해결하는 데 중 요한 통찰을 제공하며, 이를 통해 브라질 사회의 진정한 민주주의와 평 등을 실현하기 위한 정책적, 사회적 변화의 필요성을 제시한다.

제쎄 소우자(Souza, 2004)는 브라질의 자발적 이데올로기가 식민지 시대와 노예 제도의 역사적 배경에서 비롯되었다고 설명했다. 이러한 역사적 맥락은 사회적 계층 구조와 불평등을 형성하는 데 중요한 역할 을 한다. 브라질 사회는 개인주의와 가부장적 후견주의라는 두 가지 중 요한 요소에 기반을 두고 있다. 개인주의는 사회적 관계에서 개인의 중 요성을 강조하며, 가부장적 후견주의는 공공 자원을 사유화하는 경향 을 나타낸다. 이러한 요소들은 브라질 사회의 불평등을 강화하는 주요 요인으로 작동한다. 브라질의 사회적, 정치적 구조뿐만 아니라 개인들 의 의식 구조 안에는 오랜 역사적 과정을 통해 형성된 가부장적 후견주의라는 비공식적 제도가 뿌리 깊이 박혀 있다. 이러한 비공식적 제도는 막스 베버(Max Weber)가 제안한 합리적 법적 모델의 구현을 저해하는 주요 요인으로 작용한다. 여기서 잠시 브라질 역사에서 가부장적 후견주의가 형성된 이유와 과정을 살펴보고, 현재 브라질 사회에 미치는 전반적인 영향을 알아볼 필요가 있다.

1) 가부장적 후견주의의 개념과 형성

가부장적 후견주의(가산주의)는 막스 베버가 제안한 개념으로, 국가나 조직의 권력이 공적 영역이 아닌 사적 영역에서 행사되는 지배 구조를 의미한다. 이러한 구조에서 권력은 주로 개인적인 충성심과 가족적, 친족적 관계를 통해 유지되며, 공공 자원은 사적 이익을 위해 사용된다. 베버는 가부장적 후견주의를 '가부장적 지배(patriarchal domination)'와 구분하면서, 가부장적 후견주의가 더 복잡하고, 공적 자원이 통치자의 개인적 재산처럼 다뤄지는 구조로 정의했다. 가부장적 후견주의에서는 공적 권력과 사적 이익이 혼합되며, 이는 종종 비효율성과 부패로 이어진다.

2) 역사적 배경과 현대적 영향

인류 역사에서 가부장적 후견주의의 형성 과정은 다양한 역사적 맥락에서 나타난다. 특히, 전통적 사회 구조와 식민지 통치, 그리고 근대국가 형성 과정에서 두드러지게 나타난다. 전통적 사회에서는 권력이 주로 가부장적 구조를 통해 행사되었다. 이는 가족이나 친족 중심의 지배 구조로, 권력은 혈연과 혼인 관계를 통해 전수되었다. 이러한 구조는 초기 국가 형성 과정에서도 유지되었으며, 가부장적 후견주의의 토대가 되었다. 중세 유럽의 봉건 제도는 가부장적 후견주의의 대표적 예다. 봉건 영주들은 자신의 영토를 사적으로 소유하며, 농노들로부터 세금을 징수하고, 군사적 충성심을 요구했었다. 이러한 구조는 중앙 집권적 국가가 형성되기 전까지 유지되었으며, 공공 권력과 사적 이익이 혼재된 지배 구조를 보여 주었다.

식민지 시대에도 유럽에서 넘어온 가부장적 후견주의는 식민지 통치자들이 공공 자원을 사적 이익을 위해 사용하는 형태로 나타났다. 식민지 관리들은 자신들의 이익을 위해 토지와 자원을 통제하며, 원주민을 착취했다. 이러한 구조는 독립한 후에도 지속되었으며, 근대 국가 형성 과정에서도 중요한 영향을 미쳤다. 현대 국가에서도 가부장적 후견주의는 여전히 중요한 영향력을 보이고 있다. 특히, 개발도상국에서는 정치 엘리트들이 공공 자원을 사적으로 이용하는 관행이 흔하게 나타난다. 이는 부패와 비효율성의 주요 원인이 되며, 부패를 막는 공식적인 제도가 완바되어 있음에도 불구하고 국가의 경제적, 사회적 발전을 저해하는 강력한 비공식 제도나 권력으로 작동한다. 지역별로도 전 세계에서 광범위하게 이 가부장적 후견주의의 영향력을 쉽게 발견할 수 있다. 유럽의 식민 지배를 오랫동안 받아왔던 아프리카의 많은 국가에서는 독립 이후 가부장적 후견주의 정치 구조가 유지되었다. 대부분 정치 지도자들이 공공 자원을 사적으로 이용하며, 국가의 부를 자신의 개인적 이익을 위해 사용해 왔다. 라틴아메리카에서도 가부장적 후견주의 관행은 흔히 나타나며 대부분의 국가에서 정치 엘리트들이 공공 자원을 사적으로 이용하며, 이는 공공 행정의 비효율성과 부패로 이어지면서 국가의 정치적, 경제적 발전을 저해하는 주요 요인으로 작용하고 있다. 이 글에서 다룰 브라질의 경우를 살펴보기 전에 동일하게 포르투갈의 식민 지배를 받았던 아프리카 국가에서 작동하는 가부장적 후견주의의 영향력을 참고 삼아 살펴본다.

대서양을 접하고 있는 앙골라(Angola)는 가부장적 후견주의의 전형적인 사례로 자주 언급된다. 독립 이후 앙골라는 집권당인 '앙골라 자유민중운동당(Movimento Popular de Libertação de Angola, MPLA)'과 대통령의 지배 아래 정치적 권력과 경제적 자원이 집중되어 있다. 독립 이후 앙골라는 일당 독재 체제를 유지하며, 정치적 권력이 소수 엘리트 그룹과 밀접하게 연결되었다. 이들은 대통령과의 개인적 관계를 통해 권력을 유지했고, 1980년대와 1990년대에 걸쳐 경제 개혁과 정치적 다당제 도입 시도가 있었으나, 실질적인 권력 분산은 이루어지지 않았다. 경제적으로도 앙골라는 풍부한 석유 자원을 보유하고 있지만, 이 자원은 주로 엘리트 그룹에 의해 독점적으로 관리되고 있다. 석유 수익은 공공 재화로 분배되지 않고, 정치적 후원과 개인적 이익을 위해 사용되고 있다. 인도양을 접하고 있는 또 하나의 포르투갈어권 아프리카 대국인 모잠비크(Mozambique)에서도 가부장적 후견주의 영향이 강하게 나타난다. 독립 이후 모잠비크는 사회주의 정부 아래 중앙 집중적인 경제 정책을 펼쳤다. 독립 후 집권당인 '모잠비크 자유전선당(Frente de Libertação de Moçambique, FRELIMO)'은 정치적 권력과 경제적 자원을 중앙에 집중시키는 정책을 추진해 왔다. 이는 정치적 충성심을 기반으로 한 경제적 분배를 촉진했으며, 공공 자원이 사적 이익을 위해 사용되는 가부장적 후견주의적 관행을 강화한 것이었다. 경제적으로는 1990년대에 시장 경제 도입과 정치적 다당제 시스템이 도입되었지만, 가부장적 후견주의적 구조는 여전히 강력하게 유지되었기 때문에 경제 개혁의 효과를 제한하고, 공공 자원의 비효율적 사용을 초래하였다. 마지막 예인 기니비사우(Guneau-Bissau)의 경우도 정치적 불안정과 가부장적 후견주의의 결합이 국가 발전을 저해하는 대표적인 사례로 꼽을 수 있다(Brun and Diamond, 2014). 독립 이후 여러 차례의 쿠데타와 정치적 혼란을 겪은 기니비사우는 가부장적 후견주의 지배 구조를 통해 권력을 유지하려는 경향이 강하게 드러냈다. 정치적 지도자들은 자신들의 권력을 유지하기 위해 공공 자원을 사적으로 사용하며, 이는 국가의 전반적인 정치적 불안정을 심화시켰다. 공공 자원의 사적 사용과 부패는 기니비사우의 경제적 발전을 저해하는 주요 요인으로 꼽히고 있다. 이런 요인은 국제 사회로부터의 지원과 투자를 감소시키고, 국민의 삶의 질을 저하하는 결과를 초래했다. 델리지 에릭 데질라(Degila, 2014)의 연구에서처럼, 포르투갈어를 사용하는 아프리카 국가들에서도 가부장적 후견주의가 정치적 권력과 경제적 자원이 소수 엘리트 그룹에 의해 집중되는 구조를 형성하며, 이는 공공 행정의 투명성과 효율성을 저해하고 국가의 경제적, 사회적 발전을 저해하는 주요 요인으로 작용하고 있다는 사실을 찾아볼 수 있었다.

이처럼 가부장적 후견주의가 현대까지 여러 국가와 지역에서 존속되는 이유는 다양한 정치적, 사회적, 경제적 요인이 결합되어 작용해서 나타나는 결과로 볼 수 있다. 이러한 요인들은 다면적이고 복잡한 현상으로 각기 다른 국가와 지역의 특수한 역사적 맥락에 따라 다르게 나타날 수 있지만, 대부분 역사적 전통과 문화적 요인, 정치적 권력 집중, 경제적 불평등, 제도적 부패, 국제적 영향 등이 결합되어 작동되는 만큼 몇 가지 공통적인 분석은 가능하다. 먼저, 역사적 전통과 문화적 요인을 살펴보면, 식민지 시대에서 형성됐던 정치적, 경제적 구조의 뿌리가 겉으로 보이지 않더라도 그 사회의 심층에 남아서 현대까지 이어져 온 것이다. 이러한 전통은 정치 엘리트들이 공공 자원을 사적 이익을 위해 사용하는 것을 정당화하고, 이를 통해 권력을 유지하려는 경향을 강화하며 자기 권력에 도전하는 세력을 '공식적인 제도'를 통해 견제할 수 있다. 그래서 가부장적 후견주의는 권력이 소수 엘리트나 특정 개인에게 집중되는 정치적 구조에서 쉽게 유지될 수 있는 것이다. 이런 구조에서는 권력을 가진 자들이 자신들의 지위를 유지하기 위해 공공 자원을 사적으로 이용할 수 있는 환경이 마련된다. 이로써 특정인과 세력에게 권력의 집중이 지속되도록 하며, 정치적 경쟁과 권력 분산을 억제하게 만든다. 정치적 권력의 집중과 함께 경제적 불평등은 가부장적 후견주의가 존속되는 또 다른 중요한 요인이다. 소수 엘리트가 공공 자원을 독점하고 이를 통해 부를 축적하면 경제적 불평등이 심화된다. 이는 사회적 이동성을 제한하고, 불평등한 경제 구조를 고착화하는 결과를 낳게 만든다. 경제적 불평등은 다시 특정 세력의 정치적 영향력을 강화시키며, 가족적 지배가 지속되는 주요 요인이 작동하게 도와준다. 이런 순환 구조는 필연적으로 부패를 가져온다(Faoro, 2001). 부패는 가부장적 후견주의가 가진 중요한 특징이며, 이는 제도적 구조의 비효율성과 불투명성을 야기한다. 부패한 시스템에서는 공공 자원이 사적으로 이용되며, 이는 공공 행정의 신뢰성을 저해하고, 사회적 자원의 효율적 분배를 방해하게 만든다. 또한 공공 서비스의 질을 저하시켜, 사회적 불평등을 더욱 악화시킨다. 그 외 국제적 요인도 가부장적 후견주의의 지속에 영향을 미친다. 많은 개발도상국에서는 국제 원조가 중요한 재정 자원으로 사용되는데, 이는 종종 가부장적 후견주의적 구조를 강화하는 결과를 초래하게 만드는 경우가 많다. 외국의 원조와 자금 지원은 종종 공여국의 엘리트 그룹에 의해 통제되며, 조건 없는 원조나 조건 있는 원조에 동원된 자원 모두 특정 그룹에 의해 사적으로 이용하는 경향이 있다. 이는 가부장적 후견주의적 구조를 강화하고, 외부의 개혁 압력을 무력화하는 결과를 초래할 수 있다. 특히 브라질 같은 자원 부국들은 자원의 통제와 배분이 가부장적 후견주의를 통해 이루어지기 쉽고 이에 따라 부패가 따르게 된다.

3) 가부장적 후견주의와 아비투스

브라질의 가부장적 후견주의는 식민지 시대부터 현대에 이르기까지 사회, 정치, 경제적 구조에 깊이 뿌리내린 비공식적 제도이다. 이 비공식 제도의 역사는 브라질의 식민지 시기로 거슬러 올라간다. 포르투갈 식민지 시대에 브라질의 정치적 구조는 포르투갈 왕실과 밀접하게 연결된 엘리트 그룹에 의해 지배되었다. 이 엘리트 그룹은 공공 자원을 사적 이익을 위해 사용하는 것을 당연하게 여겼고, 이러한 전통은 현대까지 이어져 왔다. 브라질이 독립한 후에도 가부장적 후견주의는 계속해서 정치적 구조를 지배했다. 독립 이후의 정치 지도자들은 공공 자원을 자신의 사적 네트워크와 이익을 위해 사용하는 가부장적 후견주의적 관행을 지속했다. 이는 결국 브라질 공공 행정의 투명성과 효율성을 저해하는 주요 요인이 되었다.

사회적 구조와 개인의 행동 양식 사이의 관계를 설명할 수 있는 가부장적 후견주의는 비공식적 제도를 통해 사회에 깊이 뿌리내린다. 이러한 비공식적 제도는 공식적 제도보다 더 강력하게 개인의 '아비투스(Habitus)'를 형성하고 재생산한다. 예를 들어, 특정 사회에서 비공식적 후견주의가 만연할 경우, 개인들은 이러한 후견주의를 당연한 것으로 받아들이고, 이에 맞는 행동 양식을 습득하며, 이를 다음 세대에 전수하게 된다. 그 나라의 문화가 되는 것이고 우리가 앞에서 말한 문화 본질주의, 다시 말해서 자발적 이데올로기에 따른 자기 해석을 빌어 불평등의 근원을 외면하거나 망각하여 사회적 불평등을 지속시키는 아비투스를 갖게 된다. 아비투스는 개인이 사회적 환경과 상호작용하면서 형성하는 인지적, 행동적 습관이기 때문에 개인의 일상적인 생활양식으로 자리 잡아 다음 세대에게 전수하게 된다.

피에르 부르디외(Bourdieu, 1984)식으로 말하자면, 대문자 'Brasil'은 '기본 아비투스(Habitus primário)', 유토피아, 소문자 'brasil'은 '불안정한 아비투스(Habitus precário)', 디스토피아로 비교해 볼 수 있다. 기본 아비투스는 개인이 사회화 과정을 통해 습득한 내면화된 행동 양식과 사고방식을 의미한다. 기본 아비투스는 주로 개인의 초기 사회화 과정에서 형성되며, 이는 가정, 학교, 지역 사회 등 다양한 사회적 환경에서의 경험을 통해 구축된다. 이러한 아비투스는 개인의 감각, 태도, 행동, 선호도를 형성하고, 사회적 위치와 역할에 따라 행동을 조절하게 한다. 불안정한 아비투스는 사회적, 경제적 불안정성에 직면한 개인들이 형성하는 행동 양식과 태도이다. 이러한 아비투스는 사회적 불안정성, 경제적 불확실성, 그리고 지속적인 위기 상황에 의해 형성된다. 불안정한 아비투스는 안정된 삶을 영위하지 못하는 상황에서 발생하며, 개인의 생활양식에 큰 영향을 미치게 된다. 가부장적 후견주의는 비공식적 제도를 통해 사회에 깊이 뿌리내리는데, 이러한 비공식적 제도는 공식적 제도보다 더 강력하게 개인의 아비투스를 형성하고 재생산한다. 예를 들어, 특정 사회에서 비공식적 후견주의가 만연할 경우, 개인들은 이러한 후견주의를 당연한 것으로 받아들이고, 이에 맞는 행동 양식을 습득하며, 이를 다음 세대에 전통과 관습으로 전수하게 된다. 따라서 아비투스는 사회적 불평등을 지속시키는 비공식적 도구가 될 수 있다.

브라질의 경우, 공식적 제도와 '불안정한 아비투스' 간의 격차가 19세기 초 유럽화를 재시작하면서 형성되었고, 1930년대부터 대규모 근대화 과정이 시작되면서 더욱 심화되었다. 그 결과, '유럽화된' 부문과 '불안정화된' 부문 간의 경계가 형성되었다. 유럽화된 부문(시민)은 새로운 생산적, 사회적 요구에 적응할 수 있었다. 이러한 과정은 베버식으로 말하자면 '완제품'으로서 유럽 제도의 수입과 그에 수반된 세계관의 수입을 의미한다. 반면, 불안정화된 부문(하위 시민)은 점점 더 주변화되어 갔다. 브라질처럼 외부로부터 근대화를 이룬 주변부 사회에서는 '유럽화' 속성이 개인과 사회 계층 간의 분류 기준으로 작동한다.

4) 가부장적 후견주의가 낳은 대형 부패 사건

브라질 현대사에서 가부장적 후견주의의 전형적인 폐단이 잘 드러난 사건으로 멘살라웅과 2014년에 시작되어 2021년까지 진행된 라바 자뚜 수사를 통해 브라질뿐만 아니라 국제 사회를 떠들썩하게 만든 브라질 국영 석유 회사 '페트로브라스(Petrobras) 스캔들'을 예로 들 수 있다.

(1) 멘살라웅과 제도적 변화

멘살라웅은 2005년에 밝혀진 브라질의 정치 스캔들로서 사건의 개요는 당시 집권 여당인 노동자당(PT)의 고위 인사들이 의회의 지지를 얻기 위해 의원들에게 매달 뇌물을 지급한 것이다. 이 사건은 브라질 정치의 부패와 불법적 자금 사용의 상징이 되었으며, 2012년 브라질 대법원(STF)은 주요 인사들에게 다양한 형량의 징역형을 선고 내렸고 이는 브라질 사법 제도에 중요한 전례를 남겼다. 멘살라웅 사건은 공적 자원의 사적 남용, 부패와 비효율성, 그리고 사회적 불평등의 강화라는 측면에서 가부장적 후견주의가 브라질 현대 사회에도 잘 작동하고 있다는 증거 중의 하나이다. 그러나 이 사건으로 말미암아 브라질 내에서 정치 자금의 투명성과 부패 방지에 대한 관심이 크게 높아졌고, 관련 법안과 제도 개선이 이뤄지는 제도적 변화를 가져올 수 있었다. 따라서 이 사건에 대한 이해는 브라질의 정치적, 사회적 문제를 해결하는 데 중요한 통찰을 제공한다.

(2) '라바자뚜' 수사와 브라질 정치 지형의 변화

이 사건은 브라질 역사상 가장 악명 높은 부패 사건 중 하나로, 라바자뚜 작전으로 전모가 드러났다. 이 사건을 모티브로 넷플릭스에서 〈부패의 메커니즘〉이란 연재물이 인기를 끌었다. 이 스캔들은 국영 석유 회사인 페트로브라스 고위 임원들이 다수의 건설사와 공모해 계약 금액을 과대평가한 사실이 드러났고, 이렇게 부풀려진 금액이 광범위하게 리베이트로 착복된 부패 사건이다. 브라질 연방 검찰은 이 사건을 조사하면서 전현직 정치인을 포함한 429명이 조사를 받았고, 이 중 159명이 유죄 판결을 받았다. 총 18개의 기업이 연루됐고 총 14억 8,500만 헤알(한화로 약 4,420억 원) 규모의 뇌물을 받았다는 혐의로 상당수가 기소되었다. '빈자의 아버지'라는 이미지를 가졌던 루이스 이나시우 룰라 다 시우바(Luis Inácio Lula da Silva) 대통령도 부패와 돈세탁 혐의로 기소되어 옥살이까지 했던 전대미문의 부패 스캔들이었다. 이 스캔들은 브라질 경제에 심각한 영향을 미쳤다. 이 스캔들로 브라질의 국내총생산(GDP)은 2015년에 3.9퍼센트 감소했고, 2016년에는 추가로 3.6퍼센트 감소했다. 또한 페트로브라스 자체의 시장 가치는 2,500억 달러 이상 감소했다고 추정된다(Claire and Rocio, 2018). 또한, 룰라 대통령을 비롯한 여러 정치인이 연루되어 투옥되는 등 집권당이었던 노동자당에 대한 대중의 불신이 극에 달하게 됐고 결국 부패를 척결하기 위한 국민적 개혁 의지를 불러일으켰다. 당시 룰라 대통령은 이 스캔들로 인해 구속되었고 1심에서 징역 9년 6개월, 2심에서 징역 12년 1개월을 선고받았다. 그러나 이후 2021년 연방대법원의 최종 판결로 무혐의 처리되면서 정치적인 재기에 성공하여 룰라 대통령은 2022년 10월 30일에 치러진 브라질 대선 결선투표에서 극우 성향의 자이르 메시아스 보우소나루(Jair Messias Bolsonaro) 전 대통령을 근소한 차이로 누르고 정권 교체에 성공했다.

그러나 2014년에 수면 위로 떠오른 이 부패 사건은 2016년 지우마

호세프(Dilma Rousseff) 전 대통령 탄핵과 2018년 극우파 신인 정치인의 대통령 당선을 이끌어 냈고 브라질의 정치 상황에 심각한 양극화와 분열화를 역사에 새겼다. 군부 출신의 보우소나루 전 대통령은 부패한 좌파 정부를 척결하는 대안으로 당선됐지만 재임 기간에 막말을 이용한 정치적 도발 전략을 이용해서 기존의 사회 시스템을 증오와 분열을 통해 파괴하고 브라질이 추구해야만 하는 원래의 가치를 신, 가족 그리고 조국이라는 '중세적 가치'에서 찾으면서 브라질 민주주의의 위기를 초래했다. 브라질 정치사에서 보우소나루의 출현을 우연히 부적격자가 대통령에 당선된, 한 번쯤은 일어날 법한 에피소드로 봐야 할까? 어쨌든 간에 보우소나루도 룰라도 모두 제도로서의 민주주의 체제를 수용한 지도자였다. 문제는 '우리의 민주주의', '너희의 민주주의'라는 데 있다. 우리와 너희는 각자의 가부장적 후견주의에 머물러 분열된 브라질의 모습을 보여 줄 뿐이다. 이쯤에서 2022년 11월 30일 『교수신문』에 「왕의 귀환, 돌아온 룰라… 내전의 사막을 알리다」라는 제목으로 기고한 필자의 글을 인용하고자 한다.

(……) 여기서 우리가 근대성의 산물이자 당위로서의 기본 개념인 '민주주의' 담론이 파놓은 수로를 따르기만 하면 브라질에서 일어나고 있는 일을 정확하게 이해하기 어렵다. 민주주의를 서로 다르게 이해하고 상이한 방식으로 추구하기 때문이다. 브라질은 독립 과정에 있어서 대부분의 중남미 국가들과 다른 길을 걸었지만, 식민지 태생의 백인 계급이 계몽주의를 기치로 걸고 공화국을 수립한 점은 같다.

브라질 국기에 글자로 적혀 있는 '질서와 진보'가 이를 증명한다. 유럽에서 독립하고자 할 때 대체할 만한 독자적인 제도를 찾지 못하고 유럽처럼 시민권을 바탕으로 한 민주주의를 수단으로 사용했다. 문제는 이 민주주의가 헌법에 명시된 원칙을 현실 세계에 적용할 수 없는, 즉 '시민'이 부재한 형식주의적 민주주의로 출범했다는 점이다.

즉, 봉건주의 구조를 낀 채로 민주주의가 도입됐고 이를 근간으로 자본주의가 작동하게 됐다. 이처럼 브라질의 민주주의는 특정한 역사적 지평 아래서 일정한 현상들을 선택, 분류하고 배제하면서 나름의 체계적 편제를 이뤄 왔다.

2018년 라티노 바로메터 보고서에서 지적한 바와 같이 브라질 국민의 정치 문화 역시 신념이나 정의를 지키는 문제가 아니라 정치 체계가 국가와 가계 경제에 얼마만큼 도움 되느냐의 문제로 귀결된다. 다시 말해서 '빵으로 잃기 쉬운 민주주의', 즉 포퓰리즘이 브라질 민주주의의 또 다른 얼굴인 셈이다. 브라질 국민을 소득 수준 기준으로 상위 10퍼센트, 중위 40퍼센트, 하위 50퍼센트로 나눴을 때, 브라질은 정권을 좌파가 잡던 우파가 잡던지 상관없이 총소득의 60퍼센트 정도를 상위 10퍼센트의 특정 엘리트 계층이 독점해 왔다.

다시 말해서, 좌우, 진보와 보수 이데올로기를 떠나 중위와 하위를 합친 브라질 국민의 90퍼센트가 국부의 40퍼센트를 나눠 가져야 한다. 브라질의 소득 상위 10퍼센트는 누가 정권을 잡든 간에 자신들의 이익을 위해 제도가 불공정하게 기능할 수 있게 만드는 힘과 영향력을 가지고 있다.

룰라가 집권했던 시기(2003-2011)도 마찬가지였다. 룰라의 등장으로 가장 큰 피해의식을 느낀 계층은 도시에 거주하는 백인 계통의 고학력 중하위 계층이었다. 빈곤층은 정부의 소득주도 성장 정책에 힘입어 실질소득이 향상됐지만, 중산층은 위로는 항상 상위 10퍼센트에 막혀 있고, 아래로부터의 계층 상승을 목격하면서 이중으로 박탈감과 두려움을 느꼈다. 이런 분노가 2018년 대선에서 표출돼 보우소나루가 등장했다. 1964년 군사 쿠데타 상황과 판박이다. 2022년 룰라의 당선은 좌파의 승리 또는 권위주의 대 민주주의의 승리가 아닌 진정한 내전의 서막을 알리는 신호탄이 될 수 있다. 보우소나루 이전에도 보우소나루들은 존재했다. 브라질의 진짜 위기는 2002년 룰라의 대통령 당선으로 시작됐다고 볼 수 있다(임두빈, 2022b).

민주주의는 제도로서 '비인격성(impersonalidade)'으로 작동하는 당위를 갖는다. 비인격성은 개인적인 감정, 편견, 관계 등에서 벗어나 공정하고 효율적이며 신뢰할 수 있게 행동하는 것을 의미하는데, 민주주의와 같은 제도에서 비인격성은 법과 규칙이 누구에게나 똑같이 적용되도록 하는 것을 목표로 한다. 하지만 윗글에서 얘기한 바와 같이 브라질에서는 "봉건주의 구조를 낀 채로", 다시 말해서 민주주의란 껍데기 안에 가부장적 후견주의와 같이 인격성을 띤 '사적인 제도'가 작동해 왔다. 물론 현실적으로 제도는 비인격성과 인격성 사이의 균형을 유지하는 것이 중요하지만 이는 제도가 공정성과 효율성을 유지하면서도 인간적인 이해와 배려를 반영한다는 의미에 국한되어야 할 것이다. 그리고 제도가 '인격'을 배려하려면 제도의 설계와 운영 과정에서 다양한 이해관계자의 참여와 소통을 장려하는 투명한 의사결정 과정이란 전제가 뒷받침되어야 한다. 앞선 두 개의 가부장적 후견주의 세력이 실패하자 위기를 맞아 지금까지 음지에 있던 '보우소나리즘(Bolsonarism)'이 수면 위로 올라왔다. 국민의 단일성을 '배타적인 우리'로 강화시켜, 극단적이고 배타적인 국가를 구축하는 시도인 '보우소나리즘'은 '보우소나루'라는 '메시아'의 입을 거치면서 군중에 동조 효과를 낳으면서 공식적으로 등장한 것이다.

현대 브라질에서는 식민 시대로부터 별다른 경쟁자 없이 기반을 잡아 온 전통적인 엘리트 중심의 단일한 가부장적 후견주의가 아닌 비엘리트 계층의 가부장적 후견주의 경쟁 세력이 출현하게 됨으로써 그 대결 양상이 정치적 분열과 양극화로 치닫게 된 것이다. 결론적으로 볼 때, 실패로 그친 것으로 평가되지만, 그 격변의 와중에서 보우소나루의 등장은 그간의 자발적 이데올로기(질서)를 벗어난 '진보'의 몸부림이었을 수 있다. 그의 이름 중간에 들어있는 '메시아'처럼, 어떻게 보면 기존의 가부장적 후견주의 세력들을 과거로 돌리고 브라질이 새로운 단계의 진보로 가는 기회였을 수 있었다. 브라질 역사 대대로 기득권 세력이었던 기존 엘리트 집단에 대한 국민의 심판으로 탄생했던 노동자당은 반부패의 상징이었으나 그 자신 스스로 부패의 온상이 되어 버렸고, 식민 시대로부터 이어 온 '가부장적 후견주의' 전통에서 벗어나기를 갈망했던 브라질 국민의 노력과 그를 바탕으로 성장한 브라질의 민주주의가 배신당했다. 브라질 국민은 조국의 새로운 '진보'를 위했던 자신의 선택으로부터 배신당하게 되자 혼란에 빠졌고 그 혼란에서 빠져나올 대안으로 보우소나루가 '구세주'처럼 호명된 것이다. 실제로 그는 2018년 선거 운동 중 피격을 받았는데 '피를 흘리는 구세주' 모습을 자작으로 연출했다는 의혹까지 샀다. 어쨌든 결과론적으로 '진보'에 실패했다고 느낀 브라질 국민은 2018년 대선에서 스스로 과거 군사 독재 시기로 회귀하듯이 또다시 '질서'를 택했다. 브라질 국기에 새겨진 '질서와 진보'처럼 '질서'가 '진보'보다 우선시된 것이다. 이런 브라질 국민의 열망에 따라 보우소나루는 부정부패 및 치안 문제 해결을 최우선 정책 과제로 삼아 '질서' 정치의 방향성을 정했다. 그러나 그 정책은 근원적인 해결책에 관심을 두기보다는 총기 규제 완화와 경찰 권한 강화와 같은 미봉책에 불과했다. 그 외 재정 건전성 확보, 친시장적인 경제 정책으로 민영화, 무역 장벽 철폐 등을 추진했고 친미 성향과 함께 대선 전에 이미 한국을 방문한 바 있던 것처럼 민주주의 계열의 국가들과 무역 확대를 강조했다. 그러나 팬데믹으로 대부분의 집권 시기를 보낸 보우소나루 정권은 자유와 권리를 제한하려는 의도를 드러내면서 그동안 기틀을 닦아 온 브라질 민주주의의 근간을 흔들어 놓았다. 또한 그가 보여 준 과거 군사 정권에 대한 향수와 정제되지 않은 극단적인 언행은 구시대적인 악조건을 탈피하고자 했던 시도였을 수도 있다. 그러나 브라질 사회는 결과론적으로 다시 '질서'와 '진보'를 사이에 두고 분열이 극대화됐다. 위기 속에서 변화를 희망했던 국민의 기대와는 달리 브라질 민주주의와 사회적 안정에 심각한 위기감을 안겨 줬다. 그가 지향했던 친시장주의 경제 정책 또한 팬데믹 아래에서 보호무역주의로 전환된 국면에서 효과적이지 못했다. 무엇보다도 그가 최우선 정책으로 내세웠던 부정부패와 치안 상황은 여전히 개선되지 못했고, 본인 스스로 부정부패 스캔들로 인해 법적제재를 받고 정치적 활동이 제한되어 법원으로부터 퇴임 후 8년간 대통령 선거에 출마를 금지당했다. 그러나 보우소나루는 대선에서 패배한 이후에도 그는 여전히 브라질을 더 안전하게 만들고 유럽 중세로부터 내려온 전통적인 가치를 수호할 수 있는 '구세주'로 생각하는 보수주의적인 국민으로부터 지지를 받고 있다. 특히 보우소나루는 2018년 대선에서 임신 중절 권리 반대와 동성애 금지 등 보수적인 가족 가치를 지지하여 '진보'보다 '질서'를 선호하는 보수적인 복음주의 기독교인들의 전폭적인 지지를 받아 개신교 세력이 향후 대선에 있어 '게임 체인저' 역할로 부상했다. 룰라 대통령도 부패 스캔들로 수감됐을 당시 가장 고민을 많이 했던 부분이 바로 개신교 세력으로부터 지지를 받는 방법이었다고 한다. 실제로 브라질에서 가톨릭 신자의 지속적인 감소와 복음주의 개신교의 빠른 성장으로 세계 최대의 가톨릭 국가라는 위상이 크게 흔들리고 있다. 브라질 정부 통계 기관인 국립통계원(IBGE)과 여론 조사 업체 다따폴랴(Datafolha)의 분석 결과, 아래 〈표 1〉과 같이 가톨릭과 개신교 신자 비율은 1994년에 75퍼센트 대 14퍼센트였으나 지난해에는 51퍼센트 대 31퍼센트로 격차가 줄어든 것으로 조사됐고, 2022년에 가톨릭 신자 비중은 50퍼센트 아래로 떨어지고, 2032년에 가면 가톨릭 38.6퍼센트, 개신교 39.8퍼센트로 역전될 것으로 전망된다(김재순, 2020).

〈표 1〉 1994-2032년 브라질 가톨릭과 개신교 신자 수 비교(단위: 퍼센트).

연도	가톨릭 신자	개신교 신자
1994	75	14
2023	51	31
2032	38.6	39.8

출처: 김재순, 2020.

브라질을 식민 지배한 포르투갈은 종교를 통해 식민주의를 정당화했던 것처럼 종교는 개인 차원뿐만 아니라 정치, 사회, 경제, 예술 등 사회의 여러 제도와 관계를 형성하고 영향을 미친다는 점에서 향후 브라질의 정치 변화 지형에 중요한 변수로 작동할 것이다.

우리가 앞에서 살펴본 바와 같이 가부장적 후견주의는 전통적 사회 구조에서 시작하여 중세 봉건 제도와 식민지 통치, 그리고 현대 국가 형성 과정에서 지속적으로 나타난 지배 구조이다. 이는 공공 자원을 사적으로 이용하는 비공식적 제도로, 앞서 멘살라웅과 페트로브라스 스캔들에서 살펴본 바처럼 부패와 비효율성의 주요 원인이 된다. 이처럼 전 세계적으로 다양한 맥락에서 나타나는 가부장적 후견주의는 공공 행정의 투명성과 효율성을 저해하며, 국가의 발전을 저해하는 주요 요인으로 작용한다. 이 책에서 우리가 공식화된 선거 제도나 민주주의와 같은 제도권 제도보다 가부장적 후견주의와 같은 비공식적 제도에 더 주목하는 이유는, 이러한 비공식적 제도나 권력이 관행으로서 역사적으로 이어져 오며 개인과 집단의 '의식 구조'에 깊이 박혀 있기 때문이라고 생각하기 때문이다. 우리는 이러한 비공식적 제도에서 불평등의 '가시적 원인'이 아닌 '근원'을 찾고자 한다.

5) '자발적 이데올로기'의 명시화:
인종적 민주주의, 오멩 꼬르디아우, 제이칭뉴

브라질 사회에서 가장 결정적이고 지속적인 자발적 이데올로기의 버전은 1930년의 국가 주도 및 규제 사회의 형성과 함께 형성되었다. 이 시점에서 명시적 이데올로기는 자발적 이데올로기의 암묵적 차원을 확인하고 정당화하여 브라질 사회적 상상의 특정 조건을 구성했다. 질베르뚜 프레이리야말로 1930년부터 '인종적 민주주의'를 국가의 교리로 채택되어 학교에서 가르치고 다양한 형태의 국가 및 민간 선전에서 전파된 명시적 이데올로기 제시하고 확대한 사람이다. 인종적 민주주의는 브라질에서 20세기 초반에 형성된 개념으로, 브라질 사회가 '가소성'을 통해 인종 간 조화와 평등을 이루었다고 주장하는 브라질만의 특성을 강조하는 이데올로기이다. 이 개념은 문화적, 사회적으로 적응하고 변화할 수 있는 능력을 의미하는데, 특히 흑인과 백인의 평등을 강조하며, 열대 브라질이 인종 차별 문제를 극복했다고 주장하는데 동원된다. 그러나 오늘날 현실에서는 인종적 민주주의가 브라질의 깊은 인종적 불평등과 차별을 은폐하는 데 사용되었고 실제로 인종 차별과 불평등을 지속시키는 역할을 했다고 지적을 받고 있다(최금좌, 1999; 이승용, 2007; 임두빈, 2011). 프레이리의 '가소성'은 브라질 사회에 유통되는 지배적인 자기 해석체 오멩 꼬르디아우에게 넘어갔다. 세르지오 부아르케 지 올란다가 주창한 오멩 꼬르디아우의 개념은 모든 계층의 브라질인으로 정의되며, 이는 개인주의의 개념에서 주관적 측면과 가부장적 후견주의의 개념에서 제도적 측면을 모두 포함하는 특정한 형태의 인간 존재를 가리킨다. 실제로 이 개념은 브라질인이 감정적으로 친근하고, 개인적 관계를 중시하며, 갈등을 피하려는 성향을 지닌다는 것을 의미하며, 이런 브라질인의 특성은 식민지 시절부터 형성되었으며, 특히 가부장적 가족 구조와 종교적 가치에서 기인한다고 주장했고 개인들의 사회적 및 정치적 행동의 기초로 작용했다. 바꿔 말해서 이 자발적 이데올로기, 즉 오멩 꼬르디아우에 동의하지 않는 사람은 '브라질 사람'에게서 배제되는 효과를 낳는다. 앞서 인종적 민주주의란 자발적 이데올로기가 명시화되면서 "브라질에는 인종 차별이 없어"라고 개인이나 사회 자체가 스스로 암시를 하듯이, 오멩 꼬르디아우 이데올로기도 "원래 나는 친절하지 않은 편이지만 브라질 사람이니까 친절해야 돼"라는 명시화가 일어난다.

그러나 오멩 꼬르디아우 개념은 긍정적인 측면도 많지만 브라질 사회의 심각한 불평등과 차별을 가리는 데 악용될 수 있다는 점이 중요하다. 이 개념은 인종적, 경제적 불평등을 은폐하며, 사회적 갈등을 최소화할 수 있기 때문에 정치적으로 악용되기 쉽고 특히 엘리트 계층이 자신의 권력을 정당화하는 데 사용되면서 브라질 사회에서의 부패와 권력 남용을 정당화하는 도구로 얼마든지 작용할 수 있는 위험 요소가 될 수 있다.

브라질 사회가 가정, 학교, 사회에서 오멩 꼬르디아우를 민족적 특성으로 명시하면서 인종적 조화를 이루었다는 주장은 인종적, 사회적 불평등이 여전히 심각한 현실을 외면하고 이런 불평등을 해결하기 위한 실질적인 노력을 하지 않는 효과를 만들어 낼 수 있기 때문에 경계해야 할 필요가 있다.

끝으로 리비아 바르보자(Lívia Barbosa)에 따르면, '제이칭뉴'는 브라질 사람들의 일상에서 문제가 발생할 때 규칙을 우회하거나 왜곡하여 해결하는 비공식적이고 창의적인 방법을 의미한다. 브라질에서 법과 제도의 지나친 비인격성을 완화하여 법과 현실 간 존재하는 괴리를 상쇄해 주는 역할도 하지만, 기본적으로 규칙과 법을 우회하거나 왜곡하는 방식으로 제도적 부패를 조장하고 사회적 신뢰를 저해하는 방식으로 작동하기 때문에 결국은 사회 전체의 공정성과 법치주의를 훼손하며, 특정 개인이나 그룹에게만 유리하게 작용되는 결과를 낳게 된다. 무엇보다도 제이칭뉴 역시 가부장적 후견주의의 역사적 맥락에서 태어난 만큼 이미 사회적, 경제적 특권을 가진 사람들에게 더욱 유리하게 작용한다. 이로 인해 불평등이 심화되며, 사회적 약자들은 더욱 불리한 위치에 처하게 된다. 그러나 제이칭뉴는 종종 브라질 사람들 사이에서 창의적이고 유연한 문제 해결 방식으로 정당화되는 경우가 많다. 관행과 같이 브라질 문화의 일부분으로 자리 잡혀 있어 쉽게 바꾸기 어려운 문제이다. 브라질 사회 전반의 의식 변화를 통해서 극복할 수밖에 없어 보인다. 트레이시 노빙거(2005)나 바르보자(Barbosa, 1992)는 제이칭뉴를 브라질만의 독특한 특성으로 보았지만 소우자(Souza, 2004)는 제이칭뉴를 보편적 현상의 일부로 보면서 특수성의 강조는 문화적 본질주의에 빠지는 것이라고 비판한다. 제도적 약점이나 불평등 문제와 같은 브라질 사회의 실제 문제를 간과하고 은폐하는 효과를 낼 수 있기 때문에 구조적, 제도적 개혁이 필요한 대상으로 본다.

이제까지 살펴본 가부장적 후견주의와 자발적 이데올로기는 브라질 사회의 불평등 문제를 이해하는 데 있어 중요한 개념적 틀을 제공한다. 이러한 비공식적 제도와 이데올로기는 브라질의 정치적, 경제적, 사회적 구조에 깊이 뿌리내려 있으며, 이는 브라질의 불평등 문제를 해결하기 위한 정책적, 사회적 변화의 필요성을 강조함을 의미한다.

4 나가며

브라질 사회의 불평등 문제는 단순히 경제적 지표나 제도적 결함에서 비롯된 것이 아니라, 깊이 뿌리내린 가부장적 후견주의와 자발적 이데올로기와 같은 숨겨진 비공식적 제도의 힘에서 기인한다. 이러한 비공식적 제도와 이데올로기는 브라질인의 의식 구조에 깊이 스며들어 있으며, 이는 공적 자원의 사적 남용과 같은 비효율성과 부패를 강화한다. 브라질의 근대화 과정에서 나타난 유럽화된 부문과 불안정화된 부문의 경계는 이러한 불평등을 더욱 고착화하고 있다. 이 글은 브라질 사회의 불평등을 극복하기 위해서는 이러한 비공식적 제도와 이데올로기를 명확히 인식하고, 이를 극복할 수 있는 정책적, 사회적 노력이 필요함을 강조한다. 또한, 브라질의 민주주의가 진정한 의미에서 기능하기 위해서는 사회 전반에 걸친 투명성과 공정성을 확보하는 것이 중요하며, 이는 제도적 개혁과 함께 사회적 의식의 변화가 동반되어야 할 것이다. 결론적으로, 브라질의 불평등 문제는 단순한 경제적 불평등을 넘어선 사회적, 문화적 구조의 문제이며, 이를 해결하기 위한 다각적인 접근이 필요하다.

제1장 라틴아메리카 식민 경험과 경제성장 그리고 제도의 역할

김승욱(2006), 「재산권과 경제성장: 노스의 이론을 중심으로」, 경제학공동학술대회, 한국하이에크소사이어티, 2006년 2월 16일.

유항근 · 홍일곤(2002), 「지리적, 기후적 여건이 경제성장에 미치는 영향분석」, 『응용경제』 4(1), 66-87쪽.

Acemoglu, Daron, Johnson, Simon and Robinson James A.(2001), "The Colonial Origins of Comparative Development: An Empirical Investigation", *The American Economic Review* 91(5), pp. 1369-1401.

_____(2004), "Institutions as the Fundamental Cause of Long-Run Growth", in Philippe Aghion and Steve Durlauf eds., *Handbook of Economic Growth*, San Diego, CA: Elsevier, pp. 385-471.

Bortz, Jeffrey L. and Haber, Stephen(2002), "The Institutional Economics and Latin American Economic History", in Jeffrey L. Bortz and Stephen Haber eds., *The Mexican Economy, 1870-1930: Essays on the Economic History of Institutions, Revolutions, and Growth, Stanford*, CA: Stanford University Press, pp. 1-12.

Coatsworth, John(2005), "Structures, Endowments, and Institutions in the

Economic History of Latin America", *Latin American Research Review* 40(3), pp. 126-144.

Coatsworth, John and Taylor, Alan M.(1998), *Latin America and the World Economy Since 1800*, Cambridge, Mass.: Harvard University Press, David Rockefeller Center for Latin American Studies.

Easterlin, Richard(1981), "Why Isn't the Whole World Developed?", *The Journal of Economic History* 41(1), pp. 1-19.

Engerman, Stanley L. and Sokoloff, Kenneth L.(1997), "Factor Endowments, Institutions, and Differential Paths of Growth Among New World Economics: A View from Economic Historians of the United States", in Stephen Haber ed., *How Latin America Fell Behind: Essays on the Economic Histories of Brazil and Mexico, 1800-1914*, Stanford University Press, pp. 260-304.

_____(2000), "History Lessons: Institutions, Factor Endowments, and Paths of Development in the New World", *Journal of Economic Perspectives* 14(3), pp. 217-232.

Frankema, Ewout(2006), "The Colonial Roots of Latin American Land Inequality in a Global Comparative Perspective: Factor Endowments, Institutions or Political Economy?", Manuscript, Groningen Growth and Development Centre, University of Groningen.

Gootenberg, Paul(2004), "Between A Rock and A Softer Place: Reflections on Some Recent Economic History of Latin America", *Latin American Research Review* 39(2), pp. 239-257.

Haber, Stephen(1997), "Introduction: Economic Growth and Latin American Economic Historiography", in Stephen Haber ed., *How Latin America Fell Behind: Essays on the Economic Histories of Brazil and Mexico, 1800-1914*, Stanford University Press, pp. 1-33.

Haber, Stephen ed.(2000), *Political Institutions and Economic Growth in Latin America: Essays in Policy, History and Political Economy*, Stanford, CA: Hoover Institution Press, Stanford University Press.

Lange, Matthew, Mahoney, James and Hau, Matthias vom(2006), "Colonialism and Development: A Comparative Analysis of Spanish and British Colonies", *American Journal of Sociology* 111(5), pp. 1412-1462.

Madison, Angus(2003), *The World Economy: Historical Statistics*, Paris: OECD.

North, Douglass C.(1981), *Structure and Change in Economic History*, Norton.

_____(1990), *Institution, Institutional Change, and Economic Performance*, New York: Cambridge University Press.

North, Douglass and Thomas, Robert P.(1973), *The Rise of the Western World: A New Economic History*, Cambridge University Press.

Park, Bokyeong and Lee, Kang-Kook(2006), "Natural Resources, Governance, and Economic Growth in Africa", *Journal of International Economic Studies* 10(2), pp. 167-202.

Piñera, José(2003), "Latin America: A Way Out", *Cato Journal* 22(3), pp. 409-416.

Stein, Stanley J. and Stein, Barbara H.(1970), *The Colonial History of Latin America: Essays on Economic Dependence in Perspective*, Oxford University Press.

Triner, Gail(2003), "Recent Latin American Economic History and Its Historiography", *Latin American Research Review* 38(1), pp. 219-237.

Wiarda, Howard J. and Kline, Harvey F. eds.(2000), *Latin American Politics and Development*(5th Ed.), Boulder, CO: Westview Press.

제2장 파라과이 군부 독재 정권의 토지 정책과 경제적 불평등, 농민 분쟁

구경모(2016), 「파라과이 군부 독재 정권의 성립과 반공주의의 역할」, 『비교문화연구』 45, 145-166쪽.

_____(2018), 「파라과이 군부 독재 정권의 토지 정책과 농민 운동의 역사적 요인」, 『라틴아메리카연구』 31(3), 129-148쪽.

구경모 · 노용석(2012), 「페르난도 루고 탄핵과 파라과이 '이행기 정의'의 특수성」, 『민주주의와 인권』 12(3), 201-234쪽.

김세건(2010), 「파라과이 농촌의 세계화와 농민의 저항: '콩 전쟁'을 중심으로」, 『이베로아메리카』 12(1), 55-86쪽.

이상현(2010), 「라틴아메리카의 식민 경험과 경제성장의 상관관계」, 『이베로아메리
카』 12(1), 241-265쪽.

정이나(2017), 「토지 개혁과 계급 역관계에 대한 고찰: 한국과 과테말라 사례를 중심
으로」, 『아태연구』 24(2), 175-207쪽.

Alderete, Luciano and Navarro Ibarra, Liliana(2009), "Paraguay en la
encrucijada: movimiento campesino y governabilidad durante el
periodo 1989-2008", https://www.academia.edu/31828764/Paraguay_
en_la_encrucijada_Movimiento_campesino_y_gobernabilidad_durante_
el_per%C3%ADodo_1989_2008.

Coatsworth, J.(2005), "Structures, Endowments, and Institutions in the
Economic History of Latin America", *Latin American Research Review* 40(3),
pp. 126-144, https://doi.org/10.1353/lar.2005.0040.

CVJ(2008), *Informe Final: Anive Haguã Oiko. Tomo 4: Tierra Mal Habidas*, Asunción:
Servis.

Engerman, S. and Sokoloff, K.(1997), "Factor Endowments, Institutions, and
Differential Paths of Growth Among New World Economics: A View
from Economic Historians of the United States", in Stephen Haber ed.,
*How Latin America Fell Behind: Essays on the Economic Histories of Brazil and
Mexico, 1800-1914*, Stanford University Press, pp. 260-304.

_____(2000), "History Lessons: Institutions, Factor Endowments, and Paths of
Development in the New World", *Journal of Economic Perspectives* 14(3), pp.
217-232.

Espínola, Julio(2008), "Ligas Agrarias Cristianas: un Movimiento
Contrahegemon nico en Paraguay", *Revista de la Facultad* 14, pp.
121-145.

FIAN Internationa and La Vía Campesina(2014), "Land Conflicts and the
Criminalization of Peasant Movements in Paraguay: The Case of
Marina Kue and the 'Curuguaty Massacre'", *Issue Brief* N° 6, https://
viacampesina.org/en/land-conflicts-and-the-criminalisation-of-

peasant-movements-in-paraguay/.

Fogel, Ramon(2001), *Las luchas campesinas: tierra y condiciones de producci n*, Asunción: CIPAE, http://bibliotecavirtual.clacso.org.ar/Paraguay/ceri/20121128052549/cap1.pdf.

_____(2005), "La Guerra de la Soja contra los Campesinos en Tekojoja", *Navapolis* 10, pp. 26-34.

_____(2013), *Las tierras de Ñacunday, Marina Kue y otras calamidades*, Asunción: Servilibro.

Frankema, E.(2007), "The Colonial Roots of Latin American Land Inequality in a Global Comparative Perspective: Factor Endowments, Institutions or Political Economy?", Groningen Growth and Development Centre, University of Groningen, https://www.researchgate.net/publication/229051616_The_Colonial_Roots_of_Latin_American_Land_Inequality_in_a_Global_Comparative_Perspective_Factor_endowments_Institutions_or_Political_Economy.

Guereña, A.(2017), *Kuña ha yvy Desigualdades de género en el acceso a la tierra en Paraguay*, Oxfarm en Paraguay & ONU Mujeres Paraguay.

Guereña, A. y Villagra, L.(2016), *Yvy jára: Los Dueños de la Tierra en el Paraguay*, Asunción: Oxfarm en Paraguay.

Houdin, Rodrigo(2017), "Marina Cué : La lucha campesina a cinco años de la masacre", *Última Hora*, 15 de junio de 2017, https://www.ultimahora.com/marina-cue-la-lucha-campesina-cinco-anos-la-masacre-n1091079.html.(검색일: 2018.05.12.)

Kay, Cristobal(2007), "Algunas Reflexiones sobre los Estudio Rurales en Am rica Latina", *Revista Ciencia Sociales* 29, pp. 31-50.

Kearney, Michael(1996), *Reconceptualizing the Peasantry: Anthropology in Global Perspective*, New York: Routledge.

Leyes Paraguayas(1963), "Ley N° 854: Que Establece El Estatuto Agrario", 29 de marzo de 1963.

_____(2002), "Ley N° 1863: Que Establece El Estatuto Agrario", 30 de enero de 2002.

Llambí Luis.(1994), "Globalización y Nueva ruralidad en América Latina: una Agenda Teórica y de Investigación", *Revista ALASRU*, No. 2, pp. 29-39.

Morínigo, José(2005), "La Matriz Historica del problema de la Tierra en la Sociendad Paraguaya", *Navapolis* 10, pp. 4-12.

Neri Farina, Bernardo and Boccia Paz, Alfredo(2010), *El Paraguay Bajo el Stronismo 1954-1989*, Asunción: El Lector.

Núñez, Cyntia(2013), "Moviminetos Sociales y Poder Pol tico en Paraguay", *Revista Electronica de Estudios Latinoamericanos* 11(44) pp. 1-17, http://www.redalyc.org/pdf/4964/496450737003.pdf.

Oxfarm(2016), *Desterrados: Tierra, Poder y Desiguladad en América Latina*, https://d1tn3vj7xz9fdh.cloudfront.net/s3fs-public/file_attachments/desterrados-full-es-29nov-web_0.pdf.

Palau, Tomás(2005), "El Movimiento Campesino en Paraguay: Conflictos, Planteamientos y Desaf os", *OSAL* 16, pp. 35-46.

Quijano, Anibal(2000), "Los Movimientos Campesinos Contempor neos en América Latina", OSAL 2, pp. 171-180.

Riquelme, Quintin(2003), *Los sin tierra en Paraguay*, CLACSO.

Rosst, Peter and Martinez Torres, María Elena(2016), "Agroecolog a, Territorio, Recampesinización y Movimientos Sociales: Agroecology, Territory, Re-peasantization and Social Movements", *Estudios Sociales* 25(47), pp. 275-299.

Stone, Samuel(1990), *The Heritage of the Conquistadors: Ruling Classes in Central America from Conquest to the Sandinistas*, University of Nebraska Press.

Soler, Lorena(2008), "La familia Paraguaya. Transformaciones del Estado y la Nación de López Strosner", en Waldo Ansaldi ed., *La Democracia en América Latina*, Buenos Aires: Fondo de Cultura Económica.

Teubal, Miguel(2009), "Agrarian Reform ando Social Movements in the Age of Globalization: Latin America at the Dawn of the Twenty-First Century", *Latin American Perspectives* 36(4), pp. 9-20.

Veltmeyer, Henry and Petras, James(2008), "Peasants in an Era of Neoliberal Globalization: Latin America on the move", *Revista Theomai* 18, pp. 4-29.

Welch, Cliff(2004), "Peasants and Globalization in Latin America; A Survey of Recent Literature", *Revista Nera* 5, pp. 102-112.

Wolf, Eric(1966), *Peasants*, New Jersey: Prentice-Hall Inc.

웹사이트

ECLAC(Economic Commission for Latin America and the Caribbean): https://www.cepal.org/en.

BCP(Banco Central del Paraguay): https://bcp.gov.py/.

제3장 콜롬비아의 토지개혁법 ZIDRES와 토지 불평등 심화

Ariza Arias, Diego(2014), "La Zona de Distensión del Cagúan: Análisis de los Factores Económicos, Poíticos y Sociales a Partir del Concepto de Estado Fallado", Universidad del Rodario, Facultad de Ciencia Política y Gobierno.

Arias, Wilson(2020), *Así Se Roban la Tierrs en Colombia*, Bogotá: Impresol Ediciones.

Bergquist, Charles W. (1999), *Café y Conflicto en Colombia, 1886-1910: la Guerra de los Mil Días, Sus Antecedentes y Consecuencias*, Bogotá: Banco de la República.

Cardona, Antonio P.(2023). "Un Millón de Hogares Campesinos en Colombia Tienen Menos Tierra que Una Vaca", *Revista Semana*, 23 de marzo de 2023.

Ciro Rodríguez, Estefanía(2019), *Levantados de la Selva, Vidas y Legitimidades en los Territorios Cocaleros*, Bogotá: USTA.

Colprensa(2018), "PNIS no Hará Más Promesas que No Esté en Capacidad de Cumplir", *Colprensa*, 10 de Noviembre de 2018.

Consejo de Seguridad de las Naciones Unidas(2018), "Report of the Secretary-General on the United Nations Verification Mission in Colombia", 2 de abril de 2018.(검색일: 2023.03.05.)

Cortés Zambrano, Sonia Patricia(2020), *Construcción del Proceso de Paz en Colombia: Valoración de las Dinámicas Nacionales y Territoriales*, Bogotá: USTA.

Cuellar, Juanita(2020), "Entre lo Global y lo Local: Las Zonas Intrés de Desarrollo Rural, Económico y Social-Zidres en Colombia", Universidad Federal Rural de Rio de Janeiro.

Dabène, Olivier y Grandmaison, Romain(2022). "5 Años Después de los Acuerdos de Paz", El Gran Continent, 6 de enero de 2022.

Díaz Bohórquez, A.(2017), "La Tensión entrre la Reforma Rural Integral y la Ley ZIDRES 1776 de 2016", Trabajo de Grado, Universidad Católica de Colombia, Facultad de Derecho, Bogotá, Colombia, pp. 7-15.

DNP(2015), *El Campo Colombiano un Camino Hacia el Bienestar y la Paz. Misión para la Transformación del Campo*, Bogotá.

_____(2018), "Documento Conpes, Delimitación de la Zona de Interés de Desarrollo Rural", *Economico y social en el municipio de puerto López(Meta)*, Bogotá.

El Congreso de Colombia(2016),"Por la Cual se Crean y se Desarrollan Las Zonas de Interes de Derarrollo Rural, Económico y Social, ZIDRES", LEY No. 1776.

FAO(2017),"El Desarrollo Rural como Instrumento Para la Paz en Colombia, Un Ejemplo para el Resto del Mundo", FAO.

Forero, Edgar(2003), "El Desplazamiento Interno Forzado en Colombia", Institute for International Studies at the University of Notre Dame.

Giordano, Eduardo(2022), "El desgobierno de Iván Duque en Colombia", *El SALTO*, 11 de marzo de 2022.

Gobierno Colombiano y FARC-EP(2016), "Acuerdo Final para la Terminación del Conflicto y la Construcción de una Paz Estable y Durarera".

Gómez Giraldo, Marisol(2016),"Hoy se Firma el Final de 52 Años de Guerra", *El Tiempo*, 25 de septiembre de 2016.

Gutiérrez Sanín, F(2020), "Uribe Vélez ¿Demócrata, Radical, Extremista o

Todas las Anteriores?", *Revista Eurolatinoamericana de Análisis Social y Político* 1(1), pp. 207-225.

Informe sobre América Latina(2018), "Reformas Arriesgadas: el Enfoque del Gobierno de Duque Hacia la Paz en Colombia", Informe sobre América Latina N°67, 21 de junio de 2018.

Mauceri, P.(2001),"Estado, Elites y Contrainsurgencia: una Comparación Preliminar entre Colombia y Perú", *Colombia Internacional* 1(52), pp. 44-64.

Machado Cartagena, A.(2009), *La Reforma Rural, una Deuda Social y Política*, Bogotá: Centro de Investigaciones para el Desarrollo.

Meertens, D.(2006), *Tierra, Derechos y Género Leyes, Políticas y Prácticas en Contextos de Guerra y Paz*, Bogotá.

Morales Casrillo, C. A.(2022), "¿El Gobierno Ivan Duque Hizo Trizas de Acuerdo de Paz con las FARC?", *El Espectador*, 12 de julio de 2022.

Pécaut, Daniel(2001), *Orden y Violencia: Evolución Socio-Política de Colombia Entre 1930 y 1953*, Bogotá: Grupo Editorial Norma.

Proyecto Nunca Más(2000), *Colombia, nunca más: Crímenes de la Humanidad, Vol. 14, Tomo II*, Proyecto Nunca Más.

Pilar, María del et. al.(2020), *Lecturas sobre Derecho de Tierras, Tomo IV*, Bogotá: Universidad Externador.

Rangel Suárez, Alfredo(2007). "El Rearma Paramilitar", Evolución Reciente del Conflicto Armado, Informe Especial, enero-marzo.

Revista Semana(2018a), "¿Por qué Crecimos 1,77 por Ciento en 2017?", *Revista Semana*, Febrero 16, 2018.

_____(2018b), "Pulla de César Gaviria a Juan Manuel Santos", *Revista Semana*, Enero 21, 2018.

Rey, E., Lizcano, J. and Asprilla, Y.(2014), "Las Unidades Agrícolas Familiares (UAF), un Instrumento de Política Rural en Colombia", *Revista Tecno Gestión* 11(1), pp. 33-39.

Ronderos, Carlos(2003), *Rebelión y Amnistía: la Historia Colombiana del Siglo XX*,

ESPASA.

Rodríguez Sánchez, R. D.(2017), *Ley 1776 de 2016 (Ley Zidres): Explotación Económica de las Zidres Mediante Proyectos Productivos no Aagropecuarios*, Bogotá: Universidad Católica de Colombia.

Ruiz Reyes, M.(2015), "Territorio y Ambiente en las Zonas de Reserva Campesina de Colombia", *Eutopía: Revista De Desarrollo Económico Territorial*, Bogotá.

Sanmiguel Moreno(2017), *Ley Zidre Reforma Agtaria o Vía Libre a la Adjudicación Irregular de Baldíos?*, Bogotá: Eutopia Univerdiadad Católica de Colombia.

Torres-Mora, Álvaro Germán(2020), "Acaparamiento de Tierras y Acumulación por Desposesión en Colombia, El Caso de las Zonas de Desarrollo Rural, Económico y Social (ZIDRES)", *Revista Departamento Ciencia Política* 17, pp. 7-42.

Uribe Vélez, Álvaro(2010),"Una Pesadilla para el Campo Colombiano", *Prensa-Colectivo*, 25 de Junio de 2010.

Vallecilla Gordillo, Jaime(2002), *Café y Crecimiento Ecinómico Regional en Antiguo Caldas: 1870-1970*, Bogotá: Colección Ernesto Gutíerez Arango, Serie, Historia Regional.

Vargas, Alejo(2015), "Proceso de Paz Justicia y Democrácia en Colombia", Memorias Coloquio Vii Latinoamericana y Carobeña de Ciencias Sociales de CLACSO, Universidad Nacional de Colombia Medellín.

Villaveces, J. and Sánchez, F.(2015), *Tendencias Históricas y Regionales de la Adjudicación de Baldíos en Colombia*, Bogotá: Universidad del Rosario, Serie de Documentos.

제4장 라틴아메리카의 젠더 평등을 위한 제도적 도전과 변화

김난도(1997), 「신제도경제학의 제도 개념과 정책 연구」, 『한국정책학회보』 6(1), 127-151쪽.

김민정 외(2019), 「남녀동수 실현을 위한 추진기구 기초연구」, 한국여성의정.

김은주(2014), 「남녀동수와 여성할당제, 무엇이 다른가」, 『여성신문』, 2014년 2월 24일자.

이순주(2010), 「여성 정치 리더 등장을 통해 본 라틴아메리카 여성 정체성의 변화」, 『코기토』 67, 55-79쪽.

_____(2019), 「아르헨티나 동수 민주주의 도입에 관한 연구」, 『이베로아메리카연구』 30(3), 199-229쪽.

_____(2020a), 「라틴아메리카에서 '페미니시디오'의 정치적 함의」, 『이베로아메리카』 22(2), 59-98쪽.

_____(2020b), 「제4물결 페미니즘을 넘어: 아르헨티나 페미니즘의 확산」, 『이베로아메리카연구』 31(1), 89-113쪽.

주종택(2007), 「멕시코 농촌 지역에서의 마치스모의 사회적 의미와 변화」, 『비교문화연구』 13(1), 137-172쪽.

ACUNS(Academic Council on the United Nations System)(2013), "Vienna Declaration on Femicide", https://www.unodc.org/documents/commissions/CCPCJ/CCPCJ_Sessions/CCPCJ_22/_E-CN15-2013-NGO1/E-CN15-2013-NGO1_E.pdf.

CEPAL(2022), "Feminicidio", https://oig.cepal.org/es/indicadores/feminicidio.

_____(2023), "Poder legislativo: porcentaje de escaños ocupados por mujeres en los parlamentos nacionales (Indicador ODS 5.5.1a)", 20 de septiembre de 2023, https://oig.cepal.org/es/indicadores/poder-legislativo-porcentaje-escanos-ocupados-mujeres-parlamentos-nacionales-indicador.

Dahlerup, Drude ed.(2006), *Women, Quotas and Politics*, London: Routledge.

Derks, Susanna(2009), "Violencia doméstica, marianismo y la rabia de la Virgen de Urkupiñna en Bolivia", *Papeles de Trabajo* 3(5), https://revistasacademicas.unsam.edu.ar/index.php/papdetrab/article/view/168/148.

G. Luna, Lola(1996), "La otra cara de la política: exclusión e inclusión de las mujeres en el caso latinoamericano", *Boletín Americanista* 46, pp. 153-159.

González Rodríguez, Sergio(2012), *The Femicide Machine*, Los Angeles, Calif: Semiotext(e).

Hernández, Anabel(2019), "Against the Current: Femicide in Mexico on the Rise and Growing More Brutal", *DW News*, August 8, 2019.

Iribarne, Macarena(2015), "Feminicidio (en México)", *Eunomía: Revista en Cultura de la Legalidad* 9, pp. 205-223.

Juárez, Javier, Botero, Nora and Grisales, Natalia(2020), "Estrategías del estado mexicano para minimizar los feminicidios", *Revista Estudos Feministas* 28(1), e57811.

Lavrín, Asunción(1995), *Women, Feminism & Social Change in Argentina, Chile, & Uruguay 1890-1940*, Lincoln: University of Nevraska Press.

Mujeres en el Poder(1992), "Declaración de Atenas, 1992", https://www. scribd.com/document/285604689/Declaracion-Atenas-1992.

Mural de Género(2017), "Proyecto ATENEA y la democracia paritaria", 16 de octubre de 2017, https://muraldegenero.com/proyecto-atenea-y-la-democracia-paritaria/.

OAS(2008), "Declaration on Femicide", http://www.oas.org/es/mesecvi/docs/ DeclaracionFemicidio-EN.pdf.

OHCHR(2014), "Latin American Model Protocol for the Investigation of Gender-related Killings of Women (femicide/feminicide)", https://www2. unwomen.org/-/media/field%20office%20americas/documentos/ publicaciones/latinamericanprotocolforinvestigationoffemicide. pdf?la=en&vs=1721.

Piatti-Crocker, Adriana(2019), "The Case for Gender Parity: A New Policy Wave in Latin America?", *Estudios sobre las Culturas Contemporáneas* 25(5), pp. 11-31, https://www.redalyc.org/journal/316/31659683008/html/.

Sabatini, Christopher and Galindo, Gimena(2017), "Why Is Latin America the Most Dangerous Region in the World for Women?", https://www. worldpoliticsreview.com/insights/22790/why-are-femicide-rates-sohigh-in-latin-america.

WEF(2023), "Global Gender Gap Report 2023", www.weforum.org.

제5장 아마존 국경 지역 초국가적 조직범죄 대응을 위한 제도적 과제

신의기(2008), 「초국가적 조직범죄에 대한 유엔의 대처」, 『국제법무연구』 12(12), 165-201쪽.

김혜선(2015), 「국제범죄와 다국적 범죄의 개념 구분에 관한 고찰」, 『한국경찰연구』 14(3), 3-24쪽.

Aristizabal González, J.(2022), "Crimen Organizado Transnacional en la Triple Frontera entre Brasil, Colombia y Perú", *Revista Seguridad y Poder Terrestre* 1(2), pp. 53-76.

Bartomé, Mariano(2004), "Seguridad Internaciona: Las Nuevas Amenazas", *Revista E1 Crimen Organizado transnacional* 42, pp. 226-227.

Bello Arellano, Pablo(2013), "La Triple Frontera como Polo de Atracción de Actividades Ilícitas: Condiciones Endógenas Institucionales e Ilegalidad", *Revista Atenea* 508, pp. 101-120.

_____(2012), *La Triple Frontera del Paraná(Paraguay-Brasil-Argentina): Condiciones Endógenas Institucionales e Ilegalidad*, Santiago de Chile: RIL Editores,

Berg, Ryan(2021), *Tusse for the Amazon New Frotiers in Brazil's Organized Crime Landscape*, Florida International University, pp. 15-16.

Bonin, Robson(2020), "Comando Vermelho Vira Preocupação do Governo Bolsonaro -Entenda", *Veja*, 22 de Agosto, https:// veja.abril.com. faccao-criminosa-importa-mercenarios-para-o-rio-de-janeiro/.(검색일: 2023.11.03.)

CEED(2011), "Informe Preliminar Acerca de los Términos de Referencia para los Conceptos de Seguridad y Defensa en la Región Suramericana", *Consejo de Defensa Suramericano*, UNASUR, 29 de Noviembre.

Centeno Alba, Darío Alejandro et. al.(2016), "Repensando la Política de Drogas Desde una Perspectiva de Construcción de Paz: el Caso de la Frontera Colombo Peruana", *International Alert*, 2.

Cueto, José Carlos(2020), "Cómo el Crimen Organizado de Brasil se Apoderó de las Rutas Más Importantes del Narcotráfico en Sudamérica", *BBC News Mundo*, 3 de Marzo, https://www.bbc.com/mundo/noticias-america-latina-51537534.(검색일: 2023.11.15.)

Dalby, Chris(2020), "Familia del Norte Probablemente Cerca de Su Final en Manaos, Brasil", *InSightCrime*, February 25. https://insightcrime.org/news/analysis/family-north-manaus-brazil/25 de febrero de 2020.(검색일: 2023.11.10.)

Diego Cárdenas, Juan y Robbins, Seth(2023), "La Expansión del Narcotráfico en la Frontera de Perú con Colombia y Brasil", *InSightCrime*, 8 de Agosto, https://insightcrime.org/es/investigaciones/expansion-narcotrafico-frontera-peru-colombia-brasil/.(검색일: 2023.11.20.)

Dussán, Yolima(2020), "Fuerzas Armadas del Perú Reportan Operaciones Contra Crimen Organizado", *Dialogo Americas*, 16 de Noviembre, https://dialogo-americas.com/es/articles/fuerzas-armadas-del-peru-reportan-operaciones-contra-crimen-organizado/.(검색일: 2024.01.05.)

Foglia, Mariana(2017), "La Participación Argentina en la Agenda de Cooperación de Seguridad y Lucha Contra la Criminalidad Organizada de la UNASUR", *Revista de Estudios en Seguridad Internacional* 3(1), pp. 61-79.

García Díaz, Jaime(2022), "No Sigamos Desatendiendo este Frente Nuevos Escenarios del Narcotráfico en el Perú", *Revista Lampadia* 19 de Octubre.

García Pinzó, Viviana(2018), "Dimensiones Locales de la Seguridad y la Cooperación Transfronteriza en la Frontera Amazónica de Brasil, Colombia y Perú", *Revista Opera* 23, Universidad Externado de Colombia, pp. 65-66.

Goi, Leonardo(2017), "Brazil's PCC Is Recruiting FARC Dissidents: Colombia Defense Minister", *InSightCrime*, February 1, www.insightcrime.org/

news/brief/brazil-pcc-recruiting-farc-dissidents-colombia-defense-minister/.(검색일: 2023.11.20.)

Goulard, Jean-Pierre(2003), "Cruce de Identidades en el Trapecio Amazónico Colombiano", *Fronteras, Territorios y Metáforas*, Hombre Nuevo Editores, Universidad de Antioquia, Instituto de Estudios Regionales, p. 90.

Hurtado A. and Aponte J.(2017), "¿Hacia un Gobierno Transfronterizo? Explorando la Institucionalidad para la 'Integración' Colombo-Peruana", *Estudios Fronterizos*, Universidad Autónoma de Baja California, México, pp. 70-89.

InSight Crime and American University's Center for Latin American & Latino Studies(2020), *The Rise of the PCC: How South America's Most Powerful Prison Gang is Spreading in Brazil and Beyond*, Working Paper Series, No. 30, pp. 48-54.

López Claudia, L.(2003), "Etnicidad y Nacionalidad en la Frontera entre Brasil, Colombia y Perú, los Ticuna Frente a los Procesos de Nacionalidad", *Fronteras: Territorios y Metáforas*, Hombre Nuevo Editores, Universidad de Antioquia, Instituto de Estudios Regionales, p. 149.

Ferreira, Marcos Alán et. al.(2019), "Conflito Entre Primeiro Comando da Capital(PCC) e Familia do Norte(FDN)", *Revista Brasileira de Políticas Públicas e Internacionais* 4(2), pp. 91-114.

Hofmeister, Naira(2019), "Brasil: Delincuentes se Sienten 'Empoderados' en sus Ataques contra los Defensores de la Selva", *Mongabay*, 9 de Octubre, https://es.mongabay.com/2019/10/brasil-violencia-contra-defensores-de-la-selva/.(검색일: 2024.01.09.)

Marín Osorio, Iván Felipe(2015), *La Relación entre el Crimen Organizado Transnacional en la Triple Frontera y la Politica Exterior de Seguridad de Brasil, Argentina y Paraguay entre 1996 y 2006*, Universidad del Rosario, Bogotá, pp. 287-301.

Marinha Da Colombia(2021), "Colombia y Brasil Evitan que Disidencias de las FARC Reciban Financiamiento por Tráfico de Estupefacientes", *Dialogo Américas*, 18 de Junio. https://dialogo-americas.com/es/articles/

colombia-y-brasil-evitan-que-disidencias-de-las-farc-reciban-financiamiento-por-trafico-de-estupefacientes/.(검색일: 2023.12.10.)

Ministerio de Defensa Nacional(2020), "Directiva Fortalecimiento de Control en Pasos Formales y no Formales Fronterizos", *Comando General de las Fuerzas Militares de Colombia*, 9 de Septiembre.

_____(2022), "Política de Defensa y Seguridad: Evaluación del Riesgo de la Población Civil", *Alerta Temprana*, No. 002-2021, pp. 48-49.

Moreau Defarges, P(2003), *Gérer les Zones Grises? Ramses*, Hombre Nuevo Editores, Universidad de Antioquia, Instituto de Estudios Regionales, p. 59.

Nelza, Oliviera(2021), "Aumentan 260 por Ciento Incautaciones de Droga en Brasil en 2021", *Dialogo Américas*, 11 de Mayo, https://dialogo-americas.com/es/articles/aumentan-260-por-ciento-incautaciones-de-droga-en-brasil-en-202.(검색일: 2023.12.10.)

_____(2023), "Grupos criminales de Brasil Obstaculizan Lucha contra Minería Ilegal en Amazonia", *Diálogo Américas*, 23 de Agosto, https://dialogo-americas.com/es/articles/grupos-criminales-de-brasil-obstaculizan-lucha-contra-mineria-ilegal-en-amazonia/.(검색일: 2023.12.10.)

Payan, Tony(2006), "The Drug War and the US-Mexico Border: the State of Affairs", *South Atlantic Quarterly* 105, pp. 863-880.

PNUMA y OTCA(2009), "Perspectivas del Medio Ambiente en la Amazonía. Geo Amazonía", *PNUMA-OTCA* 37, http://www.pnuma.org/deat1/pdf/geoamazonia_spanish_FINAL.pdf.(검색일: 2024.01.05.)

Provea(Programa Venezolano de Educación Acción(2021), *Derechos Humanos*, 4 de Mayo, https://www.raisg.org/es/radar/migracion-y-desplazamiento-de-poblaciones-indigenas-de-la-amazonia-venezolana-hacia-colombia-informe-griam/.(검색일: 2024.01.05.)

Ramírez, Socorro(2006), "La Ambigua Regionalización del Conflicto Colombiano", *Nuestra Guerra sin Nombre*, Bogotá: Editorial Norma, pp. 121-168.

Salto Chico, Stevan Ruben(2014), *Necesidad de Crear una Corte Penal Internacional para la UNASUR*, Universidad Central del Ecuador, p. 57.

Tarazona, David(2023), "Violencia en la Amazonía de Colombia: Guardaparques Desplazados y 14 Áreas Protegidas Disputadas por Grupos Armados Ilegales", *Series de Mongabay*, 17 de Octubres de 2023, https://es.mongabay.com/2019/10/brasil-violencia-contra-defensores-de-la-selva/.(검색일: 2024.01.10.)

Torres Buelvas, J.(2019), "Áerea Derecho Internacional y Relaciones Internacionales: Zonas Grises y Delincuencia Organizada Transnacional: Desafíos para la Soberanía del Estado en América Latina", *Vialuris* 27, Undación Universitaria Los Libertadores de Colombia, pp. 318-349.

Torres Vásquez, Henry(2013), *La Delincuencia Organizada Transnacional en Colombia*, Universidad de la Sabana, p. 113.

Tokatlian, Juan(2000), *Globalización, Narcotráfico y Violencia: Siete Ensayos sobre Colombia*, Norma, pp. 58-65.

Trejos Rosero, Luis Fernando(2015), "El Lado Colombiano de la Frontera Colombo-Brasilera: una Aproximación desde la Categoría de Área sin Ley", *Estudios Fronterizos*, Universidad Autónoma de Baja California de México, pp. 39-64.

Pabón Ayala, Nathalie(2012), "Inseguridad y Perspectivas de Cooperación en la Región Amazónica", Consejo Latinoamericano de Ciencias Sociales(CLACSO), pp. 206-207.

Prado Saldarriaga, Víctor R.(2014), *Narcotráfico: Análisis Situacional y Política Penal*, Biblioteca Virtual Miguel de Cervante, p. 1.

UNODC(2018), *World Drug Report, Booklet* 3, 31, https://www.unodc.org/wdr2018/.(검색일: 2024.01.10.)

Vizcarra, Sofia, Bonilla, Diana y Prado, Bertha(2020), "Respuestas del Estado Peruano Frente al Crimen Organizado en el Siglo XXI", *Revista CS* 31, p. 121.

Waldick, Junior(2020), "Comando Vermelho Domina Mas de 80% en lod Bairros de Manaus", *El Tempo*, 16 de Febrero, d.emtempo.com.br/policia/189911/comando-vermelho-domina-mais-de-8—-dos--

bairros-de-manaus.(검색일: 2024.01.10.)

Zárate, G.(2015), "Estado, Militares y Conflicto en la Frontera Amazónica Colombiana: Referentes Históricos para la Interpretación Regional del Conflicto Mundo Amazónico", *Mundo Amazónico* 6, p. 76.

Ziegler, Jean(2003), *Las Nuevas Mafias Contra la Democracia*, Planeta, Bogotá, p. 63.

제6장 제이칭뉴, 브라질의 비공식 제도의 권력

노빙거, 트레이시(2011), 『브라질 사람과 소통하기』, 김우성 · 임두빈 옮김, 이담북스.

라파이유, 클로테르(2007), 『컬처코드』, 김상철 · 김정수 옮김, 리더스북.

베네딕트, 루스(2015), 『국화와 칼』, 김윤식 · 오인석 옮김, 을유문화사.

샌델, 마이클(2017), 「EBS 하버드 특강 '정의': 제7강 거짓말의 교훈」, https://youtu.be/xykBL9tL1Ig?si=bIbxHUqkfOaAaAWP.(검색일: 2024.06.18.)

애리얼리, 댄(2012), 『거짓말하는 착한 사람들』, 이경식 옮김, 청림출판.

임두빈(2010), 「일상에서 교환되는 '브라질 제이칭뉴'의 사회 · 문화적 기능에 대한 고찰」, 『포르투갈-브라질 연구』 7(1), 179-201쪽.

_____(2012), 「브라질의 일상 · 대중적 문화소의 근원에 대한 연구」, 『포르투갈-브라질 연구』 9(1), 49-74쪽.

최연구(2006), 『문화콘텐츠란 무엇인가』, 살림.

파우스투, 보리스(2012), 『브라질의 역사』, 최해성 옮김, 그린비.

호프스테더, 헤이르트(2009), 『세계의 문화와 조직』, 차재호 · 나은영 옮김, 학지사.

Barbosa, Lívia(1992), *O Jeitinho Brasileiro*, Rio de Janeiro: Campus.

Barros, Betania Tanure de(2003), *Gestão à Brasileira*, Atlas.

DaMatta, Roberto(1986), *O que faz o brasil, Brasil?*, Rio de Janeiro: Rocco.

Hess, David J.(1995), *The Brazilian Puzzle: Culture on the borderlands of the Western World*, New York: Colombia University Press.

Hofsted, Geert(1980), *Culture's Consequences, International Differences in Work-*

Related Values, Beverly Hills: Sage Publications.

Holanda, Sérgio(1995), *Raízes do Brasil(26ª edição)*, São Paulo: Companhia das Letras.

Laurent, André(1986), "The Cross-cultural Puzzle of International Human Resource management", *Human Resource Managemental* 25(1), pp. 91-102.

Leite, Dante Moreira(2007), *O Caratér Nacional Brasileiro*, São Paulo: UNESP.

Pearson, Virginia M. S. and Stephan, Walter G.(1998), "Preferences for Styles of Negotiation", *Internationa Journal of Intercultural Relations* 22(1), pp. 67-83.

Pesquisa Social Brasileira(PESP)(2002), "A pesquisa que deu origem ao livro A cabeça do brasileiro foi a PESB: Pesquisa Social Brasileira", https://acabecadobrasileiro.com.br/a-pesquisa.(검색일: 2024.06.18.)

Prado Júnior, Caio(2000), *Formação do Brasil Contemporanêo*, São Paulo: Publifolha.

Rega, Lourenço Stelio(2000), *Dando um jeito no jeitinho*, São Paulo: Editora Mundo Cristão.

Ribeiro, Darcy(1995), *O Povo Brasileiro*, São Paulo: Companhia de Bolso.

Riggs, Fred Warren(1961), *The Ecology of Public Administration*, London: Asia Publishing House.

Vieira, Clóvis Abreu et. al.(1982), "O Jeitinho Brasileiro como um Recurso de Poder", *Revista de Administração Pública* 16(2), pp. 5-31.

제7장 숨겨진 제도의 힘: 브라질 사회의 불평등 구조와 자발적 이데올로기

갤로어, 오데드(2022), 『인류의 여정: 부와 불평등의 기원 그리고 우리의 미래』, 장경덕 옮김, 시공사.

김재순(2018), 「중남미 최대기업 브라질 페트로브라스 부패 스캔들 충격 벗어나」, 『연합뉴스』, 2018년 5월 10일자, https://www.yna.co.kr/view/AKR20180510002200094.(검색일: 2024.06.15.)

_____(2020), 「'가톨릭 국가' 브라질은 옛말… 10여 년 후 개신교에 추월 전망」, 『연합뉴스』, 2020년 1월 15일자, https://www.yna.co.kr/view/

AKR20200115001100094.(검색일: 2024.05.17.)

김인오(2018), 「넷플릭스 시리즈 '부패의 메커니즘(O Mecanismo)'—친(親)시장주의 보우소나루 취임 코앞, '카우디요 경제' 바꿀 수 있을까」, 『매일경제』, 2018년 12월 28일자, https://www.mk.co.kr/premium/behind-story/view/2018/12/24351/.(검색일: 2024.06.10.)

노빙거, 트레이시(2011), 『브라질 사람과 소통하기』, 김우성·임두빈 옮김, 이담북스.

다마따, 호베르뚜(2015), 『브라질 사람들』, 임두빈 옮김, 후마니타스.

뮐러, 얀-베르너(2021), 『민주주의 공부』, 권채령 옮김, 월북.

샤이델, 발터(2017), 『불평등의 역사』, 조미현 옮김, 에코리브르.

이승용(2007), 「브라질 '인종적 민주주의(racial democracy)'에 대한 재고(再考)」, 『중남미연구』 25(2), 179-202쪽.

임두빈(2010), 「일상에서 교환되는 '브라질 제이칭뉴'의 사회·문화적 기능에 대한 고찰」, 『포르투갈-브라질 연구』 7(1), 179-201쪽.

_____(2011), 「브라질의 언어와 민족 정체성, 그 경계의 틈새 : 질베르또 프레이리(Gilberto Fryre)의 논의를 중심으로」, 『이베로아메리카』 13(1), 211-254쪽.

_____(2012), 「브라질의 일상·대중적 문화소의 근원에 대한 연구」, 『포르투갈-브라질 연구』 9(1), 49-74쪽.

_____(2022a), 「신 전환기 브라질 정치지형 변화의 문법에 대한 소고」, 『인문사회 21』 13(1), 2851-2860쪽.

_____(2022b), 「왕의 귀환, 돌아온 룰라… 내전의 서막을 알리다」, 『교수신문』, 2022년 11월 30일자, https://www.kyosu.net/news/articleView.html?idxno=97369.(검색일: 2024.05.25.)

재레드 다이아몬드(2023), 『총 균 쇠』, 강주헌 옮김, 김영사.

최금좌(1999), 「브라질신화 '루조 트로피칼'의 창조자 질베르뚜 프레이리에 대한 80년대 이후의 재해석들이 브라질 사회사상사에 주는 의미」, 『중남미연구』 18, 101-123쪽

Barbosa, Lívia(1992), *O Jeitinho Brasileiro*, Rio de Janeiro: Campus.

Bourdieu, Pierre(1984), *Distinction: a social critique of the judgement of taste*.

Bresser-Pereira, Luiz Carlos(2017), *The Political Construction of Brazil: Society, Economy, and State Since Independence*, Lynne Rienner Publishers.

Brun, Diego Abent and Diamond, Larry(2014), "Political Clientelism, Social Policy and the Quality of Democracy: Evidence from Latin America, Lessons from Other Regions", John Hopkins University Press.

Caldeira, Jorge(2017), *História da Riqueza no Brasil*, São Paulo: Editora Estação Brasil, 2017.

DaMatta, Roberto(1986), *O que faz o brasil, Brasil?*, Rio de Janeiro: Rocco.

Degila, Delidji Eric(2014), "Neopatrimonialism in Africa and Beyond", *African Affairs* 113(453), pp. 623−625.

Freyre, Gilberto(2003), *Casa-Grande & Senzala*, São Paulo: Global Editora.

Holanda, Sérgio(1995), *Raízes do Brasil*(26ª edição), São Paulo: Companhia das Letras.

Klobucista, Claire and Labrator, Rocio Cara(2018), "Brazil's Corruption Fallout", *Council on Foreign Relations*, November 7, 2018, https://www.cfr.org/backgrounder/brazils-corruption-fallout.(검색일: 2024.06.17.)

Prado Júnior, Caio(2000), *Formação do Brasil Contemporanêo*, São Paulo: Publifolha.

Schneider, Ben Ross(2016), *New Order and Progress*, Oxford University Press.

Souza, Jessé(2004), "A Gramática Social da Desigualdade Brasileira", *RBCS* 19(54), pp. 79−97.

Weber, Max(1978), *Economy and Society: An Outline of Interpretive Sociology*, Edited by Guenther Roth and Claus Wittich. University of California Press.

_____(2005), *The Protestant Ethic and the Spirit of Capitalism*, Penguin Books Australia.

Williamson, Jeffrey(2015), "Latin American Inequality", *Journal of Develpoment Economics* 117, pp. 158-174.

필자 소개

임두빈

브라질 상파울루주립대학교(Universidade Estadual Paulista)에서 포르투갈어 응용 언어학 박사학위를 취득했다. 현재 부산외국어대학교 중남미지역원과 포르투갈(브라질)어 전공 교수로 있다. 저서로는 『브라질 사람들』(역서), 『브라질 사람과 소통하기』(공역), 『이주와 불평등』(공저), 『종교와 불평등』(공저), 『아마존의 길』(공저), 「브라질의 일상·대중적 문화소의 근원에 관한 연구」, 「신 전환기 브라질 정치지형 변화의 문법에 관한 소고」 등 다수의 논문이 있다.

차경미

콜롬비아 국립대학교(Universidad Nacional de Colombia) 사학과 석사, 한국외국어대학교 국제관계학과 박사. 현재 부산외국어대학교 중남미지역원 HK연구교수로 재직 중이다. 저서로는 『한국전쟁 그리고 콜롬비아』, 『라틴아메리카 흑인 만들기』, 『인종과 불평등』(공저), 『젠더와 불평등』(공저) 등이 있고, 「브라질-콜롬비아-페루 아마존 국경 지역 초국가적 마약 조직범죄와 국가 안보」, 「강제실향민의 불평등 개선을 위한 라틴아메리카 지역 국가의 공동 대응」, 「라틴아메리카의 강제실향민과 젠더박해」, 「콜롬비아 농촌 개발 특구 조성에 관한 토지개혁법 ZIDRES의 부정적 효과」, 「콜롬비아의 페트로(Gustavo Petro) 좌파 정권의 등장 배경」 등 다수의 논문을 저술했다.

구경모

영남대학교에서 사회인류학 및 민속학 전공으로 박사학위를 취득했다. 현재 부산외국어대학교 중남미지역원과 국제개발협력전공에서 교수로 재직 중에 있다. 저서로는 『기층문화와 민족주의: 파라과이 민족정체성과 과라니 문화』(2021년 우수학술도서, 대한민국학술원), 『이주와 불평등: 라틴아메리카 이주 현상에 대한 사회문화적 고찰』(공저), 『중남미 국토분야 개발협력의 성과와 과제』(공저) 및 국내외 다수의 논문이 있다.

이상현

한국외국어대학교 스페인어과와 중남미지역연구학과에서 학사와 석사를 취득한 후 텍사스 대학교 오스틴(The University of Texas at Austin)에서 라틴아메리카 연구(정치 전공)로 박사학위를 받았다. 부산외국어대학교 중남미지역원 HK교수를 거쳐 현재 전북대학교 스페인 · 중남미학과 교수로 재직 중이다. 「라틴아메리카 급진 좌파의 부상과 정당 체제」, 「보훈과 공공 외교: 콜롬비아 사례를 중심으로」, 「라틴아메리카 리튬 자원 산업 정책 비교 연구」, "The Political Economy of Privatization of YPF in Argentina" 등 다수의 논문과 저서를 출판했으며 라틴아메리카 자원 산업과 소유권 문제, 라틴아메리카 정치 체제 등 라틴아메리카 정치와 경제 관련 연구를 수행하고 있다.

이순주

한국외국어대학교에서 중남미 정치 전공으로 정치학 박사학위를 취득했다. 이베로아메리카연구소(현 중남미지역원)의 연구교수를 거쳐 현재 울산대학교 스페인중남미학과 교수로 재직 중이다. 저서로는 『라틴아메리카의 어제와 오늘』(공저), 『4차 산업혁명 시대 한 · 중남미 기후환경협력』(공저), 『젠더와 불평등』(공저), 『21세기 뉴페미니즘』(공저) 등이 있고, 「제4물결 페미니즘을 넘어: 아르헨티나 페미니즘의 확산」, 「라틴아메리카에서 '페미니시디오(Feminicidio)'의 정치적 함의」, 「콜롬버스 상에서 반기념물 '정의'로: 시각정치로 본 레포르마 거리의 정치적 동학」 등 다수의 논문이 있다.

제도와 불평등

1판 1쇄 발행 2024년 6월 30일

지은이 | 임두빈, 차경미, 구경모, 이상현, 이순주
펴낸이 | 조영남
펴낸곳 | 알렙

출판등록 | 2009년 11월 19일 제313-2010-132호
주소 | 경기도 고양시 일산서구 중앙로1455 대우시티프라자715호

전자우편 | alephbook@naver.com

전화 | 031-913-2018, 팩스 | 02-913-2019

ISBN 979-11-89333-82-9 (93950)

* 이 저서는 2018년 대한민국 교육부와 한국연구재단의 지원을 받아 수행된 연구임.
  (NRF-2018S1A6A3A02081030)